EL LIBRO
DEL AUTOCUIDADO

JENNIFER ASHTON
CON SARAH TOLAND

EL LIBRO DEL AUTOCUIDADO

Un año para ser más feliz, más saludable
y estar más en forma

Prólogo de Odile Fernández
Traducción de Aina Girbau Canet

Autoconocimiento

DIANA

Obra editada en colaboración con Editorial Planeta – España

Título original: *The Self-Care Solution*

Jennifer Ashton
© 2019, JLA Enterprises Corporation
Publicado por acuerdo con William Morrow, un sello de HarperCollins Publishers.
© 2020, Prólogo: Odile Fernández
© 2020, Traducción del inglés: Aina Girbau Canet

© 2020, Editorial Planeta, S. A. – Barcelona, España

Derechos reservados

© 2021, Editorial Planeta Mexicana, S.A. de C.V.
Bajo el sello editorial DIANA M.R.
Avenida Presidente Masarik núm. 111,
Piso 2, Polanco V Sección, Miguel Hidalgo
C.P. 11560, Ciudad de México
www.planetadelibros.com.mx

Diseño de portada: Planeta Arte & Diseño
Imagen de la portada: © Shutterstock

Primera edición impresa en España: septiembre de 2020
ISBN: 978-84-18118-06-7

Primera edición en formato epub en México: octubre de 2021
ISBN: 978-607-07-8030-1

Primera edición impresa en México: octubre de 2021
ISBN: 978-607-07-8003-5

Nota: Este libro debe interpretarse como un volumen de referencia.
La información que contiene está pensada para ayudarte a tomar decisiones adecuadas respecto a tu salud y bienestar. Ahora bien, si sospechas que tienes algún problema médico o de otra índole, la autora y la editorial te recomiendan que consultes a un profesional.

No se permite la reproducción total o parcial de este libro ni su incorporación a un sistema informático, ni su transmisión en cualquier forma o por cualquier medio, sea este electrónico, mecánico, por fotocopia, por grabación u otros métodos, sin el permiso previo y por escrito de los titulares del *copyright*.

La infracción de los derechos mencionados puede ser constitutiva de delito contra la propiedad intelectual (Arts. 229 y siguientes de la Ley Federal de Derechos de Autor y Arts. 424 y siguientes del Código Penal).

Si necesita fotocopiar o escanear algún fragmento de esta obra diríjase al CeMPro (Centro Mexicano de Protección y Fomento de los Derechos de Autor, http://www.cempro.org.mx).

Impreso en los talleres de Litográfica Ingramex, S.A. de C.V.
Centeno núm. 162-1, colonia Granjas Esmeralda, Ciudad de México
Impreso en México – *Printed in Mexico*

*Para todas aquellas personas que buscan superarse.
Y para mis dos principales fuentes de inspiración
y motivación, Alex y Chloe.*

ÍNDICE

Prólogo	11
Introducción	15
1. Enero. El mes sin alcohol	25
2. Febrero. Flexiones y planchas	53
3. Marzo. Meditación	77
4. Abril. Cardio	99
5. Mayo. Menos carne, más verdura	125
6. Junio. Hidratación	149
7. Julio. Más pasos	173
8. Agosto. Uso consciente de la tecnología	199
9. Septiembre. Menos azúcar	229
10. Octubre. Estiramientos	255
11. Noviembre. Dormir	279
12. Diciembre. Reír	307
Epílogo. Convertir retos en cambios	333
Agradecimientos	343
Sobre la autora	347

PRÓLOGO

«Un año para ser más feliz, estar más saludable y estar más en forma», una frase que engancha, porque, al fin y al cabo, ¿qué queremos todos? Ser felices. Ese es el objetivo vital de la mayoría de los seres humanos. Qué bonito parece, pero qué difícil es a veces ser feliz.

Las mujeres vivimos en una sociedad marcada por las prisas, con la agenda a reventar, yendo de aquí para allá, ocupándonos del cuidado de los hijos, de las fiestas de cumpleaños, haciendo disfraces para la fiesta de fin de curso, leyendo *whatsapps* de treinta y cinco grupos distintos, haciendo horas extras en el trabajo, pendientes de la salud de nuestros padres, presentes en la interminable reunión de vecinos... Siempre cansadas y con un continuo sentimiento de culpa por no cumplir con todo. Sufrimos agotamiento por hiperactividad. Sin tiempo para escucharnos, sin tiempo para sentirnos, sin tiempo para respirar. Así día tras día, semana tras semana, mes tras mes.

Tenemos que parar, aprender a cuidarnos y dejar de tener como prioridad cuidar a los demás. Desde nuestro nacimiento, la sociedad nos ha impuesto en tanto que mujeres el papel de cuidadoras y organizadoras del hogar, pero también desde hace décadas se espera que trabajemos fuera de casa, ganemos dinero y tengamos las mismas aspiraciones laborales que un hombre, si bien con la sobrecarga del cuidado de los hijos y ascendientes. También nos imponen que aparezcamos bellas, depiladas, que tengamos una rica vida social y luzcamos una bonita sonrisa. El día tiene veinticuatro horas, ni una más. Es imposible cumplir con todo lo que se espera de nosotras. Para intentarlo, descuidamos nuestro cuidado en pro de los demás. Por nuestra salud física y mental, es hora de decir basta, de dejar de sentirnos culpables por no cumplir con todo y de empezar a mimarnos, a querernos, a cuidarnos.

Si te sientes mal y sabes que tendrías que cambiar, pero no sabes cómo o no tienes energía para averiguarlo, has dado con el libro adecuado. Si no tienes tiempo ni para ti ni para cuidarte, pero no te atreves a cambiar porque te has acomodado a tu rutina de vida, quédate leyendo estas páginas.

Te cuento mi experiencia personal con el autocuidado con el objetivo de que te ayude a decidirte y empieces a mimarte. Soy médico de familia. Hace nueve años, cuando tenía treinta y dos y estaba sumergida en una vorágine personal entre mi recién estrenada maternidad y mi deseada proyección laboral, la vida me paró en seco con un diagnóstico de cáncer de ovario con metástasis. Fue una época dura, muy dura, pero aprendí mucho de esos meses de sufrimiento. Aprendí que para querer a los demás, primero tenía que quererme a mí misma. Para cuidar a mis pacientes, tenía que cuidarme yo. A través de mi enfermedad aprendí a ser mejor madre, hija, pareja, hermana, amiga y médica. La vida tuvo que darme un toque fuerte para empezar a mirar por mí y convertirme en mi prioridad.

Empecé a comer sano, a hacer deporte y a meditar a raíz de que la palabra *cáncer* irrumpiera en mi cuerpo. Desde entonces mi vida cambió. Ahora me dedico a escribir y a divulgar sobre la importancia de la alimentación y la vida saludable para la prevención del cáncer. Ahora siento más energía y vitalidad que hace veinte años. Me siento alegre, saludable, radiante, fuerte, activa...; me siento FELIZ desde que he aprendido a pensar en primera persona. Ese cambio de vida que yo hice es el que propone la doctora Ashton a lo largo de los diferentes capítulos del libro. Sin embargo, no se trata de un cambio radical, no es un giro de 180 grados de la noche a la mañana, sino un giro gradual, donde cada mes vas asentando un nuevo hábito a lo largo de doce meses, con el objetivo de completar en un año una rutina de vida que te hará sentir llena de vitalidad y sentirte bien contigo misma.

La teoría es muy bonita, pero ¿cómo organizarnos para comer sano, hacer deporte, aprender a gestionar nuestras emociones y cambiar nuestros hábitos de vida con el objetivo de tener una vida más saludable y feliz? Este libro tiene la solución. De manera sencilla, lógica y con una base científica, la doctora Ashton nos enseña el camino de manera gradual hacia la salud integral, hacia el autocuidado y, por ende, hacia la felicidad.

El autocuidado que nos propone la doctora Ashton en este libro es una estrategia para lidiar con el estrés, la ansiedad y el malestar que sufrimos la mayoría de las mujeres. Nos propone practicar un acto de amor hacia nosotras mismas, liberándonos del sentimiento de culpa que puede surgirnos cuando le decimos a nuestro entorno que queremos tiempo para nosotras. Empezar a escucharnos, a prestar atención a los mensajes de nuestro cuerpo, a atender a nuestras necesidades es el primer paso hacia nuestra nueva vida. ¿Estás lista? Pues allá vamos. Disfruta del camino.

Doctora Odile Fernández Martínez
Médico de familia
Autora de *Mis recetas anticáncer*

INTRODUCCIÓN

Yo no pretendía dedicar un año a cuidar de mí misma. De hecho, si me hubieras preguntado a principios del año pasado si necesitaba pasar un año centrada en cuidar de mí y de mi vida, probablemente te hubiera dicho que no tenía tiempo para eso. De hecho, seguramente te hubiera dicho eso. Aunque siempre me haya considerado una persona con una incansable actitud de autosuperación, el último año fue el más difícil que he vivido jamás. Así que en muchos sentidos, la autosuperación, o más importante aún, el autocuidado era lo último que me pasaba por la cabeza.

Lo cierto es que, en realidad, el hecho de que hubiera dejado de priorizar el autocuidado era tal vez el principal motivo por el que lo necesitaba con tanta urgencia. Antes de embarcarme en este año, mi vida emocional era un caos, y sacar tiempo para mejorar como persona me parecía lo último que podía gestionar. Pasé el último año afrontando las dolorosas consecuencias del suicidio de mi exmarido, y durante esos meses tan difíciles a nivel emocional, el mero hecho de pensar en buscar tiempo para centrarme en mí misma me hacía sentir egoísta. Mis hijos me necesitaban; mi familia me necesitaba. Sentía que dedicarme momentos para mí estaba mal y era poco realista. No era consciente de que, a menudo, los momentos difíciles son los que hacen que el autocuidado sea esencial.

Tal vez este sea, en parte, el motivo por el que me di un buen golpazo cuando empecé este plan. No empezó como un plan, ni siquiera como un objetivo, sino que empezó como un reto de un mes.

Cuando se acabaron las vacaciones de Navidad, decidí por puro capricho que dejaría el alcohol en enero. No porque creyera que estaba bebiendo demasiado, sino porque me gustaba la idea de retarme para ver cómo podía mejorar mi vida cambiando un hábito. Lo que me pasó después de un mes sin beber fue alucinante. Primero, aprendí más sobre mí misma en treinta días de lo que había aprendido en años. Segundo, dejar el alcohol durante un corto periodo de tiempo me cambió drásticamente el cuerpo, la mente, el estado de ánimo y la actitud hacia la bebida. Además, quería seguir disfrutando de los beneficios en cuanto a autoconocimiento y bienestar que me había aportado aquel experimento.

Ese mes tan exitoso revigorizó algo en mí. Es algo que forma parte de mi ADN como doctora y especialista médica para uno de los canales con más audiencia de Estados Unidos. Pero también forma parte de quién soy, la doctora Jennifer Ashton, una persona determinada, movida por objetivos y con una personalidad de tipo A (competitiva y muy metódica). No hay casi nada que me guste más que plantearme objetivos y alcanzarlos. Y como profesional médica, me gusta utilizar la ciencia y la información para asegurarme de que tengo todo a mi favor para dar en el blanco.

Igual que muchas otras personas, empiezo cada año con la esperanza de cumplir el propósito de año nuevo (a menudo más de uno). Pero claro está que, igual que mucha otra gente, hacer que los propósitos se cumplan de forma permanente, sabiendo lo que es realmente beneficioso para ti, es más fácil de decir que de hacer. Pero ¿y qué hay de hacer algo durante un solo mes? Esto me parece alcanzable. Me parece el periodo ideal para poder experimentar. Me parece una gran oportunidad para entender cómo pueden tener un impacto positivo en tu vida los diferentes tipos de autocuidado.

Lo que surgió de ese mes sin alcohol fue un plan, o al menos los preparativos de un plan. Decidí hacer un experimento: cada mes abordaría un reto diferente de autosuperación en mi bienestar, con flexiones y planchas durante treinta días, luego meditación durante otros treinta días, después ejercicio aeróbico regular durante treinta días, etcétera, hasta haber completado un año entero de pequeños cambios de salud mensuales. Con ello entendería exactamente qué impacto tenía en mí cada mejora de salud y acabaría siendo más consciente de mis decisiones en el futuro.

Ahora, echando la vista atrás, no me hubiera podido llegar a imaginar el enorme efecto que tendría este experimento personal en mí. Desde mi estado emocional a mi alimentación, pasando por mis patrones de sueño, acabé el año más fuerte de lo que había estado en mucho tiempo. Y lo que aprendí sobre mí misma en el camino fue realmente sorprendente.

Por mucho que sea médico y nutricionista, no resulta fácil (ni a mí ni a nadie, por mucho que cuidemos cuerpo y mente) valorar qué efecto tienen en uno mismo sus hábitos diarios a menos que nos tomemos el tiempo de analizarlos detenidamente. Y esto es algo que casi nadie hace. Si le hubieras preguntado a cualquier testigo casual antes de que todo esto empezara, te hubiera dicho que yo era la personificación de una salud casi perfecta: era esbelta y estaba en forma (aún lo estoy), y no fumo, no consumo drogas ni tengo problemas con el alcohol. Hace justo un año también hacía ejercicio casi a diario, comía principalmente alimentos integrales, no tenía enfermedades mentales y dormía por lo menos siete horas cada noche (o por lo menos eso pensaba), mientras tenía una trayectoria profesional exitosa, una vida social activa y una buena relación familiar.

Si te estás preguntando por qué estos pequeños cambios cada mes producen una transformación tan decisiva, la respuesta es sencilla. El impacto de lo que hacemos cada día por nuestra salud básica (qué y cuánto comemos o dejamos de comer; qué y cuánto bebemos o dejamos de beber; cuántas horas dormimos o dejamos de dormir; cuánto movemos o no el cuerpo) tiene el potencial de influir en nuestra salud general de forma muy positiva o muy negativa. Y esto es porque la comida, la bebida, el sueño y el movimiento son todos esenciales para nuestra supervivencia. Y aunque estos hábitos pueden tener un impacto relativamente pequeño en nuestra vida diaria cuando los hacemos de forma aislada, lo que hacemos y cómo vivimos a diario se acumula rápidamente o incluso exponencialmente cuando lo repites semana tras semana, mes tras mes, y año tras año. Esto significa que si falla uno de los elementos de tus hábitos de salud básica o incluso si no llega a ser perfecto, puede agravarse con el tiempo y acabar interfiriendo profundamente en tu salud y tu felicidad, a menudo sin que te des cuenta de ello.

Por ejemplo, la cantidad de agua que bebes al día no te mandará al hospital (aunque sí es verdad que ya me han llevado en tres ocasiones al hospital por culpa de la deshidratación, y yo no sabía que la culpa era del agua). Sin embargo, si no consumes suficiente agua a diario durante semanas y meses, esto puede convertirse en una deshidratación crónica y, en consecuencia, puede conllevar un amplio abanico de problemas físicos y mentales, como aumento de peso, fatiga y mal aliento.

A este respecto, todos los hábitos de salud en los que me he centrado este pasado año no han sido intrascendentes, sino que cada reto mensual incluido en este libro se ha asociado objetivamente a montones de estudios en los que se ha visto que esos hábitos son fundamentales para una buena salud general y para un estado de felicidad. No se trata de prácticas arbitrarias que me conciernen tan solo a mí; son comportamientos (o ausencia de comportamientos) bien estudiados que pueden tener un profundo efecto conocido en el bienestar universal, seas quien seas. Son hábitos que todo el mundo debería tener, sin importar su edad, género, constitución física, forma física, estatus económico, trayectoria profesional o estilo de vida.

Después de un año de retos y de cambios de estos hábitos tan necesarios, puedo decirte que ahora soy más feliz y tengo mejor salud que nunca antes, y no porque haya hecho un gran cambio drástico, ni porque haya hecho una dieta alocada o haya pasado tres meses matándome de hambre, torturándome o haciendo ejercicio a más no poder en algún retiro de salud carísimo. En resumen, he aprendido las soluciones para cuidar de mí misma. Y ahora, quiero compartir estas soluciones contigo.

Yo solía pensar que el autocuidado era algo meramente estético (aquello que tenía que hacer para tener un mejor aspecto y mantener las apariencias, como sesiones de peluquería y peinado, mascarillas faciales, manicuras y tratamientos de spa). Claro que pensé en ir al gimnasio y, más recientemente, también me planteé la meditación como parte de mi autocuidado, pero veía estos hábitos como algo que hacer para mantener mi salud, no necesariamente para mejorarla. Y, además, si te soy sincera, lo consideraba parte de mi trabajo: al fin y al cabo, yo soy la cara y la voz de la salud y el bienestar en la cadena de noticias número uno de Estados Unidos. ¡Creía que tenía que dar el ancho!

Sin embargo, un año después de realizar estos retos de salud mensuales, sé que el autocuidado va mucho más allá del aspecto superficial y de la salud física y mental básica. Al analizar lo que hice con mi cuerpo, mi mente y mi tiempo libre a diario, me di cuenta de que cuidarme también incluye cómo actúo, pienso, tomo decisiones y trato a los demás, cómo concibo el mundo y, seguramente lo más importante, cómo me siento conmigo misma. Autocuidarme significa ahora reservarme tiempo voluntariamente para cuidar mi yo interior tanto como cuido mi yo exterior, prestar la misma atención, si no más, a mi comportamiento y emociones que a mi pelo, cara y piel.

Si eres de las que piensan: «Oye, no tengo tiempo de prestar atención a mis comportamientos o emociones, y mucho menos de emprender ningún cambio físico o mental», te diré que yo estaba en las mismas el año pasado. Si alguien me hubiera pedido que cambiara doce cosas de mi rutina diaria, me hubiera mostrado reacia a la idea. Pero ahora ya sé que el autocuidado no es una cuestión de tener tiempo, sino de reajustar lo que haces con tu tiempo. Además, todo el mundo (desde la directora ejecutiva más estresada hasta el mayor trabajador de la tele que tiene dos trabajos a la vez o la persona que trabaja desde casa) puede hacer un hueco para cuidar de sí mismo. Y tal y como lo aprendí yo, dedicar unos pocos minutos al día a cuidarte acaba creando aún más tiempo, porque estás menos estresada y, en consecuencia, más centrada, con más energía y más segura. Y como madre, dedicarle tiempo al autocuidado me ha compensado mucho, ya que mis hijos, al verme, han aprendido a cuidar de sí mismos. De hecho, puede que el autocuidado sea el elemento más fundamental en la gestión efectiva del tiempo. Si no lo haces a diario, seguramente estarás perdiendo el tiempo, y harás que tu salud y tu felicidad sufran como consecuencia de ello.

A ver, está claro que yo no llegué a ninguna de estas conclusiones de la noche a la mañana, porque no cambié los doce comportamientos a la vez. Esto es lo bueno de este libro, que cada mes contiene un reto distinto, un nuevo inicio y una nueva oportunidad para que tomes el control de tu salud y de tu felicidad.

Si eres una persona ambiciosa, puede que sientas la tentación de hacer los doce retos a la vez. Pero como profesional médica e incansable adicta de la autosuperación, estoy aquí para decirte que esto es justo lo que no deberías hacer. Como doctora sé que los grandes cambios alimentarios, las alteraciones notables del comportamiento y las transformaciones del estilo de vida no funcionan para el 99 % de la población. Es algo que veo una y otra vez en mi consultorio médico: cuando una paciente intenta cambiar algo radical de su dieta, de su ejercicio físico, de sus patrones de sueño o de su rutina en general (o intenta cambiar demasiadas de estas cosas a la vez), es casi siempre una receta para el desastre. Y aunque algunas pacientes puedan ver algunos resultados temporales al realizar grandes y drásticos cambios, estos resultados suelen desaparecer en cuestión de meses, si no en semanas o incluso días.

Este es el mayor beneficio de cambiar un aspecto de tu salud mes a mes. Mejorar tu cuerpo y tu mente paulatinamente, a lo largo de periodos de tiempo determinados, es prácticamente una garantía de éxito duradero. Si has probado alguna vez alguna alocada dieta de moda, seguro que ya lo sabes. Intentar dejar el gluten, los lácteos, la carne, el café y el alcohol a la vez, por ejemplo, normalmente significa que acabarás una noche dándote un atascón de pizza extragrande con carne, con un par de copas de vino blanco y un helado de café de postre. Pero si, por ejemplo, eliminaras solo los lácteos y lo hicieras lentamente a lo largo de un periodo de tiempo prolongado y a la vez te centraras en buscar alternativas satisfactorias al queso, la leche y el helado, seguramente lo lograrías. De una forma similar, es más probable que mantengas pequeños cambios en tu rutina regular que grandes transformaciones. Y tal y como yo aprendí, un mes es el periodo perfecto para adoptar cualquier cambio, y luego deberás adaptarte al cambio para poder mantenerlo durante meses y seguir cosechando sus beneficios.

Hay otra razón más científica por la que me centré en modificar un solo elemento de mi comportamiento a la vez. Como profesional de la medicina, sé que cualquier buen experimento solo puede tener una variable independiente (o factor X) como objeto de estudio si realmente quieres determinar cómo ese factor afecta al cuerpo, a la mente o al estado de ánimo. Por otro lado, si incluyes demasiadas variables o cambias demasiadas cosas a la vez en tu experimento, no sabrás qué variable es la responsable de qué efecto (o de su falta de efecto).

Volvamos al ejemplo de la dieta de moda: si intentas dejar el gluten, los lácteos, la carne, el alcohol y el café a la vez, y luego tu piel está más limpia, pierdes un par de kilos y de repente tienes más energía, no sabrás qué alimento era responsable de qué resultado. Tal vez eres ligeramente sensible a la lactosa, pero no te pasa nada por comer gluten. O tal vez el alcohol sea realmente el responsable de que no puedas perder peso, mientras que comer demasiada carne está provocando que la piel se te agriete. Hacer pequeños cambios uno por uno te permite entender cómo cada cambio tiene un impacto en tu salud y puede enseñarte con precisión la mejor manera de mantener ese cambio para que realmente puedas estar más sana y ser más feliz.

Dejemos una cosa clara: el objetivo de este libro y de la aventura que emprenderemos este año no es necesariamente ayudarte a que tengas una piel más limpia, a que pierdas un par de kilos o a que tengas más energía. Aunque lo más probable es que experimentes todos estos resultados si sigues los retos del libro, mi objetivo es enseñarte cosas increíbles acerca de tus hábitos de bienestar diarios y lo que puedes hacer para cuidarte mejor.

Tampoco tienes que completar cada reto exactamente en el mismo orden o de la misma manera que yo. Todos somos seres humanos únicos con un ADN diferente, vidas diferentes y estilos de vida diferentes, que a la vez tenemos diferentes prácticas, preferencias y necesidades físicas, mentales y emocionales. Lo que me funcionó a mí puede que no te funcione a ti. Así que lo que espero darte son herramientas para que puedas personalizar cada reto y aprender cuáles son las soluciones para tu propio autocuidado, y así puedas también estar lo más saludable y feliz posible.

Aunque yo te animo a que abras la mente y explores cada uno de los retos, incluso aquellos que pienses que no necesitas (alerta de *spoiler*: los retos que equivocadamente di por supuesto que se me darían de perlas, como el reto de septiembre sin azúcar, fueron de los más impresionantes e impactantes para mí), no tienes por qué completar todos los retos mensuales que hay aquí. Tómate la libertad de elegir y escoger aquellos que te atraen y que te permiten a la vez experimentar otras formas de autocuidado. Por ejemplo, las lectoras veganas o vegetarianas puede que quieran adaptar el reto de mayo, el de comer menos carne y más verdura, e intentar comer una variedad más amplia de productos de origen vegetal o comida vegetariana o vegana menos procesada.

Cuando completes un reto mensual y empieces el siguiente, también podrás elegir esos hábitos que quieras continuar manteniendo de forma regular. Después de unos pocos retos, entenderás cómo desbloquear comportamientos que hayas aprendido en el pasado para alcanzar esos beneficios cuando y donde quieras. Dicho de otro modo, este libro te enseñará a tener más control sobre tu salud y tu felicidad en el día a día.

Es importante remarcar que en este libro no hay obligaciones ni expectativas que te exijan hacer X o lograr resultados Y para triunfar en el autocuidado, del mismo modo que en un estudio científico nunca predices tus resultados antes de empezar el experimento. En ese sentido, yo no triunfé en todos los retos mensuales de este libro, ni mucho menos. Pero durante cada uno de los retos aprendí algo valiosísimo sobre mí misma y, lo que es más importante, aprendí lo que significa realmente cuidarme.

Si puedo darte un consejo antes de que empieces tu aventura de este año, es que sientas curiosidad por ti misma. A lo largo de estos últimos doce meses me recordaba continuamente a mí misma que estaba haciendo un experimento sobre mí y para mí. Mantenía mis ganas de probar nuevas cosas y no me daba miedo observar mis comportamientos para ver lo que me hacía feliz y lo que no. Intenté no suponer nada o desestimar ciertos sentimientos o cualquier resultado que no me gustara. Al fin y al cabo, mi intención no era publicar mis resultados en una revista médica, y no tenía que compartirlos con mis amigos o mi familia si no quería. Este era mi año, un año para descubrirme a mí misma y averiguar realmente cómo cuidar de mi precioso ser.

Del mismo modo, este año gira a tu alrededor. Eres lo más importante de este libro, y todo lo que haces, ves, sientes y crees importa. Que no te dé miedo girar el microscopio hacia ti; no se trata de un proceso severo o temible, sobre todo cuando examinas solamente un pequeño fragmento, mes a mes. En este sentido, no tienes nada que perder y tienes todo que ganar.

Realmente creo que todas las personas, sin importar quién son, pueden tener una vida más saludable, ser más felices y estar en mejor forma. Al fin y al cabo solo tienes un yo que crece y cambia cada día como un jardín espléndido y complejo. Igual que un jardín, puedes elegir si quieres dejarte marchitar y pasar apuros para encontrar tu propia luz, o puedes aprender a darte a ti misma la luz que necesitas para que todos tus colores brillen con fuerza, belleza y con más viveza.

CAPÍTULO 1

ENERO
El mes sin alcohol

Mi historia

No recuerdo el momento exacto en el que decidí lanzarme a un mes sin alcohol, pero fue en algún momento a principios de diciembre de 2017. Acabábamos de celebrar el Día de Acción de Gracias y, al igual que mucha gente, me estaba preparando para el mes que me esperaba de fiestas del trabajo, eventos navideños y grandes cenas en familia; todo aquello que para mí y para la mayoría de los estadounidenses va de la mano del alcohol.

Al mismo tiempo, visitaba como siempre a mis pacientes en mi consultorio privado, pero cada vez más hablaba con ellas acerca de su consumo de alcohol. La conversación solía ir así:

YO: ¿Cuántas copas tomas normalmente por semana?

PACIENTE: Bueno, hum, me gusta tomarme una copa de vino o dos un par de veces por semana, y luego, pues también cada viernes y sábado... No sé. ¿Tal vez siete?

YO: ¿Y te tomas esas copas en casa o fuera?

PACIENTE: Un poco de ambas, supongo.

YO: Bien, para que lo sepas, una copa de vino son ciento

cincuenta mililitros y una copa de licor son unos cincuenta mililitros. Pero puede que tus copas sean más grandes, sobre todo si estás en un restaurante o en un bar. A ver, déjame que te enseñe...

[*Instrucciones escénicas: saco una gráfica a escala real de copas de vino y de coctel para enseñarle a la paciente lo pequeñas que son en realidad las cantidades de 150 y de 50 mililitros.*]

YO: Así que ¿esta es la cantidad que bebes tú?

PACIENTE: Bueno..., seguramente un poquito más que eso.

YO [*Utilizando las manos para reflejar el tamaño de la porción*]: ¿Quizá la cantidad que te sirves de vino sea esta? ¿Y quizá sea así cuando te tomas un coctel?

PACIENTE: Sí, seguramente.

YO: No te preocupes, pero esto significa que en realidad te estás tomando entre doce y catorce copas a la semana, no siete.

PACIENTE: ¿En serio?

YO: En serio. Y tomar entre doce y catorce copas por semana aumenta el riesgo de cáncer de mama, aumento de peso, obesidad, depresión, diabetes...

Sí, este era prácticamente mi guion diario en el trabajo. Lo dominaba totalmente, desde la sutileza de sacar la gráfica de cocteles a tamaño real hasta expresar las cantidades de alcohol con las manos mientras asentía con la cabeza en señal de comprensión.

Pero después de años teniendo esa misma conversación (y de hacerlo bien), finalmente me di cuenta en diciembre de que mi gesto de asentir con la cabeza en señal de comprensión era demasiado permisivo. En el fondo sabía lo que esas mujeres hacían porque yo también lo hacía. Y aunque les decía que cambiaran sus hábitos, yo no hacía nada para cambiar los míos. En cuanto ellas empezaron a mostrar más preocupación por el aumento resultante del riesgo de contraer enfermedades como el cáncer de mama, yo también empecé a preocuparme. Te voy a contar cómo empezó. Yo no soy una gran bebedora, en absoluto. Solo bebo de forma social, una o dos veces entre lunes y viernes, y luego durante el fin de semana, siempre y cuando esté en un entorno social. Además, no soporto la sensación de estar borracha. Cuando iba a la universidad, en Columbia, trabajaba de mesera en un bar tres noches por semana, pero nunca me bebía lo que servíamos. En vez de eso, veía cómo otras personas arrastraban las palabras, actuaban de forma molesta y gritaban, lo cual hizo que se me quitaran las ganas de beber alcohol. Además, yo era sin duda muy presumida y estaba muy metida en el tema del *fitness*, y la idea de ingerir calorías extra del alcohol me parecía un enorme desperdicio.

Después de la universidad me casé, quedé embarazada y tuve dos hijos mientras cursaba la carrera de medicina, luego hice una residencia de cuatro años en obstetricia y ginecología, y nunca tenía tiempo para el alcohol. Todo esto cambió hace unos cinco años, cuando mis hijos llegaron finalmente a la adolescencia y eran capaces de cuidar de sí mismos, y me di cuenta de que tenía tiempo de disfrutar de un coctel si quería. Empezó un verano, cuando hacíamos muchas comidas y asados al lado de la piscina con amigos, y una copa de vino parecía un complemento relajante para la velada. También empezamos a cenar en casas de amigos que eran a la vez grandes cocineros (y que siempre servían buen vino). En los últimos años también me había empezado a interesar el vino como afición: aprender qué tipos de uvas hay y probar las diferentes variedades, así como los vinos añejos.

En este momento me sigue gustando el vino, pero mi bebida preferida ha pasado a ser el tequila blanco, servido con hielo y una rodaja de naranja. Lo descubrí hace unos años gracias a mi querida amiga Moll Anderson, que lo describió, en sus palabras, como la «bebida paleolítica» perfecta. No contiene mezclas azucaradas, jugos o licores (es tan solo tequila con una rodaja de naranja), así que tiene relativamente poco azúcar y pocas calorías.

Antes del 1 de enero de 2018 bebía tequila o vino una o dos veces por semana en cenas u ocasiones especiales, y también en las dos noches del fin de semana. Igual que muchas de mis pacientes, siempre di por sentado que estaba consumiendo siete copas o menos por semana (el máximo recomendado para mujeres). Pero en diciembre de 2017, después de tener la misma conversación una y otra vez con mis pacientes, de repente me di cuenta de que, probablemente, yo estaba cometiendo el mismo error. Puede que solo estuviera bebiendo siete copas físicas de alcohol por semana, pero tal como les decía a mis pacientes, la cantidad de alcohol en cada copa en restaurantes o bares era normalmente muy superior a 50 mililitros de tequila o 150 mililitros de vino.

Esa hipocresía fue como una bofetada en la cara: no podía seguir con la misma rutina sobre el alcohol con mis pacientes si después yo no seguía mis propios consejos. Tenía que cambiar mis hábitos, y cuando me di cuenta de ello en diciembre, llegué a la conclusión de que la llegada del año nuevo era el momento ideal para empezar. Yo no creo en los propósitos de año nuevo (los estudios científicos nos demuestran que no funcionan), pero sí creo en nuestra capacidad de retarnos para cambiar pequeños actos o hábitos específicos. A diferencia de los propósitos de año nuevo, los estudios han demostrado que desafiarte a realizar algún cambio específico, viable y factible puede ayudarte a mantener ese cambio hasta que forme parte de tu rutina diaria.

Había tomado una decisión. Pasaría un mes sin una gota de alcohol. En la víspera de Año Nuevo disfruté de un almuerzo de celebración con un vino rosado, y por la noche cené con tequila, sin sentir ningún temor por el mes que me esperaba. Tenía que marcar un límite en algún punto, y este fue el punto.

> **Apuntes médicos**
> Superar el alcoholismo
> y los trastornos asociados al alcohol
>
> Un mes sin alcohol es un reto de bienestar diseñado para ayudar a gente con hábitos de consumo de alcohol normales y saludables a que se beneficien de los efectos de dejarlo durante treinta días. Si en tu caso tienes un problema con el alcohol o una dependencia, este reto no es para ti; tendrías que hablar con tu médico o buscar ayuda profesional.
> Las señales que advierten de que existe un problema con la bebida son las crudas frecuentes, la sensación de que necesitas tomar una copa o de que no puedes dejar de beber cuando has empezado, la toma de malas decisiones o de decisiones peligrosas mientras bebes, o sufrir consecuencias negativas en tus relaciones, en tu trayectoria profesional u otras consecuencias personales cuando bebes. Si crees que tienes un problema con el alcohol, no intentes esconderlo ni te avergüences de ello: es algo común, y la orientación profesional te puede ayudar a transformar tu vida.

Primera semana
Comparte el secreto: lo mejor que puedes hacer cuando estás tentada a beber
En el día de Año Nuevo de 2018 estaba en Boston con mi familia para ver un torneo de hockey sobre hielo en el que jugaba mi hija

Chloe, toda una deportista y una delantera buenísima que anotaba muchos puntos. A diferencia de la mayoría de las vacaciones, estas no estaban llenas de tentadoras comidas o bebidas; no teníamos que ir a ninguna cena en ningún restaurante de lujo, ni íbamos a ninguna fiesta de Año Nuevo. Pero aun así yo me desperté ese primer día y pensé: «Bueno, allá vamos. Este es el primer día».

Físicamente, no tenía ganas de beber, pero psicológicamente, tenía sed. La culpa es de lo que los médicos llaman el «efecto de privación»: cuando les dices a tus pacientes que no pueden comer, beber o hacer algo, ese algo se convierte en lo único que quieren comer, beber o hacer (o cuando menos se obsesionan con comer, beber o hacer eso). Así que ese primer día del mes, aunque no se me antojaba beber por una cuestión física o social, no podía dejar de pensar en que no podría beber alcohol durante un mes entero. «¡¿En serio, un mes entero?!» No podía dejar de pensarlo.

Pero esa obsesión psicológica se disipó después del primer día, principalmente por algo casual que ocurrió justo después de Año Nuevo. Dado que era la principal especialista médica de *Good Morning America* (el segundo programa de televisión matinal con más audiencia de Estados Unidos), me pidieron que hiciera una sección al día siguiente que explicara las complicaciones que pueden sufrir las mujeres si consumen más alcohol del máximo recomendado semanalmente. Durante la sección, que se hizo en vivo el 2 de enero, hablé de todos los motivos por los que las mujeres no deberían beber más de siete copas a la semana, y luego le anuncié a la presentadora del programa, Robin Roberts, que yo, personalmente, me había propuesto pasar un mes sin beber.

Para mi sorpresa (y para sorpresa de los productores del programa), la sección tuvo una gran repercusión entre los televidentes. Más de cinco millones de personas ven y escuchan cada mañana *Good Morning America*, y yo no podía creer la cantidad de televidentes que se animaron a participar en el reto. Poco después de emitir esa sección me empezaron a llegar cientos de mensajes en mis redes sociales, así como a las redes de *Good Morning America*, con comentarios como «¡Yo lo haré contigo!» o «¡Qué idea tan buena, me apunto!».

Los productores quedaron impresionados y me pidieron que detallara el reto en un Facebook Live después del programa. Ese video tuvo más de trescientas mil visualizaciones en menos de veinticuatro horas, una respuesta asombrosa incluso para uno de los programas de televisión con más audiencia de Estados Unidos. Al parecer, la idea de pasar un mes sin probar el alcohol impactó en muchos estadounidenses. Y, desde mi punto de vista, parecía que la gente no solo quería dejar el alcohol durante un mes, sino que quería participar en el reto con otras personas y sentirse parte de una comunidad.

Esa misma semana quedé con Joanna Coles, antigua jefa de redacción de la revista *Cosmopolitan* y directora de contenidos para la multinacional Hearst, especializada en los medios de comunicación de masas. Incluso ella había visto la sección. Joanna es de Inglaterra, y me contó que allí es muy común el concepto de no beber en enero. No lo podía creer. ¿Un país entero dejaba el alcohol en enero de cada año? Saber que cientos de personas hacían el mismo ritual anual me hizo sentir que tenía un equipo entero de simpatizantes que me apoyaban, muchos de los cuales habían demostrado ser capaces de pasar un mes sin beber.

La primera semana de enero me resultó relativamente fácil olvidarme del alcohol gracias a mi rutina normal. A menudo me despierto a las cinco de la mañana para salir en el programa, y más tarde visito a mis pacientes en mi consultorio médico en

Nueva Jersey hasta al menos las seis de la tarde. A menudo no tengo oportunidad de hacer ejercicio hasta bien entrada la tarde, así que lo que hago normalmente es ir al gimnasio justo después del trabajo. Cuando llego a casa, estoy demasiado cansada incluso para pensar en la idea de salir a tomar una copa.

Pero ese primer fin de semana, Chloe tuvo otro partido de hockey sobre hielo, esta vez en casa, ocasión en la que todos los padres suelen quedar para tomar algo antes del partido. Lo que conlleva litros de sidra y vino calientes, bocadillos y comida para picar para unos cuarenta adultos. En otras palabras, es una buena fiesta informal. Mi problema es que tengo una particular afición por la sidra caliente. Esa fue mi primera tentación.

Cuando llegué a la fiesta aquel día, anuncié a todo el mundo que me había propuesto pasar un mes sin alcohol. Me sentí un poco tonta y más bien avergonzada de haberlo hecho, pero pensé que contárselo a todo el mundo de buenas a primeras sería más fácil que rechazar las bebidas que me ofrecieran constantemente o tener que inventarme múltiples excusas o explicar el reto una y otra vez. También tenía la esperanza de que contárselo a la gente, tanto si eran padres o madres del equipo como totales desconocidos, me haría responsabilizarme de mi decisión, y acerté. Nadie me ofreció nada de beber y yo no tuve la tentación de hacerlo.

Después del partido, mi hermano y su familia vinieron para almorzar con nosotros en uno de nuestros restaurantes italianos preferidos. Cada vez que voy a ese restaurante pido una copa de vino, ya que es un complemento ideal para la comida. Pero esta vez no quería caer en la tentación, así que después de lo que había aprendido en la fiesta prepartido, cuando nos sentamos a comer, anuncié a mi familia que me había propuesto pasar un mes sin alcohol. Mi hermano, el eterno bufón, respondió que él estaba haciendo justo lo contrario, pasar un mes con mucho alcohol, intentando beber más de lo habitual. Esto le quitó seriedad al asunto, e incluso cuando él y otras personas de la mesa pidieron vino, a mí no me molestó para nada. Durante esa comida tuve una revelación interesante. Había ido a ese restaurante otras muchas veces antes, pero cuando estuve allí sin probar el vino, me di cuenta de que prestaba mayor atención a lo que pedía. No había alcohol para distraerme de elegir los platos más saludables o para desinhibirme y que no me importara si tomaba otra rebanada de pan de ajo. Y como no disfrutaba del placer del vino, ya que no estaba bebiendo, descubrí que me centraba más en disfrutar la comida. Al final del almuerzo sentí incluso que había comido menos, ya que me sentía más satisfecha con lo que había consumido.

Segunda semana
Si no quieres dejar de beber por tu salud, hazlo por tu piel
El día 8 de enero me desperté con una maravillosa sorpresa: mi piel tenía un aspecto totalmente distinto. Yo siempre he tenido un poco de rosácea, o bultitos rojos en la cara, pero cuando me miré al espejo esa mañana, mi cara estaba notablemente menos enrojecida. También parecía que mi piel tuviera más elasticidad e incluso más firmeza (ambos efectos fruto de una mejor hidratación). Incluso me pareció que me veía menos arrugas alrededor de los ojos y de la boca.

Al trabajar en vivo en la televisión cada día, estoy muy sensibilizada con la salud de mi piel. El maquillaje de televisión es contundente y siempre forma una capa muy gruesa, lo cual precisa una gran cantidad de esfuerzo para desmaquillarse. Yo intento quitarme el maquillaje tan pronto como acabamos el programa, y sin falta antes de acostarme por la noche. Así pues, cuando me levanto, mi cara matutina es la forma más virginal de mi piel que veo en todo el día. Me gusta evaluar qué aspecto tengo entonces, así que me sorprendí de ver una diferencia tan notable en solo una semana.

Me puse en el papel de médica y pensé lo siguiente: la única variable que había cambiado en mi rutina últimamente era que no bebía alcohol. Sabía que el alcohol deshidrataba y había oído a dermatólogos diciendo que era perjudicial para la piel, pero nunca había llegado a creer que dejar la bebida tendría un efecto semejante. El impacto era aún mayor porque estábamos en pleno invierno, una época en la que mi piel suele tener peor aspecto por culpa del aire frío y seco del exterior y la calefacción deshidratante de los interiores.

Cuando llegué al programa esa mañana, le pregunté a mi maquilladora, Lisa, si la transformación de mi cutis era solo una imaginación mía o si ella también notaba la diferencia. Cuando me dijo que se me veía la piel más joven, más sana y más hidratada, sentí como si alguien me hubiera puesto algo en el café, me sentía loca de alegría. Lo de no beber me estaba recompensando sobremanera.

Durante la segunda semana, también noté que, desde el punto de vista social y logístico, evitar el alcohol no era tan difícil como pensaba. No tenía la sensación de estar privándome de nada o de querer mirar el calendario para contar los días que faltaban hasta que pudiera volver a tomarme un tequila o una copa de vino. Atribuí estas sensaciones al hecho de que yo sabía que muchas otras personas lo estaban haciendo conmigo, no solo la mitad de Inglaterra, sino también cientos de mis seguidores en las redes sociales, junto con los televidentes de *Good Morning America*. Tenía la sensación de estar corriendo un maratón con miles de personas que se decepcionarían si abandonaba a los veinte kilómetros. Y yo tampoco quería abandonar: el carácter de reto que tenía ese mes hizo que fuera más divertido, el apoyo lo hizo más fácil y los beneficios que ya estaba viendo, tan rápidamente, hacían que todo eso valiera la pena.

Tercera semana
Una sorprendente manera de hacer que no beber alcohol sea más placentero
El día 17 de enero, una vez superada la mitad del mes, salí a cenar con una amiga. Estábamos sentadas en el bar, y ella pidió una copa de vino blanco, mientras que yo pedí lo que se había convertido en mi nuevo estándar social: una copa de agua mineral en una copa de vino, lo cual me hacía sentir que bebía algo sofisticado, pero sin alcohol. Había ido a varios bares desde el inicio del mes, así que estar en un bar sin beber ya no era algo nuevo para mí, pero cuando el mesero me puso delante la copa de vino de mi amiga, la tomé y me la llevé a los labios.

Por suerte, le había contado a mi amiga, al igual que al resto de mis conocidos, que estaba pasando un mes sin beber, y ella dio un grito cuando me vio a punto de beberme su copa de vino. Había sido obra de mi memoria muscular: simplemente, por una milésima de segundo, había olvidado el reto. Le di las gracias y le pasé su copa, sin tener ni un poquito de envidia. Estaba muy contenta de tener mi agua y poder concentrarme en la conversación con mi amiga. Sin alcohol, me había dado cuenta de que era mucho más fácil; es decir, la compañía de amigos y familiares era mucho más agradable sin beber. No solo no me distraía nunca por la decisión de si me tomaba otra copa o no, o por qué pedía de comer, si es que pedía algo, sino que además la bebida no me distraía para nada y no tenía esa sensación de estar con la mente un poco nublada y menos centrada de cuando bebía.

Al final de la semana, mi piel tenía aún mejor aspecto, estaba menos roja y seca que la semana anterior, y mi tono de piel también parecía haber mejorado. No tenía que pelearme con erupciones o capas de piel dañada; de hecho, me sentía como si estuviera radiante y como si necesitara ponerme menos maquillaje. Y aún te diré más, me notaba el vientre más plano, y mi pequeña llantita o esa barriguita que me quedó del embarazo y que no soporto había bajado de tamaño.

Después de estos acontecimientos, empecé a planteármelo. Si se me veía mejor el cutis, tenía el vientre más plano y estaba disfrutando más de la comida y de la compañía sin alcohol, ¿por qué demonios decidí empezar a beber? ¿Se trataba de algún tipo de decisión automática, de hacer lo mismo que hacen los amigos o familiares en los restaurantes o en las fiestas, o cuando van a cenar a casa de otra persona? ¿O simplemente me gustaba el sabor del vino y del tequila? Como siempre me limitaba a solo una o dos copas, los efectos físicos del alcohol eran mínimos en mi caso. Así que ¿qué aspecto de este hábito social era lo que disfrutaba? Empecé a pensar que, de ahora en adelante, para mí, beber tenía que ser más bien una decisión consciente en vez de una reacción automática en situaciones sociales.

Cuarta semana
Cómo la abstinencia de alcohol me cambió para siempre
el concepto que tenía de beber
Después de estos descubrimientos, la última semana fue sorprendentemente fácil. Tan fácil, de hecho, que ya había decidido que iba a moderar lo que bebía en lo que quedaba de año. Me prome-

tí que anotaría todas las veces que bebía a lo largo de la semana en mi calendario de pared y luego registraría mi «saldo» semanal de bebidas, del mismo modo que consultaba mi saldo bancario. Contaría cada bebida como dos raciones y me aseguraría de no superar nunca las siete raciones semanales.

Después de tres semanas evitando el alcohol por completo, noté otro cambio durante la cuarta semana: tenía más energía, lo cual es algo relevante, ya que yo, de por sí, ya soy una persona con mucha energía. Además, realmente creía que tenía mejor aspecto, lo cual podría estar relacionado con el hecho de que tenía una actitud más positiva sin el alcohol, pero también sabía que estaba más hidratada y dormía más profundamente de lo que había dormido en muchos meses, lo cual se reflejaba tanto en mi cutis como en mi figura.

También hubo efectos psicológicos, como el hecho de estar orgullosa de mí misma. Antes de que empezara el mes, quería ver si podía retarme para conseguir un pequeño cambio en el estilo de vida que parecía difícil, y lo había logrado con más facilidad y disfrute de lo que me hubiera podido imaginar.

No beber alcohol durante treinta días (que es el periodo de tiempo que algunos expertos dicen que se necesita para cambiar un hábito) estaba modificando mi actitud y mi apetencia frente al alcohol. Después de que el reto terminara sabía que quería cambiar mi relación con el alcohol. Y tenía un plan muy sencillo para alcanzar este objetivo tan sostenible de no beber más de siete copas por semana, anotando todos mis cocteles semanales y anotando cada copa o vaso como si fueran dos raciones.

El último día del mes, en vez de soñar con mi primer tequila blanco o mi *pinot noir*, me sentía tan recargada por los beneficios físicos y mentales de no beber que decidí extender mi mes sin alcohol hasta la primera semana de febrero. Después me iba de vacaciones al Caribe, así que pensé que sería una buena manera de terminar mi sequía disfrutar de mi primera copa en un sitio realmente cálido y relajante. Pero para ser sincera, ni me acuerdo de haberme tomado esa primera copa en esas vacaciones; ni fue un gran momento, ni un increíble estallido de placer, incluso después de haber estado sobria durante cinco semanas. Ahora, visto en perspectiva, esto ayudó a corroborar que yo solo bebía como hábito social, no necesariamente porque lo disfrutara.

Había otra razón por la que quería continuar con mi mes sin alcohol, y no tenía nada que ver con el hecho de no beber en sí. Y es que me había enganchado la idea y la práctica de retarme para llevar una vida más saludable. Ese mes no solo había mejorado mi actitud física y mental de formas inesperadas, sino que también había sido una experiencia psicológicamente gratificante, emocionalmente enriquecedora y personalmente divertida. Me había gustado el carácter de «experimento científico» que había adquirido el mes: ¿cómo lo podría hacer? ¿Qué podría aprender de mí misma? ¿Qué podría aprender de los demás?

Del mismo modo, lo que me ayudó a disfrutar del reto fueron los cientos de tuits, publicaciones en Facebook y comentarios de Instagram de televidentes, seguidores y amigos. A la gente le motivaba la idea de lanzarse a un reto y tenía ganas de unirse a mi causa (uno pensaría más bien que les estaba ofreciendo un mes de golosinas gratis en vez de la oportunidad de dejar el alcohol). La respuesta de la gente había aumentado mi sensación de éxito, y no quería perder esta alucinante comunidad de apoyo que había conseguido formar. Así que ¿por qué no plantearme otro reto para febrero..., y así sucesivamente?

ENERO: EL MES SIN ALCOHOL
Los fundamentos científicos que hay detrás de dejar el alcohol

Igual que el resto de los retos mensuales de este libro, elegí pasar un mes sin beber porque es un pequeño cambio en el estilo de vida que se ha demostrado en estudios científicos que tiene grandes beneficios en la salud física, emocional y mental. El potencial que tiene un mes sin alcohol para cambiar tu estado de salud personal depende de cuánto bebas. Por ejemplo, si solo tomas una copa de vino cada varias semanas, dejar de beber durante un mes no tendrá un efecto drástico en tu bienestar. Pero si eres como la mayoría de los estadounidenses, dejar el alcohol durante treinta días puede tener efectos significativos y duraderos. Puede que ya conozcas muchos de estos beneficios para la salud, pero aquí tienes algunas maneras, aún más sorprendentes, de cómo dejar el alcohol durante treinta días puede transformar tu salud.

Seguro que bebes más de lo que crees
La mayoría de la gente bebe más de lo que se piensa. Según un estudio publicado recientemente en la revista *Addiction*, los considerados bebedores de bajo riesgo (es decir, mujeres y hombres que consumen menos de diez y quince copas por semana, respectivamente) declaran que beben una cantidad de alcohol un 76 % menor de la que realmente ingieren, ya que cuentan solo una de cada cuatro bebidas que se toman.

Las razones para hacerlo son complejas. Primero, no siempre nos acordamos de cuántas copas nos tomamos, ya que a menudo lo hacemos en entornos sociales activos, y registrar nuestra ingesta semanal de alcohol no es exactamente una prioridad para la mayoría de la gente. También es difícil, según los psicólogos, ser totalmente sinceros con nosotros mismos en lo que respecta a nuestro consumo de alcohol, del mismo modo que muchos de nosotros preferiríamos olvidar la cantidad de comida chatarra y de golosinas que comemos: llevar un recuento de ello es un recordatorio de que estamos haciendo algo perjudicial para nuestro cuerpo, y este es un hecho que no necesariamente queremos afrontar.

Sin embargo, hay numerosos estudios que demuestran que bebemos más porque las raciones son más grandes, tanto si nos servimos nuestras propias bebidas como si nos las sirven los meseros. Esto es lo que sucede: en Estados Unidos se considera que una bebida estándar es cualquier bebida que contenga 14 gramos de alcohol puro, lo cual equivale a 35 centilitros de cerveza, 150 mililitros de vino o 50 mililitros de licor, como vodka, ginebra, ron, whisky y tequila.

Pero varios estudios demuestran que las bebidas alcohólicas que se sirven en bares y restaurantes, junto con aquellas que nos preparamos nosotros, suelen contener más de 14 gramos de alcohol, o más cantidad de cerveza, vino y licor que las cifras indicadas anteriormente. Por ejemplo, una investigación publicada en 2008 en la revista *Alcoholism: Clinical and Experimental Research* desveló que el vino que se sirve en los restaurantes contiene, de media, un 43 % más de volumen que los 150 mililitros estándar, mientras que los combinados contienen un 42 % más de volumen y las cervezas de barril, un 22 % más.

Y en el caso de que te sirvas tú en casa, aún es más probable que te pongas de más cuando tomes vino o cerveza, o te prepares un coctel. En esta era moderna en la que todo está sobredimensionado, no solo son los estadounidenses quienes subestiman las raciones realistas de comida y bebida, sino que también se puede echar la culpa al tamaño de las copas. Según un estudio de 2017 realizado por investigadores de la Universidad de Cambridge, el tamaño medio de una copa de vino se ha septuplicado en los últimos tres siglos, con lo que actualmente la mayor parte de las copas pueden llegar a contener 45 centilitros. Aunque te sirvas la mitad de una copa, esto sigue siendo 22.50 centilitros, lo que equivale a una ración y media de vino.

¿Quieres saber si estás sobredimensionando tus dosis de alcohol en casa? Intenta utilizar un vaso medidor o un vaso tequilero para medir los 15 centilitros de vino, los 35 centilitros de cerveza o los 5 centilitros de licor, y vierte después esa cantidad en las copas que utilizas normalmente. Puede que te sorprenda lo increíblemente pequeña que se ve esa cantidad comparada con lo que te sirves normalmente.

Solo una copa al día puede aumentar el riesgo de cáncer de mama
Una de cada ocho mujeres en Estados Unidos se diagnosticará con cáncer de mama en algún momento de su vida. Esto es un porcentaje muy alto, así que no resulta sorprendente que muchas de mis pacientes tengan pánico a desarrollar esta enfermedad.

Una de las preguntas más frecuentes que me hacen en mi clínica es sobre las pastillas anticonceptivas (si aumentan el riesgo de contraer cáncer de mama y si deberían dejar de tomarlas por eso). Lo que yo les digo a estas mujeres es que aún no existen datos científicos claros que asocien las pastillas anticonceptivas al cáncer. Algunos estudios demuestran un ligero aumento del riesgo de contraer cáncer de mama, pero no del número de muertes por cáncer de mama. Por otro lado, otros estudios muestran una notable reducción del riesgo de cáncer de ovario y de útero entre las mujeres que toman o que han tomado pastillas anticonceptivas.

Aunque los datos que relacionan el cáncer de mama con las pastillas anticonceptivas puedan ser un poco turbios, los estudios relativos al alcohol no lo son: tomar solo una bebida alcohólica al día aumenta el riesgo de cáncer de mama. Aun así, todavía no he oído decir a ninguna paciente que le gustaría dejar el alcohol por completo para reducir ese riesgo. Y lo entiendo: desde la perspectiva del estilo de vida y a nivel mental es más fácil dejar de tomar una pastilla y utilizar otros métodos anticonceptivos que dejar un hábito social popular y generalizado.

¿Y cómo fomenta el alcohol el riesgo de cáncer de mama? Para empezar, los científicos creen que el alcohol aumenta las concentraciones de estrógenos y otras hormonas en el cuerpo femenino, que pueden contribuir a la aparición de esa enfermedad. El alcohol también es una gran fuente de calorías vacías, que, como ya debes saber, pueden convertirse rápidamente en un exceso de peso, lo cual se asocia también a un aumento del riesgo de contraer cualquier tipo de cáncer. Finalmente, también se ha demostrado que el alcohol reduce la capacidad del cuerpo de absorber ácido fólico e incluso daña el ADN, y ambas cosas pueden influir en el riesgo de contraer cáncer de mama.

Por estos motivos, la mayoría de los médicos recomiendan a las mujeres con un elevado riesgo de contraer cáncer de mama debido a su historial familiar o a otros factores de su estilo de vida que eviten el alcohol por completo o que reduzcan su ingesta considerablemente, lo cual significa consumir como máximo dos copas por semana. Según la Sociedad Estadounidense contra el Cáncer (ACS, por sus siglas en inglés), las mujeres que no presentan un riesgo elevado no deberían consumir más de una ración de alcohol por semana.

No creas todo lo que lees acerca
de que el alcohol es bueno para el corazón
El cáncer de mama no es la única enfermedad crónica que se asocia a la ingesta de alcohol. Según la ACS, se ha demostrado que el alcohol aumenta el riesgo de padecer cáncer de hígado, de colon, de recto, de boca, de garganta, de esófago y de laringe. Cuanto más bebes, más riesgo tienes de contraer cáncer, según los científicos.

Algunas de ustedes deben de estar pensando: «Pero ¿no decían que el alcohol es bueno para el corazón?». Y sí, hay estudios que demuestran que beber con moderación (es decir, no más de una copa al día en el caso de las mujeres y dos copas al día en los hombres) puede tener un efecto positivo en la salud del corazón, ya que reduce el riesgo de coágulos sanguíneos y aumenta el colesterol HDL «bueno».

Sin embargo, superar una ingesta semanal moderada de alcohol puede dañarte el corazón, al aumentar la presión arterial y contribuir a la obesidad, factores que aumentan el riesgo de padecer enfermedades coronarias, insuficiencias cardiacas y embolias. Un estudio de 2017 de la Universidad de Cambridge también descubrió que consumir más de cinco copas por semana aumenta el riesgo de embolia, aneurisma mortal, insuficiencia cardiaca y muerte.

El alcohol te da problemas para dormir
Beber puede afectar la cantidad y la calidad de nuestro sueño igual que una potente taza de café. ¿Por qué? Bueno, solo con que te hayas tomado una copa a lo largo de tu vida sabrás que el alcohol es un relajante que tiene efectos calmantes (por eso mucha gente se toma una copa de vino o de whisky para dormirse). Y es verdad que funciona, puesto que el alcohol potencia la producción del cuerpo de adenosina (una sustancia química que in-

duce el sueño), pero su efecto es solo temporal. Cuando se acaba esta producción y la adenosina deja de hacer efecto, el resultado es un gran sobresalto en tu ritmo circadiano, o en tu reloj corporal interno, lo cual hace que de repente te sientas más despierta.

Y esto no es todo. También se ha demostrado que el alcohol bloquea la fase REM del sueño, el tipo de sueño más restaurador que nuestro cuerpo necesita para gozar de una buena salud general. Cuanta menos fase REM tengas, más probable será que te despiertes atontado a la mañana siguiente. Finalmente, beber puede empeorar problemas respiratorios como roncar o hacer apneas durante el sueño e interferir en tu ciclo de vigilia y sueño, lo cual hace que te despiertes con más frecuencia para ir al baño.

Beber puede hacer que ganes peso de formas más imprevisibles de lo que piensas
Aunque esto no te debería sorprender, aún me fascina la cantidad de pacientes que no saben o no quieren admitir que el alcohol (y no necesariamente el pan, la pasta u otros hidratos de carbono que consumen) está evitando que puedan perder el peso que desean. Cuando bebes alcohol, tu cuerpo convierte rápidamente los hidratos simples del alcohol en azúcar porque no hay grasas, proteínas o fibra para frenar el ritmo de esa conversión. Esto hace que con cada bebida alcohólica que te bebes es como si consumieras paquetes de azúcar. Y si prefieres cocteles con ingredientes azucarados como el refresco, el jugo o un simple jarabe, estás añadiendo aún más calorías vacías a tu consumo de alcohol.

Ciento cincuenta mililitros de vino contienen aproximadamente 120 calorías, y lo más probable es que bebas más de 150 mililitros de vino en una copa, tal y como demuestran los estudios científicos. Esto significa que beber una copa de vino al día te aporta 850 calorías extras a la semana y casi 3 500 calorías adicionales al mes; el equivalente a medio kilo de grasa. Y si bebes más de una copa al día o le añades ingredientes azucarados a tu coctel, esa ingesta calórica aumentará sin parar.

El alcohol también reduce tu inhibición, incluyendo tu determinación a pedir comida saludable como un salmón a la plancha en vez de unos nachos grasientos. Cuando bebes, también es menos probable que prestes atención a la cantidad que comes. Yo sé que si pido un coctel margarita en un restaurante mexicano, mi cerebro está bastante programado para comer papas fritas mientras me lo tomo. Existe una conexión psicológica y social entre el consumo de comida y alcohol, y romper esa asociación puede ser difícil si sigues bebiendo.

Beber alcohol puede hacer que tu piel tenga mal aspecto
No necesitas ningún estudio científico para saber que beber te deshidrata el cuerpo. Pero a todas nos iría bien que nos recordaran lo malo que es el alcohol para la piel. Para empezar, el alcohol interfiere en la función del hígado y en la capacidad de ese órgano de purificar las células, incluidas las células cutáneas. Por eso, las pacientes con problemas de hígado suelen tener también problemas en la piel, como un tono de piel amarillento, poros grandes, más sequedad, irritaciones y flacidez.

Además, el alcohol dispara la inflamación sistémica del cuerpo, lo cual hace que nuestras células cutáneas y nuestros vasos sanguíneos se inflamen (este es uno de los motivos por los que se nos pone la cara roja cuando bebemos). Sin embargo, si consumes suficiente alcohol a lo largo del tiempo, puedes hacer que se estiren estos vasos sanguíneos y se rompan los capilares sanguíneos de tu cara, lo cual hace que el enrojecimiento se convierta en algo permanente. Demasiado alcohol también puede interferir en la capacidad de tu cuerpo de absorber vitamina A, la cual ayuda a producir el colágeno que mantiene la piel firme y elástica.

El alcohol te altera el estado de ánimo
Mientras que tomarte una copa con tus amigas te puede hacer sentir mejor durante un rato, no hay vuelta de hoja: el alcohol es un depresor y aumenta el riesgo de depresión, ansiedad y otros trastornos del estado de ánimo, al margen de si bebes mucho o poco. ¿Te has despertado alguna vez después de una gran noche de fiesta y te has sentido deprimida? Ese es probablemente el efecto de haber tomado demasiado alcohol. Las personas que beben demasiado tienen un mayor riesgo de autolesionarse, de suicidarse y de sufrir psicosis.

Beber te puede vaciar la cuenta
Puede que esta consecuencia no sea científica de por sí, pero uno de los muchos beneficios de un mes sin alcohol es que ahorrarás dinero. Y si solías beber en bares o restaurantes, donde los precios son siempre considerablemente altos, te ahorrarás bastante.

A final del mes, calculé que me había ahorrado por lo menos 300 dólares gracias al mes que pasé sin beber. Este es el equivalente a un buen par de zapatos nuevos (o a varios si los compras de rebaja). Si multiplico esto por doce, yo ahorraría 3 600 dólares al año si no bebiera. Podría pagarme unas buenas vacaciones al otro lado del charco, el enganche de un coche nuevo o remodelar la cocina.

ENERO: EL MES SIN ALCOHOL
Tu historia

Desde un punto de vista de salud y bienestar, pasar un mes sin beber alcohol es algo que no tienes que pensar dos veces. Y aunque fue algo relativamente fácil para mí, dejar el alcohol no es tarea fácil para todo el mundo, sobre todo si el alcohol es una parte integral de tu vida social o laboral, o si es tu recurso para relajarte y desestresarte. Aquí tienes diez formas de hacer que el reto de no beber sea más fácil y duradero.

1. CUENTA A TODO EL MUNDO QUE VAS A PASAR UN MES SIN BEBER. Este es mi consejo número uno para lograr el éxito. Anunciar que iba a dejar el alcohol durante un mes a toda la gente que conocía por primera vez o que ya conocía de antes, tanto si se trataba de una sola amiga como de un grupo entero de colegas, me garantizó la sobriedad en muchos momentos. En primer lugar, nadie te preguntará si quieres tomar algo o te dará una copa de cava o un coctel después de que hayas dicho que no bebes. Esto también mitiga cualquier presión social: no eres un bicho raro, no eres una mojigata y no dejas de ser divertida; simplemente no bebes durante el mes de enero.

Contárselo a todo el mundo también te hace responsable de tus actos. Al fin y al cabo, quedarías bastante mal y parecerías una caprichosa si después de haber anunciado tu intento de mantenerte sobria durante un mes ante un grupo entero de gente pidieras de repente un mojito o una copa de vino en una cena con amigos, o incluso si estás solo con una amiga.

Aunque puedas sentirte cohibida al anunciar algo tan

personal o compartir tu propósito antes de que alguien te pregunte, no te sientas así. En mi caso, un 99 % de las personas a las que les contaba que me había propuesto no beber en un mes, no solo respondieron positivamente, sino que incluso me dijeron que admiraban mi determinación y deseaban poder hacerlo también algún día. Y recuerda que es enero, un mes en el que mucha gente hace propósitos, así que es muy probable que no seas la única que está intentando lograr un objetivo, tanto si se trata de perder peso, de ir al gimnasio o de comer más sano.

2. Utiliza las redes sociales para crear una red de apoyo. No puedo subestimar el poder que tuvieron las redes sociales para ayudarme a mantenerme abstemia. Los cientos de comentarios y tuits me hicieron sentir que tenía una liga entera de fans apoyándome y fortalecieron mi determinación de seguir el reto, no solo para mí, sino también para mi equipo entero. No se necesitan trillones de comentarios o de retuits, o que compartan tus publicaciones; aunque solo una amiga te ponga un «me gusta» en una publicación o te haga un comentario dándote ánimos, esto te motivará cuando sientas que quieres abandonar. Finalmente, casi todo el mundo utiliza Facebook, Twitter e Instagram para pregonar sus éxitos (cuando acaban una carrera, cocinan un plato delicioso o encuentran un trabajo nuevo). Si haces lo mismo con tu mes sin alcohol, conviertes el reto en algo admirable y digno de celebración.

3. Propón actividades que no estén relacionadas con el alcohol. Aquí tienes una valiosa afirmación: seas quien seas, no necesitas alcohol para pasártelo bien. ¿Te acuerdas de cuánto te divertías de niña saliendo a la calle, jugando con tus amigas, haciendo deporte y yendo a fiestas? ¿Y por qué no de-

berías hacer todas esas cosas ahora? Las puedes disfrutar tanto como antes, pero sin alcohol. Algunas de las actividades sociales que me gusta hacer y que no incluyen beber alcohol son probar nuevas clases de ejercicio físico con amigas, visitar nuevas cafeterías y ver nuevas exposiciones en museos o galerías. También me gusta salir a pasear con amigas, organizar una divertida noche de chicas con una película o serie de Netflix, asistir a clases de cocina e ir de compras. Hay una infinidad de maneras de disfrutar de tus amigos y familiares sin alcohol. Solo tienes que empezar a pensar en actividades fuera de bares y restaurantes.

4. EN BARES O RESTAURANTES, PIDE BEBIDAS SIN ALCOHOL PERO EN COPAS DE COCTEL O DE VINO. Este consejo me lo dio un televidente de *Good Morning America*, que tuiteó que sentía menos tentado de beber en los bares y restaurantes si pedía un agua mineral en una copa de vino, ya que le daba la misma sensación de estar bebiendo una bebida de adultos, pero sin alcohol. Si prefieres los cocteles, pide agua mineral con una rodajita de limón en un vaso alto o incluso en una copa de martini; así parecerá un coctel, y te servirá a su vez de subterfugio si no quieres que la gente te pregunte por qué no bebes alcohol. Finalmente, hoy en día hay muchos bares que ofrecen cocteles sin alcohol que tienen un sabor y aspecto idénticos a los cocteles con alcohol. En ese caso, simplemente vigila con las calorías, ya que muchos de ellos están hechos con los mismos ingredientes azucarados que los cocteles. Si puedes, opta por bebidas sin alcohol que tengan refresco, agua mineral, *kombucha*, fruta fresca, té o jugos vegetales.

5. CONVIERTE EL GIMNASIO EN TU *HAPPY HOUR*. Uno de los motivos por los que no me sentía tentada de quedar con amigos para

ir al bar después del trabajo es que en vez de eso me iba al gimnasio. Una vez allí, veía a mucha gente conocida (mis amigas del gimnasio), lo cual me hacía sentirme como si saliera por ahí, o al menos como si hiciera algo más social que quedarme en casa. Pero aún te diré más: una hora levantando pesas o dando a los pedales de la bicicleta estática con la música a todo volumen en una clase de *spinning* te permite liberar estrés de una forma mucho más efectiva que cualquier tequila, sin importar su añada. Después del gimnasio, la idea de salir era lo último que me pasaba por la cabeza; ya tenía un montón de serotonina circulando por el cerebro gracias al ejercicio, y no se me antojaba echar a perder mi agotador trabajo físico con una bebida tóxica.

6. Busca formas alternativas de liberar estrés. Si bebes alcohol para relajarte después del trabajo, tendrás que encontrar otra forma de desconectarte durante tu reto sin alcohol. La buena noticia es que te resultará bastante fácil relajarte si sabes dónde y cómo buscar. Por ejemplo, hay estudios que demuestran que el simple hecho de estar en el exterior, viendo árboles verdes, parques o agua, puede tener un efecto calmante inmediato y significativo. Ahora ya sabes que el ejercicio es una fantástica forma de deshacerte del estrés, pero hay actividades similares que te harán bombear la sangre, como bailar o el sexo, y que también pueden hacer maravillas. La meditación, las respiraciones profundas y el yoga son métodos muy conocidos para reducir la ansiedad y fomentar un buen estado de ánimo, mientras que otros estudios demuestran que escuchar música clásica, hablar con un amigo íntimo o llevar a cabo movimientos repetitivos como tejer o pintar también pueden ayudar a liberar estrés.

Mi válvula de escape cuando estoy superestresada es navegar por los catálogos de las tiendas online. No me gasto dinero, pero me relaja el simple hecho de mirar bolsas, zapatos y abrigos e imaginarme llevándolo todo en varias combinaciones. También he acabado algunos días frenéticos con un maratón de alguna serie.

7. PROMÉTETE HACER UN VIAJE O COMPRARTE UNOS ZAPATOS NUEVOS CON EL DINERO QUE TE AHORRES EN ALCOHOL. Cuando estés tentada de cambiar tu agua mineral por una copa de vino tinto, recuerda cuánto dinero te estás ahorrando al no pedir esa copa de 10 dólares (o 20 si estás en una ciudad cara). Si te ayuda, calcula cuánto ahorrarás si te mantienes sobria durante un mes entero y prométete que te darás un capricho con ese dinero si logras no beber en cuatro semanas. La próxima vez que notes cómo te llama la sirena del vino tinto, visualiza ese regalo que te comprarás.

8. UTILIZA EL MÉTODO TRADICIONAL DE TACHAR LOS DÍAS EN UN CALENDARIO. Por algo será que actualmente están proliferando las aplicaciones para celular que te permiten tachar digitalmente los días de un calendario para marcar tu progreso hacia un objetivo o una fecha límite; porque funciona. Poder ver tu éxito, tanto si es en una aplicación de celular como en un calendario de pared tradicional, puede ser muy motivador y gratificante. Antes de empezar el mes me compré un calendario de pared y lo colgué en un sitio visible de la cocina, y luego taché a mano cada uno de los días en los que no había bebido. No solo era físicamente gratificante tachar los días con un marcador bien chillón, sino que también era capaz de ver todos los días que me había mantenido sobria. Después de unos pocos días, ya no quería romper la racha de color rojo y empecé a anhelar la llegada del final de cada día para poder marcar otro día como un triunfo.

9. N̲o̲ ̲h̲a̲y̲ ̲n̲a̲d̲a̲ ̲m̲a̲l̲o̲ ̲e̲n̲ ̲d̲e̲c̲i̲r̲ ̲q̲u̲e̲ ̲n̲o̲. ¿No puedes ir a un bar o a una fiesta sin tomarte una copa? Mi consejo es que te quedes en casa. No hay nada malo en decir que no: tómatelo como si te estuvieras diciendo sí a ti misma, a tu salud, a un sueño más reparador, a una cinturita más esbelta y a los tantos beneficios que te aporta dejar el alcohol. Habrá muchas más invitaciones en febrero, y perder algunas *happy hours* o un par de fiestas durante un mes no hará que te saquen del calendario social de la familia y los amigos. Si acabas yendo y tomándote una copa, te garantizo que te sentirás más culpable que si hubieras dicho que no a esa invitación para ir al bar o a una fiesta.

10. N̲o̲ ̲b̲e̲b̲e̲r̲ ̲e̲s̲ ̲c̲o̲m̲o̲ ̲m̲o̲n̲t̲a̲r̲ ̲a̲ ̲c̲a̲b̲a̲l̲l̲o̲: ̲s̲i̲ ̲t̲e̲ ̲c̲a̲e̲s̲, ̲l̲o̲ ̲m̲e̲j̲o̲r̲ ̲q̲u̲e̲ ̲p̲u̲e̲d̲e̲s̲ ̲h̲a̲c̲e̲r̲ ̲e̲s̲ ̲v̲o̲l̲v̲e̲r̲ ̲a̲ ̲m̲o̲n̲t̲a̲r̲t̲e̲. No te martirices si tienes un resbalón y te tomas una copa. Todo el mundo comete errores. El mayor error que puedes cometer es permitirte tener una recaída y acabar por los suelos toda una noche entera. Detente en esa primera copa, vete a casa (o tira la bebida), y vuelve a intentar mantenerte firme en tu propósito al día siguiente. Nadie es perfecto. Y si lees este libro entero, tienes once meses más para poner a prueba tu estilo de vida y mejorar tus tácticas, transformar tu salud y ayudarte a transformar los retos en cambios duraderos.

CAPÍTULO 2

FEBRERO
Flexiones y planchas

Mi historia

En 2018, el año en el que hice mi reto de enero, cumplí cuarenta y nueve años, lo cual quería decir que al año siguiente tendría cincuenta: medio siglo entero respirando, comiendo y durmiendo en este planeta. Estaba un poco inquieta y emocionada a la vez.

¿Tendría la crisis de la mediana edad? Tal vez, pero decidí que si llegaba ese momento, quería hacer algo que me hiciera tener un mejor aspecto y sentirme mejor con el paso de los años, en vez de algo que solo me empujara a sentirme viva de nuevo porque hubiera hecho paracaidismo, me hubiera comprado un convertible o hubiera vendido todo y me hubiera mudado a México. Había decidido que mi crisis de la mediana edad sería este libro o el intento de completar un año entero de retos de salud y bienestar que me obligaran a convertir lo que predicaba como médico en mis propios hábitos y a evaluar lo que estaba haciendo bien, lo que estaba haciendo mal y lo que podía mejorar de mi salud con pequeños cambios en mi estilo de vida.

La palabra *pequeños* es clave en esta última frase (y, en general, es clave para este reto). Tratar de realizar un cambio de vida sustancial (como seguir una dieta baja en carbohidratos cuando básicamente te alimentas de hidratos de carbono procesados, o seguir un programa de ejercicio diario cuando hace años que no haces ninguna actividad física) no es ni realista ni sostenible. Aunque es admirable marcarse ambiciosos objetivos de bienestar y pueden convertirse en enormes beneficios (y yo, evidentemente, no intentaría detener a nadie que lo intentara), apuntar hacia algo poco realista, o incluso imposible, puede dejarte con una sensación de fracaso y hacer que realmente temas la idea de comer saludable o de hacer ejercicio.

¿Qué tiene que ver esto con las flexiones y las planchas? Cuando acabé el mes sin alcohol, estaba tan emocionada y satisfecha por haber logrado hacerlo (y hacerlo bien) que justo cuando acabó, quería marcarme otro pequeño objetivo. Además, durante mi mes sin alcohol había generado un impresionante grupo de apoyo de televidentes, amigos y seguidores en las redes sociales que se habían convertido en mis compañeros de retos, y yo no quería perder esa comunidad. No los había animado tanto para ahora dejarlos de golpe. Estaban fascinados, y esa fascinación era contagiosa. Me había dejado llevar por la pasión y efusión de las redes sociales, y quería seguir en la cresta de la ola.

Pero ¿qué podía hacer para el reto de febrero? Valoré muchas opciones antes de decidirme. Como acababa de hacer algo para mi salud en general, quería una misión que afectara específicamente a mi cuerpo o a mi forma física. También quería un reto que pudiera hacer en cualquier parte (no necesariamente en el gimnasio, en una clase, en la piscina o en un carril de bici) y que diera resultados aunque lo hiciera solo unos minutos (no horas) al día.

Así es como me decidí por el reto mensual de las flexiones y las planchas. Hace unos seis años descubrí un programa de ejercicios llamado Bar Method. Durante la clase haces muchos ejercicios para estirar y fortalecer los músculos con ayuda de una barra de ballet y en el suelo, los cuales incluyen flexiones y planchas. Eran ejercicios duros y los participantes en esas clases los hacían sin piedad: hacían por lo menos cuarenta y cinco flexiones por clase y aguantaban las planchas durante varios minutos.

Después de casi dos meses de ir a clases de Bar Method cuatro veces por semana, mi cuerpo cambió. Por primera vez en mi vida, mis brazos estaban a tope; no solo tenían más músculo, sino que estaban totalmente tonificados. No lo podía creer. Siempre había querido tener los brazos fuertes, pero por mucho peso que levantara o por mucho ejercicio que hiciera en el gimnasio, siempre parecían alitas de pollo, quizá sin grasa, pero tampoco sin músculo real. Sin embargo, de repente tenía los deltoides y los tríceps definidos, y tenía lo que Chloe y yo llamamos «casquetes», es decir, pequeños músculos redondeados encima de los hombros que parecían elegantes hombreras.

También sentía el torso más fuerte, más terso y más subido. Aunque mi postura había sido siempre terrible (a menudo dejo que los hombros se me caigan hacia delante y saco el estómago hacia fuera si no lo escondo conscientemente), ahora me erguía más, con los hombros hacia atrás, con la cadera hacia atrás y el vientre plano, gracias a todas las planchas que estaba haciendo.

Me sentía perpleja y encantada a la vez con esa transformación, y lo único diferente que había hecho en los dos últimos meses eran las flexiones y las planchas (los otros ejercicios del Bar Method ya formaban parte de mi rutina de gimnasio habitual). La experiencia corroboró la idea de que puedes realmente cambiar tu aspecto y cómo te sientes cuando empiezas a repetir algo todos los días, aunque lo hagas unos minutos al día. Como médico, yo ya lo sabía, pero verlo y sentirlo de primera mano fue revelador.

Con esta experiencia en mente, quería estructurar el reto de febrero para lograr los mismos efectos en los brazos que con el Bar Method. Así que me propuse hacer el máximo de flexiones y planchas cada día durante treinta días consecutivos. Pero para hacer que este objetivo fuera alcanzable, sabía que tenía que empezar el mes con un número relativamente moderado de flexiones y con una duración de las planchas no demasiado larga, y luego intentar aumentar las repeticiones y la duración, respectivamente, con el paso de las semanas.

Cuando anuncié el reto de las flexiones y las planchas en las redes sociales, la gente respondió con entusiasmo y me decían que estaban muy emocionados por empezar una hazaña física que parecía tan simple y no precisaba de nada más que unos minutos al día. Algunos seguidores tuitearon que solo podían hacer una flexión o que las tenían que hacer con las rodillas en el suelo, o que tenían que modificar su plancha para poder aguantar más que unos pocos segundos. Y todo eso está bien. El objetivo es intentar hacer el máximo de flexiones y planchas que puedas tú (y mejorar en ambos ejercicios con el paso del mes), independientemente de dónde y de cómo tengas que empezar.

¿Con qué empecé yo? Yo había dejado de ir a las clases de Bar Method hacía varios años, atraída por la tentación de probar alternativas de *fitness* como las dinámicas clases de *spinning* de SoulCycle. Desgraciadamente, como resultado, había dejado las flexiones y las planchas fuera de mi rutina de ejercicio físico.

Sin embargo, seguía pensando que podía hacer por lo menos veinticinco flexiones normales y mantener una buena postura, acercando el pecho lo más cerca posible del suelo, y sabía que podía aguantar una plancha durante más de un minuto si hacía falta. Pero estas cifras me parecían un poco extremas para empezar si quería hacer ambas cosas a diario y aumentarlas progresivamente. Y lo que estaba claro es que no me quería decepcionar a mí misma o a mi equipo de reto en las redes sociales quemándome a la segunda semana. Decidí empezar el mes con veinte flexiones y una plancha de cuarenta y cinco segundos. Esto seguía siendo complicado para el primer día, pero no era imposible si llegado el día 14 quería aumentar las repeticiones o el tiempo de plancha.

Primera semana
Cómo pueden ponerte (literalmente) a tope
noventa segundos sudando
El primer día, vestida con ropa de calle y en una habitación de hotel en Massachusetts, me tiré al suelo e hice veinte flexiones, y luego aguanté la plancha durante cuarenta y cinco segundos mientras mi hija Chloe me miraba. Cuando me puse de pie, me costaba más respirar de lo que me pensaba. Aunque la secuencia no había durado más de noventa segundos, me sorprendió ver que no había sido tan sencillo ni estaba fresca como una lechuga.

Seguí haciendo ambos ejercicios consecutivamente, uno después del otro, normalmente a primera hora de la mañana. Solía tirarme al suelo de mi habitación después de haberme tomado un café (porque necesito café de inmediato para tener energía para cualquier cosa que tenga que hacer, aunque solo sea quedarme sentada). A lo largo de la primera semana había desarrollado una rutina: abrir la regadera y, mientras esperaba que el agua saliera caliente, aguantaba la plancha primero y luego hacía las flexiones.

Esa primera semana logré completar el reto seis de los siete días. Es genial, ¿no? Lo sé, pero me decepcionó haber tenido mi primer resbalón en cuestión de retos. Ese día fui al gimnasio a levantar pesas. Cuando me di cuenta de que no había hecho ni una plancha ni una sola flexión, estaba ya exhausta. Además, los brazos me dolían de levantar pesas, así que me lo salté.

Pero saltarme un día no fue fácil para mí. Empecé una negociación conmigo misma y con mi lógica interior, que fue así:

YO: ¿En serio tengo que hacer flexiones y planchas si llevo una hora en el gimnasio?
LÓGICA: No.
YO: Pero ¿no te estás saltando el reto? El objetivo es hacerlo. CADA DÍA.
LÓGICA: Sí.
YO: Bueno, pero ¡qué contradicción! ¿Qué debería hacer?
LÓGICA: Ahora ya es tarde. Hazlas mañana.

Y eso es lo que hice. Pero lo que sí que creo es que saltarme ese día fue suficiente motivación para asegurarme de que hacía mis flexiones y planchas rigurosamente cada día de la semana.

Al final de la semana no noté ninguna diferencia en mi aspecto o en cómo me sentía. Al fin y al cabo, llevaba haciendo flexiones y planchas solo seis días (no es exactamente el tipo de esfuerzo necesario para tener una tableta de chocolate abdominal instantánea). Pero después de ese primer día en el hotel de Massachusetts, los ejercicios se habían vuelto más fáciles (o por lo menos más fáciles de incorporar en mi rutina matutina) y acabé la semana contenta de que me agotaba menos de lo que me había imaginado al principio. También había incrementado la cifra de flexiones por lo menos a una flexión más cada día, y también había aumentado la duración de la plancha unos cinco o diez segundos más cada día. Así que estaba orgullosa de mí misma por mantener el reto de mejorar progresivamente, lo cual me resultaba gratificante.

Durante la primera semana, mis redes sociales estaban a tope, y muchos miembros de mi equipo de apoyo me confesaban que nunca antes habían hecho ejercicios para fortalecer el torso. Fue increíblemente motivador conocer la experiencia de una seguidora que estaba haciendo el reto y que empezó con solo una flexión con las rodillas en el suelo, y de un seguidor que empezó con solo tres flexiones. La gente estaba muy emocionada con este reto, incluso personas que tenían un mayor reto físico y mental que el mío.

Segunda semana
El camino más fácil hacia unos abdominales definidos en dos semanas
Al principio de la segunda semana estaba haciendo ya veinticinco flexiones al día y aguantando la plancha durante un minuto y treinta segundos. Me encantaba la sensación de ser capaz de aguantar la plancha durante tanto tiempo, pero tengo que reconocer que empezaba a sentir un poco de presión en las lumbares cuando lo hacía.

En parte por este motivo, ya no hacía los dos ejercicios en el mismo momento. La plancha, aunque duraba más y era un poco más incómoda, me resultaba más fácil de hacer, tanto a nivel físico como mental; ya se había convertido en un hábito lo de abrir el grifo de la regadera y hacer la plancha mientras esperaba que el agua se calentara. Pero ahora que el ejercicio era más agotador, dejé de hacer las flexiones justo después, y en su lugar empecé a convencerme de que ya las haría más tarde.

Y la mayoría de los días de esa semana, realmente hice las flexiones más tarde, cuando llegaba a casa del trabajo y me cambiaba mi ropa de trabajo por una camiseta y un pants (mi equivalente de pijama). Me alegraba de seguir sin beber alcohol esas primeras semanas de febrero. Incluso si salía después del trabajo no bebía, lo cual significaba que estaba más dispuesta y era capaz de hacer las flexiones cuando llegaba a casa por la noche.

Sin embargo, en dos ocasiones a lo largo de la segunda semana, o bien olvidé las flexiones por completo, o bien las evité conscientemente. Al fin y al cabo, al acabar una jornada laboral de quince horas, me cansaba solo la idea de ponerme en el suelo y hacer veinticinco flexiones. Cuando tenía esa conversación entre mi yo interior y mi lógica acerca de saltarme un día, la lógica me convencía de que lo estaba haciendo tan bien con las planchas que me podía permitir saltarme unas flexiones.

Al final de la segunda semana, vi finalmente los primeros signos de mi transformación física, la misma que había experimentado con el Bar Method. Una mañana, cuando estaba en el baño preparándome para ir al trabajo, vi mi reflejo en el espejo y me di cuenta de que mis abdominales estaban más duros y más tonificados, sobre todo mis abdominales inferiores.

Lo reconozco, había pasado toda la semana mirándome el cuerpo para ver si observaba algún cambio físico, mirándome en el espejo como un pastelero mira su pastel en el horno. Pero ver este cambio fue inmensamente gratificante: aunque me había saltado tres días de flexiones, todas esas planchas y flexiones estaban mostrando sus resultados al fin con más fuerza y definición.

Tercera semana
Cómo engañar al dolor de espalda y lograr más fuerza en el torso
Si la tercera semana tuviera un titular, sería «dolor de espalda»; ese dolor venía provocado, sin duda, por las planchas. El dolor aparecía solo cuando estaba en esa posición (y se iba tan pronto

como me levantaba), pero era bastante insoportable, como si alguien me hubiera puesto una gran pesa en las lumbares que irradiaba dolor por los nervios hasta que yo bajaba las rodillas al suelo. Sabía que tenía que cambiar algo o abandonar el reto, y no me podía imaginar que sucediera esto último. Mi equipo de apoyo contaba conmigo. Y yo contaba conmigo misma.

Pero había una solución fácil: modificar el modo de hacer las planchas. La plancha estándar, que es la que yo había hecho desde el principio del reto, tiene algunas variaciones. Yo había practicado la llamada plancha con antebrazos, en la que aguantaba el cuerpo en una posición similar a la de las flexiones, pero con los antebrazos apoyados en el suelo. Esta es una manera fantástica de trabajar los abdominales frontales, aquellos que yo había podido ver en el espejo y corroborar la semana anterior. Y yo quería seguir haciéndola, pero sin aguantar tanto tiempo que empezara la tortura en mis lumbares.

Así que añadí la plancha lateral, también llamada puente lateral, en la que haces una plancha de lado, mirando hacia el lado en vez de mirar al suelo, con un antebrazo y el lateral de un pie en el suelo para apoyarte. Las planchas laterales trabajan el transverso abdominal y los oblicuos más que la plancha estándar, así que esperaba que la variación no solo me aliviaría el dolor lumbar, sino que también me permitiría ejercitar de forma más integral el torso. En otras palabras, estaba cambiando el dolor de espalda por unos abdominales de estrella del rock, o al menos eso es lo que empecé a visualizar mientras hacía todas estas planchas. En vez de centrarme en el esfuerzo, prefería pensar en qué biquini me quedaría mejor con mi transverso abdominal y mis oblicuos, que en breve estarían tonificados: ¿con tirantes o sin tirantes? Sin duda, estas son preguntas importantes que uno debe hacerse mientras hace planchas.

Sin embargo, a mitad de la tercera semana, cambié la forma de hacer las planchas. En vez de aguantar una plancha estándar el máximo tiempo posible, hacía una plancha mirando al suelo durante solo treinta o cuarenta segundos, y luego me volteaba a cada lado para hacer una plancha lateral durante treinta segundos. Esto me hacía sentir tan bien (bueno, puede que «bien» sea una exageración, pero no sentía dolor, lo cual ya era un gran logro) que volvía a repetir la rutina una vez más, haciendo planchas durante un total de tres minutos. Aunque sentía un ligero dolor cuando aguantaba la plancha estándar, este disminuía si desplazaba mi peso de un lado a otro, aguantándome sobre los metatarsos del pie.

Por lo que respecta a las flexiones, ahora ya había alcanzado las treinta repeticiones. Pero a medida que aumentaba el número de repeticiones, también aumentaba el cansancio físico, y el ejercicio empezaba a ser más aeróbico que simplemente de fuerza. Es decir, que después de hacer treinta flexiones consecutivas manteniendo una buena postura, empezaba a sudar ligeramente y me costaba respirar.

Después de perderme las flexiones de dos días en la segunda semana, decidí volver a hacerlas por la mañana, junto con las planchas; así ya las dejaba hechas y no quedaba espacio para la procrastinación o para que la lógica me engañara para hacerme pensar que estaba demasiado cansada o que ya había levantado suficientes pesas y no necesitaba más ejercicios de brazos. La motivación matutina funcionó seis de los siete días, así que solo me perdí una sesión de flexiones en toda la semana.

Al final de la semana, cuando me miré en el espejo del baño para hacer mi control matutino, noté una acusada diferencia en los abdominales en comparación con la semana anterior: estaban más tersos y tenía más definición en la parte inferior del torso. Y ahora, para mi alegría, podía ver un repunte en la tonificación muscular de los brazos, con más curvas y definición en bíceps, tríceps y deltoides. Lo único que estaba haciendo diferente eran las flexiones y las planchas. No hacía nada nuevo en el gimnasio ni había hecho ningún cambio en mi dieta diaria.

Estaba eufórica. Si estaba logrando resultados tan increíbles haciendo algo que me suponía menos de cinco minutos al día, ¿por qué no me marcaba la misión de seguir haciendo planchas y flexiones cada día durante todo el año? Aunque si tengo que ser sincera, había mañanas en las que hacer flexiones y planchas era lo último que quería hacer, especialmente las flexiones, y aun así seguía haciéndolas; era un pequeño compromiso para una gran recompensa.

A lo largo de la semana, también me di cuenta de que me entusiasmaba esa sensación de logro del reto, al igual que me entusiasmaban los beneficios físicos que me aportaban los ejercicios. Estoy segura de que el *shot* de endorfinas que recibía después de treinta flexiones y tres minutos de planchas se sumaba a mi euforia, pero siempre me sentía muy satisfecha cuando entraba en la regadera, sabiendo que ya había logrado algo formidable, y el día ni siquiera había empezado. Esto, a su vez, me ponía de buen humor para toda la mañana, de modo que este reto tenía una recompensa que iba más allá de la salud física.

Cuarta semana

Cómo puede ser que unos minutos al día te preparen
para la operación biquini en solo un mes
Al principio de la última semana, mi marcador estaba a treinta y siete flexiones y más de tres minutos en total en mi rutina de planchas. Estaba encantada con el hecho de que siguiera progresando y no me hubiera estancado, pero no te mentiría si admito que

cada vez me resultaba más difícil hacer flexiones. Además, las cifras de ambos ejercicios eran cada vez más intimidantes.

Mi evolución con las flexiones me hizo sentir como una bróker en la bolsa. ¿Hasta dónde podía llegar? Había alcanzado casi las cuarenta repeticiones, pero ¿realmente podía llegar a las cuarenta y cinco a final de mes? A mí me parecía una cifra absurdamente alta. Del mismo modo, mi rutina de planchas se me hacía cada vez más larga (y mis sueños con biquinis ya no eran suficiente distracción). Así que decidí empezar a escuchar música, lo cual hacía que el tiempo me pasara más rápido y me mantenía el cerebro distraído para que no se centrara en la abrumadora idea de hacer cuarenta flexiones o cuatro minutos de planchas.

Resulta que la música me ayudó: no hay nada como un poco de Bruno Mars para motivarte a aguantar la plancha frontal durante treinta segundos más. Pero hice un pacto conmigo misma: intentaría añadir una flexión más y solo cinco segundos más de plancha antes de que se acabara el mes. Lo estaba consiguiendo; me encontraba, metafóricamente hablando, en el kilómetro 37 de mi maratón mensual y tenía que acabar con fuerzas; no quería acabar rompiéndome y caminando.

En el último día del mes me desperté, me tomé el café y abrí la llave de la regadera como de costumbre..., e hice cuatro minutos y cinco segundos de planchas, seguidos de cuarenta y seis flexiones en total. ¡Impresionante! Físicamente estaba destruida, pero emocionalmente estaba encantada. Acababa de completar un intenso entrenamiento de cinco minutos que antes pensaba que nunca sería capaz de hacer, y estaba orgullosa de mí misma por acabar con tanta fuerza, terminando el mes con un estruendo final, no con un quejido.

Y mi momento delante del espejo llegó también con su propio estruendo. Mis brazos habían vuelto a ser como lo eran durante mi afán por el Bar Method: se me marcaban los deltoides, los tríceps e incluso los músculos pectorales. Mis abdominales estaban definidos (una palabra que me encantaba utilizar para hacer cumplidos a los demás, pero que me gustaba aún más cuando me la podía aplicar a mí misma) y mi postura corporal era mucho mejor. Estaba más recta sin siquiera intentarlo, y en vez de tener la mala postura de sacar la barriga, algo que odio, mi vientre se mantenía plano, con los músculos completamente activos. Me sentía más fuerte y dura por todas partes, y si el programa *Good Morning America* me hubiera querido poner en biquini en la televisión nacional, hubiera presumido con mucho orgullo mi nuevo cuerpo. Bueno, a lo mejor no para millones de estadounidenses, pero con esto quiero demostrarte la gran seguridad que me daba mi nuevo cuerpo con un físico tan tonificado.

Además, estaba sorprendida por lo fácil que me había resultado alcanzar estos resultados tan increíbles en tan poco tiempo. Al fin y al cabo, solo había invertido entre dos y cinco minutos al día para este reto, y me había transformado el cuerpo de una forma que mi rutina normal de gimnasio de una hora no hubiera podido transformar jamás.

FEBRERO: FLEXIONES Y PLANCHAS
Los fundamentos científicos que hay detrás de las flexiones y las planchas

Hay muchos datos científicos que sustentan por qué deberías hacer la mayoría de los ejercicios de fuerza con regularidad. Pero las flexiones y las planchas tienen virtudes especiales, según demuestran algunos estudios, y esto las convierte en un ejercicio prioritario en nuestra rutina de ejercicios. Además, ninguno de los dos ejercicios precisa equipo, ni gimnasios de lujo, ni un entrenador personal, ni un monitor de sala, ni experiencia previa en el mundo del *fitness*, ni siquiera dedicar mucho tiempo.

Las flexiones trabajan muchos más músculos
aparte de los del pecho (¡como los abdominales!)
Por algún motivo será que las flexiones se han proclamado como «el mejor ejercicio del mundo» y el más «perfecto» por parte de psicólogos, atletas, e incluso científicos de la Universidad de Harvard. Las flexiones hacen trabajar casi todos los músculos del cuerpo, desde la punta de los dedos de los pies hasta los músculos del cuello, a la vez que fortalecen tendones, ligamentos y tejidos conectivos. Las flexiones no son solo un buen ejercicio para los brazos y el pecho, tal y como suponen muchas personas, sino que sus mayores beneficios son el aislamiento y la tonificación de músculos difíciles de fortalecer en la espalda, las caderas, las piernas y las abdominales. Las flexiones trabajan grandes grupos musculares, junto con músculos más pequeños y secundarios que a menudo están debilitados en mucha gente, incluso en atletas entrenados. Finalmente, las flexiones mejoran la propiocepción del cuerpo, o el sentido del equilibrio, en parte porque aíslan músculos estabilizadores a los que es difícil llegar, lo cual ayuda a sostener grandes grupos musculares durante el movimiento.

Todo el mundo (sí, todo el mundo) puede hacer flexiones:
solo tienes que saber cómo
¿Crees que no puedes hacer flexiones? Yo te digo que cualquiera, independientemente de su edad, de su tipo de cuerpo o de su fuerza actual, puede hacer una flexión. Este es un ejercicio con muchas variedades, tantas como variedades de personas, y no tiene que requerir el mismo esfuerzo atroz que a menudo ves en la

televisión cuando algún soldado del ejército o algún fanático del *fitness* se tira al suelo y hace veinte flexiones.

Si la idea de ponerte con las manos y las rodillas en el suelo te resulta dolorosa, empieza con una flexión de pared, inclinando el cuerpo y manteniendo las palmas firmes contra la pared mientras doblas los codos y acercas el pecho al máximo a la pared. También puedes probar una flexión desde la posición de mesa: apoya manos y rodillas, manteniendo la espalda recta, luego dobla los codos hasta que la nariz casi toque el suelo, utilizando los brazos y el pecho para volver a subir. O intenta una flexión estándar, pero con las rodillas en el suelo y los pies flotando ligeramente por encima del suelo.

Si eres una profesional del *fitness*, puedes hacer que las flexiones estándar sean más exigentes, por ejemplo apoyándote sobre los puños en vez de las palmas de las manos o utilizando solo un brazo. También puedes añadir actividades para fortalecer los brazos como patadas de tríceps (simplemente agarra una mancuerna con cada mano) entre repeticiones, o intentar colocar las manos más juntas para que se forme un rombo entre tus dedos índice y los pulgares. También puedes hacer flexiones manteniendo el equilibrio sobre una pelota Bosu (esa que es solo media esfera), o apoyando los pies en una pelota de estabilidad. Simplemente recuerda que, para el reto de este mes, el objetivo es aumentar el número de repeticiones, así que elige un punto de partida que te permita progresar.

Hacer flexiones quema calorías, potencia las hormonas del crecimiento y frena la osteoporosis
El ejercicio cardiovascular no es la única manera de quemar calorías: hay estudios que demuestran que los ejercicios de fuerza como las flexiones son igual de eficaces para aumentar el gasto

metabólico y perder peso. De hecho, nuestro cuerpo quema más calorías después de hacer ejercicios de fuerza que después de hacer cardio, ya que necesita reparar el tipo de desgaste muscular que resulta de un entrenamiento de resistencia. Además, cuanto más músculo generas haciendo ejercicios como las flexiones, más calorías quema tu cuerpo, en reposo o en activo.

Los ejercicios de resistencia, como las flexiones, también estimulan el sistema endocrino del cuerpo para que produzca más hormonas del crecimiento, lo cual ayuda a mejorar el rendimiento físico, aumenta la pérdida de grasa e incluso ralentiza el proceso físico de envejecimiento. Haciendo flexiones también potenciarás el nivel de testosterona de tu cuerpo (algo beneficioso tanto para mujeres como para hombres, ya que esta hormona es necesaria para mantener un metabolismo saludable, el deseo sexual y una masa ósea adecuada).

Finalmente, las flexiones son ejercicios en que se sostiene el peso corporal, lo que significa que ayudan a estimular el crecimiento y la reparación ósea para prevenir la osteoporosis. De hecho, la Asociación Estadounidense de Personas Jubiladas (AARP, por sus siglas en inglés) incluso recomienda que las mujeres mayores de cincuenta años hagan algún tipo de flexiones a diario para ayudar a mantener una masa ósea saludable.

Hacer planchas tonifica más músculos
que los ejercicios abdominales tradicionales
Plantéate la plancha como una preflexión. Al igual que las flexiones, las planchas también permiten ejercitar todo el cuerpo completo, ya que utilizan un amplio abanico de músculos en los brazos, el pecho, las piernas, las caderas, las lumbares y las abdominales. En comparación, las abdominales de toda la vida ejercitan solamente el área abdominal.

Pero las planchas también activan más músculos abdominales que las abdominales clásicas. Aunque estos ejercicios están enfocados principalmente en el recto abdominal (los músculos que conforman lo que algunos llaman «tableta de chocolate»), las planchas también trabajan tus oblicuos internos y externos, y los músculos estabilizadores, junto con el transverso abdominal, o los músculos profundos que ayudan a estabilizar la columna vertebral y el torso. Fortalecer todos los músculos abdominales ayuda a su vez a prevenir mejor posibles lesiones y a mejorar el rendimiento y la postura corporal, y define mejor el vientre.

Hacer planchas aísla mejor los músculos del torso de difícil acceso que las abdominales clásicas
Aunque, según los estudios científicos, la plancha no es el único ejercicio que ha demostrado fortalecer el torso, o los músculos de las lumbares, abdominales, pelvis y cadera, es sin duda uno de los más efectivos. Esto se debe, en parte, a que la plancha es un ejercicio isométrico, es decir, no cambias la longitud de los músculos ni el ángulo de las articulaciones cuando la ejecutas. Además, mantener la misma posición fuerza a tu cuerpo a aislar el torso, lo cual hace que los músculos trabajen más para evitar cualquier movimiento. Y evitar el movimiento resulta ser justo la función para la cual están diseñados los músculos abdominales: para aguantar la columna vertebral y mantenerla en su sitio.

¿Problemas de espalda? Haz las planchas a tu manera para que no te duela
Aunque yo misma experimentara dolor lumbar mientras hacía el ejercicio, la mayoría de los expertos, incluidos los del Consejo Estadounidense del Ejercicio (ACE, por sus siglas en inglés), dicen que hacer planchas evita las lesiones y los dolores de es-

palda. El motivo es que este ejercicio fortalece los abdominales profundos y los músculos que rodean la columna vertebral, ayudando a tu cuerpo a soportar mejor tu espalda cuando haces ejercicio, caminas, estás de pie o incluso sentada. A diferencia de los clásicos ejercicios de abdominales, las planchas no precisan que muevas la columna vertebral; es decir, no hay una flexión del tronco, lo cual podría provocar algún problema vertebral leve. Además, las planchas no desarrollan en exceso los flexores de las caderas como sí hacen las abdominales tradicionales, lo que a su vez puede provocar tirones en los músculos de las lumbares.

Las flexiones y las planchas pueden hacer que tengas una mejor posición corporal y se te vea más elegante
Tanto las flexiones como las planchas desarrollan músculos que te ayudan a mantener la columna vertebral en una posición neutra, tanto si estás acostada en el suelo o de pie. Cuanto más fuertes sean estos músculos, más fuerte y recta estará tu columna vertebral. Las flexiones, en especial, también fortalecen los músculos de la escápula en la parte superior de la espalda, ayudándote a mantener los hombros hacia atrás, en vez de caídos hacia delante, mientras estás de pie o sentada. Finalmente, fortalecer y tonificar los músculos abdominales profundos te mantiene el vientre fuerte y plano cuando caminas, y cuando estás de pie o sentada.

Perfecciona tu plancha

Hacer planchas no es tan fácil como parece, ya que requiere adoptar una buena postura para sacarle todos los beneficios aquí descritos. Cuando hagas una plancha estándar, tu cuerpo debería formar una línea recta, desde los talones, pasando por las piernas, las nalgas, la espalda, el torso y la cabeza. No arquees la espalda ni dejes que las caderas floten hacia el suelo. Si te pasa esto último, aprieta los glúteos para evitar que se te hundan las caderas. Mantén las palmas de las manos bien abiertas en el suelo y no permitas que los omóplatos se te hundan hacia el centro, lo cual añadiría tensión innecesaria a la parte superior del cuerpo y de los brazos en vez de activar totalmente los músculos del torso. Recuerda mantener los ojos centrados en el suelo y evita mirar arriba para mirarte en un espejo, lo cual añadiría tensión en el cuello y las lumbares. Finalmente, asegúrate de mantener los antebrazos alineados con los hombros y los pies separados a la anchura de los hombros. Y no olvides respirar: aguantar la respiración mientras haces planchas solo conseguirá que el ejercicio parezca más difícil.

FEBRERO: FLEXIONES Y PLANCHAS
Tu historia

Puede que tengas dificultades para encontrar tiempo o motivación para ir al gimnasio, pero creo con todas mis fuerzas que todo el mundo puede encontrar dos minutos para hacer flexiones y planchas. Aunque este es ya de por sí un reto que no acepta excusas, siempre hay formas de hacerlo más fácil y placentero, tal y como aprendí yo. Aquí tienes mis diez mejores consejos.

1. Haz las flexiones y las planchas justo al empezar el día. Sin duda, a mí me pareció más fácil hacer las flexiones y las planchas a primera hora de la mañana, antes de salir de casa. Tener una rutina matutina aseguraba que hiciera los ejercicios en vez de esperar a tener tiempo extra a lo largo del día o en el gimnasio, o esperar que no saliera tarde del trabajo, o que no estuviera demasiado cansada al llegar a casa. El cerebro tiene una manera muy interesante de convencer al cuerpo para que no haga cosas cuando está cansado o cuando ya nos hemos forzado a hacer demasiadas cosas aparentemente desagradables, como centrarnos en un proyecto laboral o renunciar a un viaje a la máquina expendedora para comprar golosinas. Yo, personalmente, prefería hacer los ejercicios inmediatamente después de haberme tomado el café y antes de entrar en la regadera, pero cada persona tiene una rutina matutina distinta. Mi mejor consejo es que consideres las flexiones y las planchas como algo esencial en tu rutina matutina, igual que cepillarte los dientes. Y recuerda: ambas actividades te ocupan la misma cantidad de tiempo.

2. Sube el volumen para subir la motivación. Tanto si pones la radio como si utilizas tu celular, escuchas un pódcast en la computadora o subes el volumen de tu programa de televisión preferido, distraerte con música o entretenimiento acústico puede ayudarte a alcanzar los objetivos de los retos con más facilidad, tal y como me pasó a mí. Elijas lo que elijas, ten cuidado y no levantes o voltees la cabeza para ver la tele, o la pantalla del celular o de la tableta, ya que esto podría alterar tu posición y provocarte tensión en el cuello y en la espalda.

3. Búscate una PFP, una Pareja de Flexiones y Planchas...; ¡ya me conoces! Compartir el reto de este mes con alguien del

trabajo, con una amiga o con un familiar puede mantenerte a raya y motivarte para mejorar. Mi PFP fue mi hija Chloe. Dado que ella es una atleta de primera división, obviamente no hizo el reto conmigo cada día, pero a medida que avanzaba el mes y aumentaban las repeticiones y la duración de los ejercicios, Chloe me ayudó a mantenerme motivada para acabar con la frente en alto.

4. RECUERDA QUE ESTÁS HACIENDO ALGO QUE SOLO DURA UNOS SEGUNDOS. Si la duración de tu plancha empieza a parecerte agobiante, como me pasó a mí, piensa en cuántos segundos pasas aguantando la posición. Porque mi lema es que «si aún puedes contar lo que haces en segundos, no puede ser tan difícil». Así es como abordé yo las repeticiones de las flexiones y la duración de la plancha a medida que avanzaba el mes. En vez de agobiarme con la idea de una plancha de cuatro minutos, empecé a enfocarla como un esfuerzo de 240 segundos.

5. PARA TENER UN PLUS DE MOTIVACIÓN, HAZ LAS FLEXIONES Y LAS PLANCHAS ANTES DE UNA CITA O UN EVENTO IMPORTANTE. Todas conocemos al clásico tipo a quien le gusta levantar pesas justo antes de una gran cita con la esperanza de que sus brazos y sus pectorales parezcan más grandes. Bueno, pues resulta que este enfoque tiene algo de científico. Hacer cualquier tipo de ejercicio que de repente te lleve sangre a los músculos hará que se vean más tonificados. Los resultados no son muy duraderos, pero yo sí lo utilizaba como una motivación extra para esas mañanas en las que no quería hacer los ejercicios. Como normalmente andaba con prisas para llegar al programa *GMA*, me decía a mí misma que las flexiones y las planchas harían que se me vieran los brazos más definidos y el vientre más plano cuando apareciera en pan-

talla. Tengo que confesar que ni un solo televidente nos escribió para decir que se había dado cuenta de ello, pero bueno, una puede soñar, ¿no?

6. Que no te dé miedo modificar tu plancha. Si te está costando trabajo aguantar una plancha estándar, si estás comenzando a sentir dolor o molestias en la espalda, el cuello o los hombros, o si simplemente quieres variar tu rutina, plantéate añadir planchas laterales. O si te parece demasiado agotador aguantar alguna posición en concreto, puedes intentar hacer planchas en intervalos de diez segundos, con un pequeño descanso entre plancha y plancha. Hay fisiólogos que dicen que esta es una manera aún mejor de crear fuerza en el torso.

7. Empieza con lo que te sientas cómoda. Cuando puse este reto en las redes sociales, recibí respuestas tanto de mujeres como de hombres que me decían que empezarían con solo unas pocas flexiones. Otras personas tuitearon que solo podían aguantar una plancha durante unos pocos segundos. Estas respuestas me motivaron porque esas personas estaban emocionadas por hacer el reto y mejorar, incluso sin tener la forma física que yo ya tenía. No se trata de cuántas flexiones haces o de si haces una plancha durante más segundos que tu amiga. El objetivo de este mes (y de todos los retos incluidos en este libro) es intentar hacerlo lo mejor posible y mejorar tu salud y tu forma física en la medida que puedas.

8. Reúne a un equipo de apoyo en las redes sociales. Al igual que sucedió con el mes de enero sin alcohol, las redes sociales me motivaron a mantenerme fuerte y acabar el mes con más flexiones y planchas de lo que jamás me hubiera podido imaginar. Si en algún momento tenía ganas de escaparme

de los ejercicios, simplemente me conectaba y veía lo que compartían mis amigos y seguidores acerca de cuántas repeticiones o tiempo de plancha habían aumentado. Saber que estábamos todos juntos aguantando la misma cantidad de segundos era suficiente para inspirarme a seguir. Así que comparte tu reto con amigos y conocidos online, y pídeles que se unan a tu reto y compartan sus repeticiones y la duración de su plancha, tanto si lo hacen un solo día como si lo hacen durante un mes entero.

9. SI TIENES UN SUELO, YA TIENES LA FORMA DE TRIUNFAR. Lo he dicho antes y lo vuelvo a repetir: este reto no acepta excusas. No tienes que ir al gimnasio para hacer unas pocas flexiones y planchas. Si hay un suelo bajo tus pies, tienes la posibilidad de cumplir este reto.

10. RESPIRA. Hay mucha gente que aguanta la respiración mientras hace ejercicio; esto es algo que aprendí hace muchos años cuando me estaba formando en obstetricia y ginecología. Pero retener la respiración, tanto si estás en parto como si simplemente intentas hacer flexiones, complica aún más cualquier esfuerzo, al aumentar la presión en el estómago mientras disminuye el riego sanguíneo de tu corazón, de tu cerebro y de los músculos que estás trabajando. Así que acuérdate de respirar. Respirar te permitirá añadir más flexiones y planchas de las que nunca te hubieras imaginado que fuera posible.

CAPÍTULO 3

MARZO
Meditación

MI HISTORIA

Hace unos cuatro años decidí que quería aprender a meditar. No fue un impulso repentino, sino que llevaba años oyendo a amigos, compañeros de trabajo y conocidos decirme que la meditación les había cambiado la vida. Pero igual que la mayoría de los estadounidenses, no tenía ni idea de cómo meditar. ¿Tenía que intentar sentarme con las piernas cruzadas en el suelo y que fuera lo que fuera? ¿Era mejor concentrarme en alguna idea específica, o tenía que intentar borrar todos los pensamientos que tuviera en el cerebro? No tenía ni idea. Lo que sí sabía es que yo era demasiado cuadrada y meticulosa como para improvisar, como habían hecho algunos de mis amigos después de hacer un poco de investigación por internet. No, yo quería aprender y tener a la vez un método aplicable.

En Nueva York, me puse en contacto con Bob Roth, uno de los estadounidenses más célebres que enseñaba un tipo de meditación llamada meditación trascendental, o MT. Esta rama fue desarrollada por yoguis indios en los años cincuenta y desde entonces ha crecido hasta convertirse en uno de los tipos de meditación más practicados e investigados del mundo. Cuando practicas la MT, te sientas con los ojos cerrados entre quince y veinte minutos dos veces al día, centrándote en un mantra, o una frase relajante, que repites en silencio. Los mantras se les dan a los estudiantes en las diferentes fases de la práctica y siempre se mantienen en secreto.

Me inscribí a un curso de cuatro días de MT en la Fundación David Lynch, donde Roth es el director ejecutivo. Durante las clases aprendí que no tenía que controlar mis pensamientos mientras meditaba, sino que todo lo que llegara a la mente era bienvenido. Esto fue, sin duda, un momento de «¡Uf, gracias!»; dada mi naturaleza meticulosa y detallista, mi mente se convierte a menudo en una bobina constante de ochenta trillones de pensamientos, así que la idea de detener esa película durante un minuto, y ni pensar en veinte, era aterradora para mí.

También aprendí que no tenía que intentar controlar o concentrarme en mi respiración: simplemente tenía que repetir un mantra, e incluso si se me escapaba de la mente, no pasaba nada. «Puedo hacerlo», pensaba. ¡Quizá la meditación no era algo tan intimidante! Al fin y al cabo, hay mucha gente que la practica, y después de cuatro días, me sentía preparada para probarlo yo sola.

Pero seguía teniendo algunas reservas. Al finalizar el curso, le pregunté a Roth si realmente tenía que practicar meditación durante veinte minutos dos veces al día. Me miró y me dijo: «Practica dos veces al día durante dos semanas. Si no sientes nada, para». Supongo que le lancé una mirada inquisitiva porque añadió rápidamente: «La gente no para después de dos semanas, porque casi todo el mundo se siente fenomenal». Esto me dio seguridad, así que me puse las pilas.

Después del curso medité cada día durante casi un año entero. Roth tenía razón: después de mis dos semanas de prueba me sentía genial, con más agudeza y energía mental y menos estrés de lo que había experimentado nunca antes. Empecé con las dos sesiones diarias de veinte minutos, pero pronto me di cuenta de que podía meditar solo una vez por la mañana y seguir sintiendo los increíbles efectos.

Pero toda esa increíble energía se perdió hace dos años. Desde entonces he permitido que mi práctica se quedara por el camino, y en un momento en el que lo hubiera necesitado como nunca. De repente me estaba divorciando de mi marido, quien poco después se suicidó, lo cual fue un gran golpe mental, emocional e incluso físico. Además, yo estaba experimentando más estrés en mi vida profesional y ya no podía seguir el ritmo de mi rutina. Sentía como si me estuviera ahogando, como si cada vez me llegara menos aire a los pulmones, pero me quedaba tan poco aliento que no podía ni alcanzar la máscara de oxígeno que sabía que tenía al lado. Echaba de menos la MT, pero en ese momento no había manera de volver a retomar mi rutina.

En 2017, hablando en un acto en Los Ángeles, me encontré a Roth, que también era un orador invitado. Le comenté que había perdido la práctica y que ahora que la situación se había estabilizado, a nivel personal y profesional, no podía encontrar el momento para retomarla, porque me despertaba muy temprano para salir en el programa *GMA*. Me escuchó y luego me preguntó a qué hora pensaba que se despertaba George Stephanopoulos, copresentador del *GMA*, el cual practica MT cada día. No tuve que pensarlo, pues sabía que George se despertaba alrededor de las tres y media cada mañana para hacer el programa, dos horas antes de que sonara mi despertador. ¿Me podía despertar veinte minutos antes para meditar? A su manera, sutil y efectiva, Roth me estaba diciendo que dejara de poner excusas. Tenía razón. Si George podía hacerlo, yo también.

Me prometí a mí misma que convertiría la meditación en uno de mis retos mensuales de 2018. Era una solución perfecta, no solo para mí, sino también para los miles de estadounidenses que se unirían a mi reto y que no tenían ni idea, igual que yo unos años atrás, de los efectos transformadores que puede tener la práctica de la meditación. Mejor aún, solo se tardaba veinte minutos, cualquiera podía hacerlo, y seguro que no necesitarían hacer un curso como yo para empezar a practicar.

Me propuse la misión de meditar veinte minutos al día, siete días a la semana, durante un mes entero. Para lograrlo sabía que tenía que hacer esta práctica nada más despertarme, antes de que empezara el día y se llenara de mil cosas, sin esperar a la hora de volver a casa, cuando sabía que estaría demasiado cansada. También prefería meditar por la mañana, porque me ayudaba a instaurar la energía mental y el estado de ánimo adecuados para el resto del día.

Primera semana
La sorprendente forma en que la meditación
me cambió el cerebro de inmediato
Aunque sabía que estaba a punto de reemprender una práctica que me haría sentir fenomenal, el primer día aún me sentía ligeramente nerviosa, preocupada por si realmente encontraría el tiempo para meditar cada día durante un mes entero. Al fin y al cabo, este reto no era como el de febrero, en el que las flexiones y las planchas no requerirían más de unos pocos minutos cada mañana. Pero sabía que esta preocupación por si tenía tiempo o no eran inútiles y me hacían parecer una hipócrita. Cuando pacientes, amigos o familiares me dicen que no encuentran tiempo para hacer ejercicio o algo beneficioso para su salud física, yo siempre les

respondo: «No tienes que encontrar tiempo, tienes que reservarte tiempo». El primer día me repetí eso a mí misma, y también a lo largo de la primera semana. Estaba dispuesta a reservarme tiempo, ya que mi salud mental y mi estado de ánimo dependían de ello.

La primera mañana me puse el despertador a las cinco de la mañana, en vez de a las cinco y media (la hora a la que suelo levantarme para ir al programa *GMA*), para asegurarme de que así tendría tiempo suficiente para meditar y acabar mi rutina matutina. Sin embargo, cuando sonó el despertador tan temprano, tenía ganas de tirar el celular junto con mi meditación mensual entera por la ventana. Pero luché contra ese impulso y me desperté de todos modos, me preparé un café y luego me senté con la espalda bien recta en la cama con algunos cojines en la espalda. La noche anterior había descargado una aplicación de meditación gratuita que lleva un control de tu práctica. Le di al botón de empezar en el celular, cerré los ojos... y lo hice.

Justo después de abrir los ojos me sentí inundada de calma. Al mismo tiempo, fue como si alguien me hubiera llenado el cerebro de gasolina de alto octanaje: me sentía más centrada y con una gran energía mental. Yo no sufro trastorno por déficit de atención (TDA), pero la mejor manera de describir la sensación era que había vivido durante meses con TDA sin tratármelo y de repente me estaba tomando el medicamento adecuado. ¡Tarán! De repente me sentí más centrada.

Durante el resto del día y de los primeros días, no podía creer que estuviera mucho más calmada, centrada y positiva. Las decisiones y dificultades diarias ya no parecían preocuparme tanto. ¿Que había tráfico de camino a mi consultorio? Me ponía en modo zen. También sentía que podía pasar de una tarea a otra con más eficiencia y efectividad, con más resistencia mental. Por ejemplo, no tenía que analizar durante horas cómo iba a sintetizar una cuestión de salud complicada para los televidentes ni me dejaba descontrolar por una sola carta o factura mientras revisaba el montón de cartas del buzón. Si alguien me hubiera analizado el cerebro, estoy segura de que hubiera visto que mis neuronas funcionaban mucho más rápido. Y sin ningún análisis médico, yo sabía que mis niveles de cortisol, la hormona corporal del estrés, estaban mucho más bajos, lo cual, a su vez, hacía que tuviera menos hambre.

Esa primera semana medité seis de los siete días. Estaba encantada y también un poco estupefacta, preguntándome por qué demonios había dejado de lado mi práctica. Seguía dándole vueltas a que me tenía que despertar treinta minutos antes lo que quedaba de mes, pero me convencí de que esto era solo la forma de llegar a un objetivo. Y de momento, el objetivo me estaba demostrando ser mentalmente maravilloso.

Segunda semana
¿Qué pasa cuando meditas con regularidad y te saltas un día?
Durante la segunda semana de mi reto de meditación, no tenía que salir en el programa *GMA* todas las mañanas. ¡Era libre! Cuando pasa esto, me siento como si volviera a estar en la escuela, acostándome por la noche sabiendo que nevará al día siguiente y celebrando que no me tendré que despertar tan temprano.

El único problema es que los días de nieve no suelen ser buenos días para la meditación: al no tener una hora límite para salir por la puerta para ir al programa, mis mañanas se desestructuran. Doy por sentado que tengo todo el tiempo del mundo, lo cual, esta semana, significaba no tener que poner el despertador para meditar. Aunque esto parecía un lujo delicioso (dormir, tal y como descubrí unos meses más tarde, en el reto de noviembre, es uno de mis bienes más preciados), el resultado fue que en el momento en que me di cuenta de que no había hecho mis veinte minutos de meditación zen, tenía que salir corriendo de casa para llegar a tiempo a mi consultorio.

Al final del día me sentía decepcionada conmigo misma, no solo porque acababa de destrozar mi reto, sino también porque había pasado un día entero sintiéndome menos positiva, con menos agudeza mental y considerablemente más desorganizada. Esto no me había pasado en el mes anterior cuando me saltaba un día de flexiones y planchas; no notaba consecuencias tan perceptibles si me saltaba el reto un día. No meditar tenía repercusiones negativas, y eso no me gustaba.

Esa mañana fue el único día de la semana que no medité; había aprendido la lección. Aunque no tenía una rutina matutina los fines de semana, me parecía fácil encontrar tiempo para meditar. Los sábados y domingos tenía más de dieciséis horas desde que me despertaba a las seis de la mañana (sí, sigo madrugando, incluso los fines de semana) hasta que me acostaba hacia las diez de la noche para encajar mi práctica, ya que no tenía pacientes que visitar, a menudo no tenía que hacer secciones del programa, ni tenía cientos de correos electrónicos que pudieran distraerme.

Seguía sintiendo los beneficios diarios que sentí la primera semana: estaba más centrada, positiva y productiva. Pero ahora sentía que cada vez tenía más control sobre mi apetito, con menos antojos y decisiones impulsivas hacia comida poco sana. Y aunque a algunas les pueda sonar un poco *new age*, después de meditar durante dos semanas sentía como si hubiera creado un suave colchón entre mi corazón, mi cerebro y mi cuerpo y el duro estrés al que todos nos enfrentamos a diario. Una vez, George

Stephanopoulos describió los beneficios que le aporta este tipo de meditación, y estoy totalmente de acuerdo con él.

Tercera semana
El error que descarrilará tu práctica de meditación
Aunque ahora ya sabía que saltarme mi práctica de la mañana era una mala idea, me acabé saltando dos sesiones en la tercera semana. Mi primer fracaso fue durante el fin de semana; aquí no tenía ninguna excusa. Me acosté avergonzada por mi desliz. Fue uno de esos momentos en los que sacudes la cabeza y te preguntas: «¿En serio? ¿Pero qué pasó?».

El segundo día que incumplí el reto fue durante la semana y se debió únicamente a un descuido que me descontroló la práctica. Había empezado a meditar por la mañana, pero no había puesto el teléfono en modo «no molestar», como hago siempre. Y esto es la ley de Murphy: cuando das por sentado que nadie te llamará ni te mandará mensajes, es justo cuando te llaman o te mandan mensajes. Pero en vez de ignorar el teléfono, abrí los ojos y miré la pantalla, decidiendo de inmediato que tenía que devolverle la llamada. (Claramente, aún no había experimentado todos los beneficios de mi reto de agosto, sobre la consciencia tecnológica.) Cuando acabé la llamada, ya se me había pasado el tiempo que tenía para meditar antes de ir al trabajo.

Igual que me había pasado la semana anterior, estaba enojada conmigo misma por haberme perdido mi práctica. ¿Esa llamada era realmente más importante que un día entero de energía y calma mental? Mis errores en la meditación me estaban afectando profundamente, dejándome en un estado mental y emocional débil el resto del día.

Como muchas personas, llevo una vida estresante, tanto en lo profesional como en lo personal. En los dos días en que me perdí mi práctica de meditación, fui mucho más consciente de estos dos tipos de estrés en mi vida. Y no porque me hubiera encontrado con más dificultades a lo largo del día, sino porque simplemente no podía afrontar el estrés que se me presentaba de la misma forma que cuando sí meditaba por las mañanas.

Sin embargo, las mañanas en las que medité en la tercera semana me sentía más positiva, más productiva y más centrada, como era habitual, pero también me sentía más capaz de afrontar lo que fuera que la vida pusiera en mi camino. ¿Correos electrónicos irritantes? Ningún problema. También veía otro beneficio que no había notado en las primeras semanas. Aunque por regla general duermo muy bien, a veces me cuesta conciliar el sueño cuando estoy estresada y también me despierto durante la noche preocupada por ciertas cosas. Sin embargo, a pesar de lo que me estaba pasando en la vida mientras hacía el reto de la meditación, durante esa tercera semana en especial dormí espectacularmente bien. Y el único factor que había, lo único que estaba haciendo diferente, era meditar.

Cuarta semana
Cómo la meditación me ayudó a perder peso
y a ganar empatía
La última semana del reto tenía la determinación de meditar cada día. No quería que quedara lugar a dudas de si realmente lo podía hacer o no: tenía la intención de superar mi mes de meditación. Al fin y al cabo, había pasado cuatro semanas enteras (y luego algunas más) sin beber ni una copa en mi mes sin alcohol, así que sabía que podía hacer una semana entera de meditación sin una sola falla. Y eso es lo que hice. ¡Adelante!

Resultado: me quedé asombrada de lo fácil que era practicar la meditación a diario. Aún mejor, puedes programar el despertador a la misma hora durante toda la semana sin tener que pensarlo dos veces. (Bueno, puede que en alguna ocasión lo pensara dos veces antes de salir de la cama a las cinco de la mañana, pero realmente mereció la pena.) Además, estaba encantada con la sensación de tener una positividad, una concentración mental y una energía constantes. Sin duda alguna, la cuarta semana fue una de las mejores que he tenido en años, y no porque pasara algo maravilloso o porque todo el estrés de esa semana se evaporara de repente. Tuve las mismas dificultades, pero era capaz de gestionarlas con más habilidad sintiéndome más feliz y alegre.

Además, pasó otra cosa esa semana: me empecé a notar más conectada con la gente. Me gusta pensar que suelo ser una persona compasiva y conectada con el fondo de mi ser, así que me sorprendió notar que estas emociones se amplificaban. Pero dado que me sentía más positiva y menos estresada, tenía más paciencia, era más comprensiva y empática con la gente, incluso con aquellas personas con las que me podía haber enganchado en el pasado.

Mi sueño continuaba siendo profundo y tenía aún más energía y concentración mental que la semana anterior. Curiosamente, como tenía el apetito por los suelos, sentí que estaba empezando a perder un poco de grasa corporal. «¿Qué?», pensé mientras empezaba a soñar de nuevo con esos biquinis que me había imaginado durante las flexiones y planchas del mes anterior. ¿Hay algo en lo que la meditación no me pueda ayudar? Y pensar que al principio del mes estaba preocupada porque no encontraría el momento de practicarla.

Aunque los beneficios que sentía al final del mes ya habían estado presentes en las semanas anteriores, ahora, después de cuatro semanas de práctica constante, notaba que los beneficios se habían acentuado, afinado, y parecía más posible que se quedaran conmigo, incluso si fallaba una mañana de vez en cuando. Estaba acabando el mes más saludable desde un punto de vista físico, mental y emocional, además de estar ligeramente más delgada y esbelta.

MARZO: MEDITACIÓN
Los fundamentos científicos que hay detrás de la meditación

Al igual que muchos de los retos de este libro, la meditación tiene un sinfín de beneficios para la salud, demasiados como para enumerarlos aquí. De hecho, la meditación puede hacer tanto para tu salud y bienestar que muchos médicos (yo incluida) recetamos la meditación para tratar problemas comunes de salud, como el insomnio, el aumento de peso y la depresión. Aquí te explico cómo la meditación regular puede ayudarte a transformar tu salud física, mental y emocional.

La meditación puede alterarte los genes
Muchos estadounidenses perciben la meditación como una actividad difusa, con beneficios intangibles o incuantificables. Suponen, erróneamente, que lo único que haces sentándote quieta con los ojos cerrados es perder tiempo que podrías aprovechar haciendo actividades potencialmente más productivas. Esto no podría estar más alejado de la verdad. Y quizá la prueba más sólida del poder de la meditación son los estudios que demuestran que su práctica puede llegar a cambiar nuestros genes. Según numerosos estudios publicados recientemente por investigadores europeos, la práctica regular de la meditación suprime la inflama-

ción que se expresa a nivel genético. En otras palabras, cuando se practica la meditación durante un tiempo, esta tiene la habilidad de revertir daños moleculares en el cuerpo causados por la inflamación y el estrés. Según esos estudios, algunos de los genes afectados por la meditación son aquellos que suelen tratarse con un exceso de medicamentos antiinflamatorios y analgésicos, que pueden ser dañinos.

¿Te cuesta dormir por la noche?
Prueba a meditar por la mañana
Yo recomiendo la meditación a todas y cada una de mis pacientes con problemas para dormir, tanto si tienen insomnio diagnosticado o si simplemente les cuesta dormirse o mantener el sueño durante la noche. Aquellas personas que siguen mi consejo me cuentan que al cabo de unas semanas de haber empezado a practicar la meditación, tienen menos dificultades para dormir, y algunas pacientes incluso duermen mejor que cuando utilizaban medicamentos para ayudarles a conciliar el sueño en el pasado. Resulta que la meditación es en sí un remedio efectivo para dormir.

Hay estudios que demuestran que meditar con regularidad reduce el número y la duración de las interrupciones del sueño, mejorando la calidad general del sueño, tanto en las personas con problemas de sueño como en las personas (como yo) que normalmente no tienen este tipo de problemas. Además, hay estudios que demuestran que la meditación, cuando se practica de forma regular, puede limitar el deterioro diurno, o la sensación de cansancio, lentitud y letargia causadas por no haber dormido bien la noche o la semana anterior.

*La meditación puede ser tan efectiva como
los antidepresivos*
Según un estudio realizado en 2016 en la Universidad Estatal de Míchigan, y otros estudios llevados a cabo a lo largo de los años, la meditación puede mejorar la capacidad de tu cerebro de regular emociones permanentemente, lo cual la convierte en un antídoto tan potente como muchos fármacos, o, incluso más efectivo, para tratar problemas con el estado de ánimo. ¿Y cómo puede lograr esto la meditación? Hay varios factores neurocientíficos en juego, pero una de las razones puede ser que la meditación aumenta el volumen de sustancia gris en el córtex frontal del cerebro, a la vez que aumenta el tamaño de tu hipocampo derecho. Estas dos áreas cerebrales se asocian a un mayor control y regulación emocional, además de a un menor estrés y un comportamiento más consciente.

¿Te acuerdas de lo positiva que me sentía los días que meditaba? Resulta que hay una explicación científica que avala este resultado. Los investigadores han descubierto que meditar aumenta la actividad de señalización en la parte del cerebro responsable de las emociones positivas, a la vez que limita la actividad en el lado del cerebro en el que se desarrollan los sentimientos negativos. Dicho en otras palabras, cuanto más meditas, más feliz te sientes, al margen de lo que te pase en la vida, y esto se debe simplemente a efectos neurocognitivos. Además, los estudios también demuestran que la meditación potencia el autoconocimiento y la autoestima. Por todos estos motivos, la meditación regular puede tratar la depresión y la ansiedad de forma tan efectiva como los fármacos recetados para ello, pero sin ninguno de los efectos secundarios que conllevan normalmente estos medicamentos.

Controla el apetito y pierde peso sin esfuerzo con la meditación
Mi objetivo con el reto de la meditación no fue nunca perder peso, así que me llevé una grata sorpresa cuando me sucedió y no tuve que hacer ningún esfuerzo para lograrlo, ni tuve que cambiar mi dieta, ni hacer ningún ejercicio físico nuevo. La práctica de la meditación acabó con los atascones y me silenció el apetito, ayudándome a adelgazar y a estar más esbelta al finalizar el mes.

Los estudios demuestran que el control del apetito y la pérdida de peso son beneficios probados de la meditación regular. Según los investigadores que formaron parte de un estudio publicado en 2015 en el *International Journal of Behavioural Medicine*, uno de los motivos es que meditar te conecta mejor con tu cuerpo y sus avisos físicos, ayudándote a reconocer cuándo tienes realmente hambre, o cuándo piensas que tienes hambre pero la sensación es en realidad un deseo extraviado de otra necesidad mental o emocional. La meditación también disminuye el cortisol, una hormona que ayuda a tu cuerpo a almacenar grasa y que contribuye a los antojos de azúcar y a la glotonería. Finalmente, meditar regularmente puede mejorar el estado de ánimo y la autoestima a la vez que reduce la ansiedad y el estrés. Todo esto puede hacerte tomar decisiones más saludables en cuanto a la comida y evitar o incluso eliminar los actos impulsivos de comer o aquellos causados por el estrés.

Meditar con regularidad te puede hacer más inteligente
Yo nunca he estado tan concentrada y he sido tan productiva y capaz de hacer varias tareas a la vez como los días en que he meditado. Esto se debe, en parte, a que la meditación aumenta la sustancia gris y el hipocampo del cerebro, lo cual no solo ayuda a mejorar el estado de ánimo sino que también te hace el cerebro más grande, más inteligente y más ágil. Tener más sustancia gris y

un mayor hipocampo también mejora tu concentración, alarga tu periodo de atención, aumenta tu memoria a corto y largo plazo, y mejora tu habilidad de hacer varias cosas a la vez y aprender cosas nuevas. Un estudio reciente de la Universidad de Yale también demuestra que la meditación regular puede alterar las ondas cerebrales, al reducir la actividad de las redes neuronales responsables de los pensamientos que te pasan por la cabeza; otro motivo por el cual cuando meditas puedes ser capaz de hacer mejor más cosas a la vez. Otros estudios han demostrado que meditar durante varias semanas puede mejorar la concentración y la atención.

La meditación puede revertir los efectos de la edad en tu cuerpo y tu aspecto físico
Numerosos estudios demuestran que las personas que meditan regularmente tienen telómeros más largos, que son como unos capuchones en los extremos de los cromosomas que se asocian al envejecimiento biológico. Cada vez que nuestras células se dividen, nuestros telómeros se acortan, así que cuanto más largos sean nuestros telómeros, más tiempo podremos vivir, según los científicos. Además, el aumento de la sustancia gris asociado a la meditación también puede ayudar a conservar tus capacidades cognitivas hasta una edad avanzada, tal y como demuestran las investigaciones. Meditar puede hacer que se te vea más joven, al reducir el estrés y la inflamación que causan estragos en tu piel y cabello, del mismo modo que trabajan internamente para hacernos envejecer físicamente más allá de nuestra edad.

*Ayuda a tratar la hipertensión, el dolor crónico
y la adicción con más meditación mindfulness*
Estos problemas de salud son solo algunos de los trastornos en los que puede ayudar la meditación según los datos científicos. En un estudio se demostró que practicar meditación trascendental bajó la presión arterial de los participantes y, además, redujo el riesgo de sufrir un ataque al corazón, una embolia y, en general, el riesgo de morir por cualquier causa. Otro estudio también descubrió que la meditación puede provocar una reducción tan grande de la presión arterial que permitió que algunos participantes pudieran dejar de tomar de forma segura fármacos para la hipertensión con la supervisión de sus médicos.

Por lo que respecta al dolor crónico, hay estudios que demuestran que la meditación altera áreas del cerebro responsables de controlar el dolor. Algunos estudios sugieren que practicar la meditación de forma regular puede reducir el dolor crónico hasta un 57 %. También se ha demostrado que la meditación es un tratamiento coadyuvante efectivo para la adicción a las drogas, al alcohol, a la nicotina y a la comida, y puede ayudar a aliviar los síntomas asociados con cualquier trastorno, desde la menopausia y el resfriado común hasta el síndrome de colon irritable y el cáncer.

La meditación te puede convertir en una persona muy sociable
La meditación es una práctica intensamente personal que tiene la capacidad de hacernos a todos más sociales y conectar mejor o más profundamente con quienes nos rodean, según demuestra la ciencia. Esto es porque la meditación puede ayudar a reducir el estrés y aumentar los sentimientos positivos; los investigadores argumentan que ambas cosas pueden llevar a sentir más compasión y empatía hacia los demás. También se ha podido demostrar

que la meditación puede reducir el sentimiento de soledad. Por este motivo, a menudo se receta la meditación para aliviar e incluso tratar el trastorno de ansiedad social.

MARZO: MEDITACIÓN

Tu historia

A diferencia de algunos retos, meditar a diario no requiere esfuerzo físico o disciplina alimentaria. No tienes que lanzarte al suelo y hacer veinte flexiones, mirar hacia otro lado ante un tentador *croissant* de chocolate, ni negarte a una tentadora copa de vino tinto. Lo único que tienes que hacer es sentarte en silencio durante veinte minutos. Pero te entiendo: esto no deja de ser un gran obstáculo para muchos, y no necesariamente porque estén demasiado ocupados. Aquí tienes diez maneras de hacer que la meditación forme parte de tu día, tanto si no la has practicado nunca antes como si has sido una yogui toda tu vida.

1. ENCUENTRA EL TIPO DE MEDITACIÓN QUE TE VAYA BIEN A TI. La meditación trascendental encaja a la perfección con mi personalidad, mi estilo de vida y mi estado de ánimo, pero esto no significa que sea el estilo de meditación adecuado para ti. Hay docenas de maneras de practicar la meditación, así que habla con amigos, investiga un poco y busca por internet. Puede que incluso quieras empezar experimentando con una aplicación para celular de meditación como Headspace, Buddhify o Calm; todas ellas pueden mostrarte diferentes formas de práctica para que puedas ver qué encaja mejor contigo. Algunos gimnasios o centros de *fitness* también ofrecen clases de meditación, o si tienes una personalidad

como la mía, busca cursos en tu universidad local o en un centro espiritual. También hay muchos cursos online que puedes hacer; simplemente trata de investigar un poco antes para asegurarte de que el sitio web es serio.
2. A̲p̲r̲e̲n̲d̲e̲ a cambiar tu espacio mental. Muchos estadounidenses tienen una percepción negativa de la meditación; creen que solo consiste en no hacer nada durante un rato para alcanzar algunos efectos poco definidos e incuantificables. Pero los estudios concluyen indiscutiblemente que la meditación tiene un impacto real y profundo en nuestra salud física, mental y emocional, y que incluso cambia la manera de crecer de nuestro cerebro y la función de los genes. Es por este motivo por el que la meditación es tan imprescindible para tu salud y bienestar como una higiene personal adecuada, el ejercicio y una buena alimentación. ¿Pasarías un día entero sin cepillarte los dientes? La meditación debería ser igual de innegociable que esto.
3. P̲l̲a̲n̲t̲é̲a̲t̲e̲ la meditación como una inversión en tu productividad diaria. No puedo dejar de repetirlo: los días en los que meditaba por la mañana me sentía mucho más centrada y productiva. Si crees que no tienes tiempo para meditar, te garantizo que si dedicas solo veinte minutos a probarlo, descubrirás que recuperarás diez veces ese tiempo porque serás más productiva, estarás más centrada y serás más efectiva lo que queda de día. La mayoría de las personas más ocupadas y más exitosas que conozco en el mundo meditan a diario, incluso dos veces al día. Sigue su ejemplo.
4. P̲o̲n̲t̲e̲ el despertador treinta minutos antes. Esta es la manera más fácil y efectiva para la mayoría de hacer que la meditación se convierta en un hábito diario. Es, en efecto, el mejor método para mí y para otras personas que sé que

meditan con regularidad. De lo contrario, es demasiado fácil que el día se te complique o estés preocupada por obligaciones profesionales y personales y dejes la meditación en segundo plano hasta que te das cuenta de que es demasiado tarde y el día se ha acabado. En cuanto sales de casa y empiezas el día, te puede resultar difícil aflojar el ritmo, mental y físicamente, para poder tener el espacio mental adecuado para sentarte durante veinte minutos. Finalmente, meditar por la mañana tiene grandes beneficios: estimula la positividad, la productividad y el estado de ánimo en general, predisponiéndote para que aproveches el día tan pronto como abras los ojos después de tu práctica.

5. DEDICA UN ESPACIO REGULAR A LA MEDITACIÓN. Esto puede ser fundamental para tu triunfo mensual si vives con tu pareja, tus hijos, tus compañeros de departamento o mascotas que requieran tu atención. Antes de que empiece el mes, elige un espacio de tu casa donde nadie te vaya a molestar y donde puedas meditar cada mañana. Saber que desde el primer día tienes un sitio adonde ir también hará que la práctica sea menos intimidante y más fácil de instaurar. Yo meditaba principalmente en mi cama, donde nunca me molestaban ni mis hijos ni mi perro, *Mason*. Además, igual que con cualquier otro hábito, la constancia es la mejor manera de convertir una nueva práctica en un hábito diario.

6. QUE NO TE ASUSTE MEDITAR EN ALGÚN SITIO ORIGINAL, O FUERA DE LA CAMA. Aunque yo creo firmemente que meditar por la mañana es la mejor manera de hacer de la práctica un hábito diario, hay días en los que inevitablemente no te puedes despertar treinta minutos más temprano o meditar antes de irte de casa, como en el caso de tener un vuelo muy temprano. Pero tal y como descubrí, querer es poder. Por ejemplo,

en el caso de tener que tomar un vuelo temprano, he descubierto que meditar en aviones es fácil e inmensurablemente beneficioso, ya que te ayuda a mitigar el aburrimiento y el estrés de viajar en avión.

Si tienes que salir corriendo de casa muy temprano, no pasa nada por que medites en la oficina. Cuando yo lo hago, cierro la puerta y pongo un cartel de «No molestar» para que la gente sepa que estoy ocupada, y pongo el teléfono de mi oficina y el celular en silencio, así como cualquier alerta de correo electrónico en mi computadora.

Otra buena opción para una sesión espontánea de meditación es meditar en el coche. Yo he meditado muchas veces en el coche mientras esperaba a que Chloe saliera de un partido de hockey. También puedes meditar en alguna habitación tranquila o en una sala de yoga a puerta cerrada en el gimnasio o en un centro de *fitness*, lo que a mucha gente le parece práctico al salir del trabajo. Finalmente, meditar en el exterior, en la playa, en un parque o incluso en tu propio jardín puede ser tranquilizador y beneficioso para tu práctica. Recuerda que lo más importante no es dónde lo hagas, sino que lo hagas.

7. PON EL TELÉFONO EN MODO «NO MOLESTAR». No te juegues tu tiempo como hice yo un día durante mi reto, en el que olvidé apagar el celular. Puede que des por sentado que nadie te llamará ni te enviará mensajes o correos electrónicos por la mañana, pero es un riesgo que no hace falta que corras, sobre todo si haces el esfuerzo de despertarte temprano. Además, que te interrumpa un bip, ding o ring mientras meditas es algo especialmente irritante, y no es manera de empezar el día. Casi todas las llamadas y los mensajes pueden esperar veinte minutos hasta que acabes la práctica.

8. Utiliza un temporizador para la meditación. Al margen del tipo de meditación que elijas, utiliza un temporizador para que tu práctica esté estructurada. Un temporizador, tanto si descargas una aplicación en el celular como si utilizas un cronómetro o te pones el clásico temporizador de cocina, te permitirá centrarte por completo en la práctica, evitando que tu mente se pregunte cuánto tiempo hace que estás sentada o cuánto falta para poder abrir los ojos.
9. Comparte tu práctica con los demás. Contarles a las personas que quieres y en las que confías que estás meditando puede ayudarte a sentirte orgullosa de tu práctica y reforzar la positividad que te aporta la meditación. Durante mi reto de meditación, lo único que lamento es no haber contado a más amigos, compañeros de trabajo y pacientes que había vuelto a meditar. Si lo hubiera hecho, no solo hubiera puesto más energía en el reto, sino que también hubiera corroborado mi compromiso con la práctica a diario. Y tal y como aprendí durante mi mes sin alcohol y a lo largo del año, anunciar cualquier reto en voz alta a amigos y familiares hace que la misión sea más real y que te responsabilices más de ella.
10. Practica la compasión contigo misma. La meditación no es necesariamente fácil para todo el mundo. Para algunos, es un concepto extraño que te angustia porque no sabes qué hacer y cómo hacerlo. Pero yo realmente creo que cualquiera puede meditar, y que siempre que intentes calmar tu mente estás logrando tu objetivo, sin importar lo que te diga cualquier yogui o instructor. No te tortures si te inquietas. Aprovecha la compasión que te enseña la meditación y dirígela hacia tu interior. En todo caso, utiliza tu práctica para aprender cómo ser amable contigo misma y concédete el

permiso de fracasar. Meditar, en el fondo, consiste en crear amor propio, no nuevos motivos para sentir que eres un fracaso. Incluso si simplemente tienes el deseo de meditar, ya estás a medio camino, cumpliendo el objetivo de la práctica de abrirte el corazón a ti misma y a nuevas posibilidades.

CAPÍTULO 4

ABRIL
Cardio

Mi historia

Hacer ejercicio es a menudo el reto más difícil para alguien que quiere mejorar su salud y sentirse en su mejor momento, tanto físico como mental. Lo entiendo: hacer ejercicio de forma regular no es tarea fácil. Se requiere autodisciplina física, mental y emocional, junto con compromiso, horarios marcados y constancia para lograrlo. Yo he tenido la gran suerte de contar con estas características y de haber hecho ejercicio de forma regular toda la vida. Y tal vez lo más importante es que en realidad me gusta hacer ejercicio. Pero hace dos años decidí dejar de hacer cualquier ejercicio cardiovascular, lo cual me sorprendió, tanto como entusiasta del ejercicio físico como médico que receta ejercicio aeróbico a todas mis pacientes.

No sucedió porque un día me despertara por la mañana y de repente decidiera que la bicicleta estática, correr, nadar y las clases de cardio ya no eran importantes para mi salud general. Ni porque hubiera aborrecido esos entrenamientos aeróbicos y no encontrara ya la motivación. Al contrario, seguía yendo al gimnasio por lo menos cinco días a la semana (una hazaña intimidante y titánica para la mayoría de la gente).

El motivo por el que dejé de hacer cardio era simplemente la vanidad. Ahí estaba yo, haciendo ejercicio casi cada día durante por lo menos una hora, practicando lo que yo pensaba que era la combinación perfecta de cardio, con un poco de entrenamiento de resistencia y ejercicios de alta y baja intensidad, y aun así seguía sin tener el aspecto fuerte y definido que quería.

Un día, al entrar en una clase de *fitness*, decidí consultarle al entrenador, Cliff Randall, que más delante se convertiría en mi entrenador personal, si me podía asesorar. Cuando le conté lo que había estado haciendo, no lo dudó ni un momento: opinaba que yo estaba haciendo demasiado cardio. Me sorprendió, pero por lo que me explicó, el ejercicio aeróbico de alta intensidad quema el glucógeno que está disponible en el cuerpo (o los hidratos de carbono almacenados en tus músculos e hígado) en vez de quemar tus reservas de grasa. Me contó que para reducir volumen tenía que hacer ejercicios como levantar pesas pesadas, que me agotarían rápidamente los depósitos de glucógeno, y así mi cuerpo empezaría a jalar sus reservas de grasa. Si iba a hacer cardio, lo cual es esencial para la salud del corazón y del cerebro, me sugirió sesiones de más larga duración y menos intensidad. Su consejo fue que dejara los entrenamientos de resistencia y empezara a levantar pesas, pasando solo a la caminadora o la bicicleta estática para calentar el cuerpo antes de levantar pesas.

Después de un año siguiendo la rutina que me sugirió Cliff, tenía una masa muscular más definida, pero extrañaba desesperadamente todos los beneficios físicos y mentales que me ofrecía antes el ejercicio cardiovascular. Sabía que había perdido aptitud física (un buen tramo de escaleras, que solía subir con tacones de 10 centímetros, ahora me saturaba los pulmones y el corazón más de lo que debería) y no estaba procesando el estrés todo lo bien que lo había hecho cuando expulsaba mis preocupaciones con una buena sesión de sudor en la bici o la caminadora. Además, tampoco era capaz de levantar pesas con la frecuencia con la que iba en bici o corría o participaba en clases de cardio (levantar pesas pesadas requiere más esfuerzo de los músculos que el ejercicio aeróbico), y me sentía como si aunque ahora tuviera músculos más definidos, mis entrenamientos empezaran a fallar, ya que esos doce meses levantando pesas me empezaban a pasar factura en músculos, tendones y ligamentos. Y llega un momento en el que alcanzas el total de tu masa muscular posible, con lo que continuar levantando pesas pesadas casi cada día puede tener un rendimiento negativo.

También extrañaba sudar. Sé que a muchas les puede parecer extraño, pero a lo largo de mi vida siempre he hecho algún tipo de ejercicio cardiovascular. En la preparatoria jugaba hockey sobre pasto y *lacrosse*, y en ambos entrenábamos corriendo y realizando otros ejercicios de resistencia para mantenernos competitivas. Cuando estaba estudiando medicina, el ejercicio aeróbico era la manera más efectiva para mí de liberar el estrés, y sé que esto me evitó atrapar todos los resfriados y otras enfermedades que el resto de los estudiantes y de los residentes contrajeron por culpa de pasar demasiado tiempo en hospitales y durmiendo demasiado poco.

Pero recuperar el ejercicio aeróbico y volver a incluirlo en mi rutina semanal después de un paréntesis de un año me parecía formidable. En otros momentos en los que había intentado empezar mi reto de cardio, prometiéndome que iría a una clase de *spinning* o correría en la caminadora después del trabajo, a menudo fracasaba, y acababa optando por las pesas, porque me parecían una opción que requería menos esfuerzo después de un largo día. Empecé a preocuparme: ¿conseguiría volver al cardio algún día?

Por eso decidí convertir el ejercicio aeróbico en uno de mis retos mensuales. Sabía que encajaría con casi todas las personas de mi vida. Una gran cantidad de pacientes, amigos y compañeros de trabajo, junto con seguidores que expresan abiertamente su temor por el ejercicio aeróbico, no hacen suficiente ejercicio físico, si es que llegan a hacerlo. Mientras que, para mí, el ejercicio ha sido una parte de mi estilo de vida durante años, me doy cuenta de que, para la mayoría de la gente, ¡hacer ejercicio es extremadamente difícil! Ir al gimnasio o salir a correr parece un desafío inmenso, y para algunos también es sinónimo de dolor físico, vergüenza corporal, aburrimiento mental o simplemente una agonía. Luego está el factor tiempo: con la cantidad de obligaciones que tenemos en la vida, puedo entender que mucha gente tenga problemas para encontrar tiempo para hacer deporte.

Así que aunque mi motivación para este mes quizá fuera marcadamente personal (volver a hacer lo que me apasiona y sé que necesito para mi salud general), sabía que el reto de intentar hacer algún tipo de ejercicio aeróbico aportaría beneficios a muchas personas. En este sentido, decidí que quería estructurar el reto para que cualquiera, sin importar su forma física o su estilo de vida actual, pudiera unirse a mí. Mi objetivo (y el que sugerí a cualquiera que quisiera unirse a mí) era simplemente hacer algún tipo de actividad cardiovascular que acelerara el ritmo cardiaco durante veinte minutos casi todos los días de la semana. No tenían por qué ser veinte minutos corriendo y sacando el corazón por la boca, o una sesión bien sudorosa en el gimnasio; podía ser un paseo rápido por el vecindario, bailar tu canción favorita en la sala de tu casa o dedicar tiempo a replantar tu jardín para la primavera.

Estaba emocionada por empezar el mes, pero también estaba nerviosa: hacía más de un año que no hacía ningún tipo de ejercicio aeróbico aparte de calentar diez minutos en una bicicleta estática o en una caminadora. Además, me preocupaba extrañar levantar pesas, ya que sabía que la mayoría de los días no tendría tiempo de hacer un ejercicio aeróbico más largo junto con las pesas. Sin embargo, pensé que podría hacer más flexiones y planchas ahora que sabía lo bien que me iban para mantenerme tonificada en tan poco tiempo.

Cuando anuncié el reto en las redes sociales, la respuesta fue ligeramente más reacia que la que había recibido en los otros retos en lo que llevábamos de año. Mientras que muchas personas respondieron que sabían que deberían hacer ejercicio aeróbico, otras me dijeron lo difícil que era para ellas hacerlo o encontrar tiempo para ello. Estaba claro que este era un reto que todo el mundo, yo incluida, necesitaba desesperadamente.

Primera semana
Cómo sudar más me ayudó a estresarme menos
El primer día empecé muy fuerte, inscribiéndome a una clase de *spinning* de cuarenta y cinco minutos en SoulCycle con una de mis entrenadoras preferidas, Julie Dermer. Ya había hecho antes clases de *spinning* con regularidad y me habían encantado. No tienes que pensar nada, sino simplemente estar allí mientras los entrenadores dirigen las revoluciones por minuto, los movimientos y la música; y después te vas satisfecha de allí, sudada y llena de endorfinas. El único inconveniente es que en Nueva York tienes que inscribirte y pagar la clase por adelantado, lo cual significa que una vez que te comprometes, no hay forma de escaparse, a no ser que quieras perder 36 dólares.

El primer día fui más temprano a propósito para poder tener una bicicleta al final de la sala. Normalmente me gusta ir delante porque me motiva a estar más a tope y a sacar más provecho de la clase sabiendo que tengo más de setenta pares de ojos mirándome por detrás. Pero ese día no quería que nadie me mirara en caso de que no pudiera mantener el ritmo.

Pues resulta que mi miedo al fracaso no estaba para nada fundamentado; disfruté cada minuto de esa clase. No estaba tan en forma como hacía un año y no podía estar tan a tope como hacía un año, pero me encantó volver a estar en una bicicleta estática, cantando con la música y pedaleando al ritmo de mi propia marcha. Cuando bajé de la bici, estaba chorreando de sudor y tenía una sobredosis de endorfinas, dos cosas que no consigues después de levantar pesas. Más tarde, al salir del centro, pensé que si era así como iba a ir el mes, todo iría bien.

Quería variar mis entrenamientos para no quemarme, física ni mentalmente, así que al día siguiente decidí nadar. A mí me supuso un compromiso mayor que hacer una clase de *spinning*. En mi opinión, nadar requiere una mejor forma física y la habilidad de impulsarte dentro del agua sin ser capaz de respirar libremente. Además, es un reto psicológico, ya que requiere una preparación previa más larga, en la que te tienes que cambiar y duchar antes de empezar. Y a ello se añadía mi manía personal: no me gusta para nada la sensación de caminar por encima de suelos de piscina mojados. Me da mucho asco.

Pero hace muchos años, mientras me entrenaba para un triatlón, me acabó gustando mucho esto de nadar. Era una forma diferente de hacer deporte, con un efecto posterior diferente al de cualquier otro ejercicio que había hecho. Cuando sales de la piscina después de una buena sesión de natación, puedes sentir cómo cada parte del cuerpo, por dentro y por fuera, está activa. No he probado otra actividad que me deje así.

En Nueva York voy a un gimnasio al lado de mi casa que tiene una pequeña piscina con tres carriles. A pesar de ser miembro del gimnasio durante años, no había utilizado nunca la piscina, pero el segundo día de este reto me dirigí al gimnasio con mi traje de baño, me acerqué por el cemento mojado y pasé cincuenta minutos haciendo vueltas en la piscina. Lo desglosé en bloques de diez minutos de entrenamiento, dedicando cada fracción de diez minutos a un estilo de natación distinto: estilo libre, con aletas, con paletas, con un *pull buoy* o flotador de espuma, etcétera, para romper la monotonía y tonificar diferentes grupos musculares.

Al salir de la piscina, estaba eufórica. Aunque no me gustaba para nada el proceso de prepararme para nadar, había olvidado lo mucho que disfrutaba bajo el agua. Y el entrenamiento no se pareció para nada a la clase de SoulCycle del día anterior. Para empezar, no se trataba de una habitación oscura, con música de discoteca. Además, mis pulmones estaban agotados como nunca en años, y sentía cada fibra de mis músculos cuando acabé. Fue como si casi no estuviera haciendo el mismo tipo de ejercicio (aeróbico) que el día anterior, lo cual es algo que no había sentido nunca cuando variaba mi rutina de levantar pesas.

Disfruté tanto la sesión de piscina que decidí hacer más vueltas en mi próximo entrenamiento, pasando otra vez cincuenta minutos en la piscina. En la siguiente sesión estuve cincuenta y cinco minutos, y luego cuarenta y cinco minutos en la bicicleta estática que hay en mi conjunto de departamentos. No es que me encanten las instalaciones, pero cuando tengo poco tiempo, me resulta práctico entrar en el elevador y bajar al sótano para hacer un entrenamiento rápido. Aunque el rato que pasé en la bicicleta estática estuvo bien, me resultó difícil esforzarme tanto como en la clase de SoulCycle. También me aburrí en la bici porque no tenía variedad ni podía incluir nuevos movimientos, ni tenía la energía de una entrenadora como Julie para motivarme.

Al acabar la semana había hecho cinco entrenamientos aeróbicos, en vez de los seis que quería hacer. Pero no estaba para nada decepcionada. Cada uno de los cinco días había durado mucho más que el mínimo de veinte minutos que me había marcado y también me gustó haber ido dos días a la piscina. También hubo un día en el que levanté pesas durante una hora porque no había hecho cardio, e intenté incluir flexiones y planchas matutinas, así que estaba contenta de haber encontrado el momento de hacer un entrenamiento de resistencia.

Y lo más importante es que me sentía más relajada física y psicológicamente de lo que había estado antes del reto de meditación del mes pasado. Con cinco entrenamientos de resistencia ya se estaba empezando a debilitar el estrés, y combinar la meditación por la mañana con un entrenamiento aeróbico a diario era como duplicar el efecto increíble en mi estado de ánimo. Además, sentía todo mi cuerpo más tonificado, y, curiosamente, no solo sentía fuertes los músculos que utilizaba en los entrenamientos de fuerza. Y aunque por lo general siempre duermo bien, a mitad de la semana, después de solo tres entrenamientos de cardio, empecé a dormir aún más profundamente.

Segunda semana
Encontrar nuevas maneras de hacer ejercicio
mientras estás de viaje
Empecé la segunda semana con una hora absolutamente aburrida en la bicicleta estática del sótano. Aunque esta fuera mi sesión de cardio más larga hasta ahora desde que empezara el mes, pedaleé con tan poca intensidad que no me pareció para nada difícil. Estaba aburrida (sentí como si pedaleara solo para mover las piernas), pero me sentía satisfecha de haber podido entrenar.

Al día siguiente volví a la bicicleta, pero esta vez durante cuarenta y cinco minutos, y por la tarde decidí volver al gimnasio a levantar pesas. Había sido un día raro porque no había visitado a pacientes en mi consultorio, y sentía que era un lujo extraordinario lo de poder hacer dos entrenamientos en un día. Así que aunque la bicicleta no hubiera sido un entrenamiento destacable, el día en general había sido muy emocionante porque había tenido la oportunidad de tener un pequeño subidón de endorfinas, junto con ese estímulo que siento de chica fuerte después de levantar pesas.

Durante el resto de la semana fui de viaje a Los Ángeles por trabajo. El día que tomé el avión para ir hasta allí decidí adrede no programar ningún entrenamiento. Creo firmemente que todos necesitamos un día de descanso a la semana, y los míos son más reactivos que planeados intencionadamente. Es decir, me doy cuenta de que tengo demasiado que hacer en el trabajo o de viaje y no encuentro el momento de irme veinte minutos al gimnasio.

Sin embargo, lo bueno de ir a Los Ángeles es que ya había estado muchas veces antes en el mismo hotel y sabía que había un centro de SoulCycle justo al lado. Me parecía emocionante que hubiera un equipo completamente nuevo de entrenadores con estilos diferentes de lo que estaba acostumbrada en Nueva York, así que reservé una clase para el día siguiente de haber llegado con mi entrenador preferido de SoulCycle en Los Ángeles, Edward Pagac.

Resulta que el centro de Los Ángeles estaba tal y como lo recordaba desde la última vez que había ido a hacer una clase hacía meses. Después de las aburridas sesiones en el sótano de mi departamento, estar en un centro nuevo era emocionante, y también lo era la clase en sí, y tenía muchas ganas de salir de allí sudando y llena de endorfinas. Decidí volver a esa clase los dos días siguientes antes de volver a Nueva York.

De vuelta a casa, terminé la semana con una sesión de natación de cincuenta minutos, una pieza clave para variar después de una semana seguida de bicicleta estática. Había hecho un total de seis entrenamientos de cardio, junto con un día de pesas. Me sentía genial: a pesar de tener una agenda de viaje disparatada, había logrado tener una semana productiva y diversa, con tres clases de *spinning* de alta intensidad, dos sesiones de baja intensidad en la bicicleta del sótano y una sesión de natación para despedir la semana.

Al final de la semana, notaba que tenía más energía de la que había tenido en semanas. Mis niveles de estrés seguían siendo inferiores a los que tenía antes del reto de la meditación. Curiosamente, también me sentía más esbelta, como si mi cuerpo estuviera más firme y me sintiera más ligera. Y gracias a haber hecho una pausa de las pesas, también me sentía más flexible y eficiente. ¿Por qué demonios había dejado de hacer cardio?

Tercera semana
Cómo hacer que te pique el gusanito del cardio
y convertir el ejercicio en un hábito diario
Después de una exigente semana de trabajar, viajar y realizar un total de siete sesiones de gimnasio, estaba agotada y necesitaba un descanso físico y mental. Sentía que en vez de una visita al gimnasio, me merecía un poco de relax y una copa de vino (y sí me tomé una copa de vino, sin pasarme, gracias a mi reto de enero sin alcohol). Así que empecé la tercera semana con otro día libre por voluntad propia, habiendo reservado una clase de Soul-Cycle para el día siguiente para asegurarme de que así volvería a las andadas.

Estaba disfrutando de las clases dirigidas de *spinning* y de mis momentos en la bicicleta estática, pero era consciente de que había estado evitando un entrenamiento que quería incluir este mes:

correr. Como le ocurre a mucha gente, tenía una relación de amor-odio con esta modalidad de ejercicio. Cuando estaba entrenando para el triatlón, solía salir a menudo a correr, y me encantaba, pero paré después de desarrollar una tendinitis aquílea. Desde entonces se me puede inflamar el tendón de Aquiles cuando salgo a correr, aunque he aprendido a mitigarlo corriendo solamente distancias cortas y limitándome a la caminadora, ya que es más blanda que el asfalto o el cemento. Además, no me siento tan cómoda corriendo como yendo en bici; se trata de un ejercicio físicamente agotador para el que mi cuerpo no parece estar preparado.

Pero quería probarlo, así que lo hice esta semana. Después de años sin hacerlo, corrí en la caminadora durante treinta y cinco minutos, alternando entre un minuto corriendo y un minuto caminando rápido. Al acabar, me sentía genial; respiraba más fuerte que al final de las clases dirigidas de *spinning* y disfrutaba de un subidón de endorfinas similar, o incluso mayor. Y lo que es mejor, no me sentía el tendón de Aquiles para nada.

Después de este gran subidón aeróbico, pasé el día siguiente haciendo bici en el sótano durante cuarenta y cinco minutos con una intensidad tan baja que pude contestar correos electrónicos y mensajes desde la bici. Normalmente no me gustaba hacer eso (cuando hago ejercicio, quiero desconectar y trabajar mi cuerpo, no pensar en el trabajo), pero pensé que una sesión de multitarea era mejor que nada de nada, lo cual habría sido el caso si no hubiera podido aprovechar ese momento para ponerme al día con mis pacientes.

Para compensar mi entrenamiento flojo, al día siguiente levanté pesas durante una hora, y a continuación hice una sesión de cuarenta minutos de correr-caminar en la caminadora. Aunque me sentía con más energía y más delgada gracias al ejercicio aeróbico, extrañaba levantar pesas y esa sensación de estar fuerte que me aportaban las sesiones con pesas.

Al día siguiente quería ir a SoulCycle, pero no había ninguna clase que me quedara con el horario. Debo admitir que soy selectiva y normalmente solo voy a clases que imparta alguno de mis dos entrenadores preferidos en el centro de Nueva York, James Jarrott y Julie; si no puedo ir a alguna de sus clases, normalmente no voy. Pero como no me apasionaba la idea de volver a la bicicleta del sótano, decidí utilizar una de las bicicletas estáticas del gimnasio, que están en una zona aparte del resto de las instalaciones. Una vez allí, yo era la única persona en esa sala, lo cual resultó ser estupendo para entrenar. Sola y rodeada de espejos, me sentí como una atleta de élite en mi gimnasio privado, viéndome sudar mientras hacía un entrenamiento de muy alta intensidad. Pasé una hora en la bici, primero escuchando música y luego un podcast, algo que no había hecho nunca antes mientras hacía ejercicio.

Rematé la semana con una tercera sesión en la caminadora, esta vez durante treinta minutos. Me había picado el gusanito de correr otra vez y no quería parar. Hubiera corrido aún más tiempo si no me hubiera preocupado por una posible inflamación de los tendones de Aquiles sabiendo que me esperaba un fin de semana en el que pasaría mucho tiempo de pie en los partidos de hockey de Chloe.

Al final de la semana estaba gratamente sorprendida por la gran cantidad de ejercicio que había logrado hacer hasta ese momento del mes. No podía creer que estuviera nadando, corriendo y yendo en bici, e incluso levantando pesas. Tengo que reconocer que extrañaba no tener suficiente tiempo para hacer entrenamientos de fuerza y sabía que mi reto de aquí en adelante sería encontrar la manera de incluir en mi rutina diaria tanto los entrenamientos aeróbicos como de resistencia.

Cuarta semana
Descubrir el secreto para lograr un cuerpo mejor
(pista: no se trata de perder peso)

Empecé la última semana con lo que yo llamo un entrenamiento para cubrir la cuota, haciendo treinta minutos de entrenamiento aeróbico en la bici del sótano. Había sido un día de locos, y no disfruté en especial esa sesión de bici, ni física ni mentalmente, pero era un entrenamiento en el que estaba quemando calorías y recibiendo beneficios que no recibiría si hubiera elegido sentarme delante de la computadora o perder el tiempo en las redes sociales.

Sabiendo que necesitaba un entrenamiento más inspirador, al día siguiente fui a las bicicletas estáticas de mi gimnasio. Esta vez escuché un podcast toda la hora entera que duró la sesión. Esto era un terreno inexplorado para mí: aunque siempre había disfrutado escuchando música mientras hacía ejercicio, nunca se me había pasado por la cabeza escuchar palabras inspiradoras. Pero ahí estaba, escuchando un episodio de *Wine Enthusiast* («Entusiasta del vino»), y me estaba encantando. Me emocionaba tanto estar aprendiendo algo mientras hacía ejercicio (la mejor versión de la multitarea) que no me di ni cuenta de que llevaba una hora allí hasta que miré el reloj.

Los dos días siguientes volví a SoulCycle para una doble sesión de ejercicios aeróbicos intensos. Al salir de la segunda clase, toda sudada y dolorida, me sentía muy orgullosa de mí misma por haber alternado días de entrenos difíciles y fáciles, con la alta intensidad de SoulCycle para mejorar mi forma física y reducir volumen, y la baja intensidad de los días fáciles de pedalear en el sótano que me ayudaban a mantener mi estado físico y quemar calorías.

El último fin de semana del mes, me fui a la nieve e intenté andar en raquetas por primera vez en mi vida. No podía creer cuánto lo estaba disfrutando. Pensaba que pasaría la mayor parte del tiempo cayéndome en la nieve, pero el movimiento era más instintivo de lo que me había imaginado, y el ejercicio físico que requería esa actividad era mucho más duro de lo que pensaba. Pasé la hora entera respirando con dificultad y sudando a pesar del frío, intentando mover los pies lo más rápido posible para no hundirme en la nieve. Mientras tanto, todo lo que veía me motivaba, maravillada por la belleza de aquel paisaje boscoso hibernal.

Para acabar mi reto, pasé el día siguiente esquiando por pistas. No se me ocurría una forma mejor de acabar mi mes de cardio. Hacía años que no esquiaba, y por eso he perdido mucho estilo bajando por las pistas. Pero aunque mi modelito de esquiar puede que se viera anticuado, después de cuatro semanas haciendo entrenamiento constante de resistencia, estaba en muy buena forma física como para pasar varias horas seguidas esquiando por la montaña.

Al principio estaba preocupada por el resultado que tendría todo este cardio en mi cuerpo. Pero al acabar el mes, había perdido entre medio kilo y un kilo. Y esto a pesar de haber comido más pizza de higos y jamón (mi indulgencia preferida cuando me permito comer hidratos de carbono) de la que había comido en años.

Me notaba los niveles de energía un 15 % más altos de lo normal. ¡Gracias, SoulCycle! Seguía durmiendo con más facilidad y, en consecuencia, sentía más agudeza mental. Y lo que es más, me sentía más saludable de lo que me había sentido en los meses en que solo levantaba pesas; mi cerebro, mis pulmones, mi corazón, mi piel y el resto de los órganos de mi cuerpo se habían beneficiado inmensamente de este reto. Pero lo más importante es que el mes me había enseñado algo que ya sabía pero que había perdido de vista: necesitamos ejercicio aeróbico y entrenamiento de fuerza para mantenernos saludables, en forma y esbeltos. En uno solo de estos entrenamientos no está el secreto de un cuerpo perfecto, sino que, como el resto de las cosas en la vida, se necesita un enfoque moderado y equilibrado que incluya ambos entrenamientos para lograr los beneficios físicos, mentales y estéticos que quieres. Porque, al fin y al cabo, no importa tu forma o tamaño: un cuerpo en forma y saludable es un cuerpo perfecto.

ABRIL: CARDIO
Los fundamentos científicos que hay detrás del cardio

Como es probable que ya sepas, hacer ejercicio aeróbico es imprescindible para tu salud. Nuestros cuerpos están diseñados para moverse, y necesitamos actividad física para funcionar de forma óptima (sin tener que correr detrás de nuestra presa, o por lo menos sin caminar hasta la tienda, tenemos un riesgo mucho mayor de desarrollar enfermedades crónicas como el cáncer, cardiopatías, embolias, artritis y otros trastornos). Puede que realizar actividad física sea un hábito difícil de incorporar, pero no hacer ningún tipo de ejercicio aeróbico en tu rutina regular también puede conllevar un aumento de peso, obesidad y problemas de piel y cabello. Aquí tienes otros sorprendentes beneficios derivados del simple hecho de aumentar tu ritmo cardiaco y sudar más.

No hacer ejercicio aeróbico puede ser tan nocivo para tu salud como fumar
Tengo muchos amigos, pacientes y compañeros que abogan por llevar una vida saludable y les horroriza la idea de fumar cigarri-

llos. Pero muchos de ellos no hacen nada de cardio o no hacen suficiente cardio, lo cual, según demuestran algunos estudios, puede ser tan perjudicial para tu salud en general como fumar. De hecho, un estudio del año 2012 publicado en la revista médica *The Lancet* incluso descubrió que la inactividad física puede conllevar el mismo número de muertes en todo el mundo que fumar. Esto se debe a que se ha demostrado que el ejercicio aeróbico, tanto si se trata de una rutina regular en el gimnasio como de sacar a pasear al perro o hacer agotadoras tareas en casa, reduce el riesgo de contraer casi todas las enfermedades crónicas. Por eso, las investigaciones demuestran que las personas que hacen ejercicio viven más años que las que no. Además, las personas que son físicamente activas viven mejor a una edad avanzada (con menos dolor crónico y más disfrute en el día a día) que aquellas que no hacen ejercicio con regularidad.

Sube el ritmo cardiaco para hacerte más inteligente de la noche a la mañana
El ejercicio cardiovascular tiene beneficios asombrosos para tu cerebro. No solo ayuda a disminuir el riesgo de contraer enfermedades cognitivas como el alzhéimer, el párkinson y la demencia de inicio precoz, sino que el ejercicio aeróbico también ayuda a aumentar el tamaño del hipocampo del cerebro, que es el responsable de aprender y de la memoria. Según las investigaciones, las personas que hacen actividades cardiovasculares con regularidad tienen mejor memoria que quienes se limitan a los entrenamientos de fuerza o no hacen ningún tipo de ejercicio. El ejercicio aeróbico también es útil para bajar el nivel de insulina y la inflamación sistemática, lo cual pueden ser nocivo para el rendimiento cognitivo, a la vez que provoca el crecimiento de nuevas células cerebrales. Esto, a su vez, es una de las razones por las que los científicos

han descubierto que una buena sesión de sudor puede ayudar a aumentar tu concentración hasta tres horas, además de mejorar tu capacidad cerebral de priorizar y concebir nuevas ideas.

¿Te preocupa el cáncer de mama?
Reduce el riesgo con sudorosas sesiones de cardio
Muchas de mis pacientes están preocupadas por el cáncer de mama, y con razón. Pero una de las mejores maneras de prevenir esta enfermedad es haciendo ejercicio de forma regular, lo cual está demostrado que reduce el riesgo hasta un 40 %. De hecho, un estudio publicado en 2017 en la revista *Canadian Medical Association Journal* descubrió que hacer más ejercicio aeróbico es la mejor manera que tienen las mujeres con cáncer de mama de prevenir su reaparición, y que es incluso más efectivo que hacer cambios en la dieta. Los increíbles efectos del cardio se deben a que reduce los niveles de estrógeno, además de la cantidad de tejidos sensibles al estrógeno en la mama femenina. Además, el ejercicio también hace bajar el nivel de insulina y encoge las células grasas, con lo que reduce la probabilidad de que el cáncer crezca.

Utiliza el gimnasio para tratar la hipertensión y el colesterol
Uno de cada tres estadounidenses tiene la presión arterial alta, mientras que uno de cada tres tiene también el colesterol alto. Esto ha dado como resultado un país de hombres y mujeres medicados, lo cual es a menudo necesario y adecuado, ya que estos medicamentos salvan vidas. Pero tanto la hipertensión como el colesterol alto se pueden tratar perfectamente realizando cambios en el estilo de vida como hacer ejercicio aeróbico y llevar una dieta saludable, y estos ajustes deberían hacerse siempre antes de recurrir a los medicamentos recetados.

Mientras que algunas causas del colesterol alto y la hipertensión son genéticas o se derivan de factores internos no relacionados con lo que hacemos o comemos, la gran mayoría de los casos de hipertensión y colesterol pueden prevenirse con el ejercicio. De hecho, según la Clínica Mayo, en Minnesota (Estados Unidos), estar activo puede reducir la presión arterial sistólica tanto como la mayoría de los medicamentos. Asimismo, un estudio con diez mil personas que apareció en la revista *The Lancet* en 2012 descubrió que las personas en mejor forma física que no tomaban estatinas tenían un 50 % menos de posibilidades de morir por una complicación cardiaca que aquellas que tomaban estatinas pero no hacían ejercicio. El problema es que la mayoría de la gente prefiere tomarse un medicamento que ir al gimnasio.

Un estudio reciente de la Universidad de Carolina del Norte en Chapel Hill concluyó que solo un 12 % de los estadounidenses tienen de por sí unos niveles óptimos de presión arterial y colesterol, junto con otros indicadores de enfermedades coronarias como el azúcar en sangre, los niveles de triglicéridos y la circunferencia de la cintura. Dicho de otra forma, nuestros niveles metabólicos son bastante malos, y el tratamiento para todos nosotros, incluso si no tenemos una presión arterial alta o colesterol, es que hagamos más ejercicio.

Por qué no puedes ser esbelta y estar saludable
sin hacer ejercicio aeróbico
A pesar de la información errónea que recibí en una ocasión, el ejercicio aeróbico es una manera efectiva de perder peso y estar más esbelta. Aunque mi entrenador tenía toda la razón del mundo cuando me dijo que los entrenamientos de resistencia aumentan la tonificación y la definición muscular, y que demasiado cardio puede frustrar los esfuerzos para perder peso, el ejercicio aeróbico ayuda a cualquier persona a perder peso más

rápido y a mantener esa pérdida de peso durante más tiempo. El ejercicio cardiovascular no solo quema calorías y revoluciona el metabolismo, sino que también mejora la capacidad de tu cuerpo de acceder a la grasa y quemarla, incluso encogiendo físicamente las células grasas con el tiempo. Tal y como aprendí, la mejor manera de perder peso y mantenerte esbelta es combinar los entrenamientos cardiovasculares y los de resistencia.

Suda un poquito para parecer más joven al instante
Con el ejercicio aeróbico no solo estarás más esbelta y energética, sino que también puedes quitarte años de encima por fuera y por dentro, y no solo porque te ayude a prevenir enfermedades. Hay estudios que demuestran que el cardio puede llegar a revertir el proceso de envejecimiento a nivel celular, provocando cambios en las células cutáneas que te ayudan a parecer más joven de lo que eres físicamente. Un estudio realizado en 2014 en la Universidad de McMaster (Canadá) incluso descubrió que las personas que empezaban a hacer ejercicio después de los cuarenta años tenían rasgos cutáneos, a nivel celular y epidérmico, más similares a personas de veinte y treinta años que las personas de su propia edad. Los ejercicios de resistencia también aumentan el aporte de sangre, oxígeno y nutrientes a la piel, lo cual ayuda a mejorar su salud, elasticidad y aspecto general.

El ejercicio aeróbico puede ser la mejor pastilla
para dormir que te puedas tomar
Tengo muchas pacientes que tienen problemas para dormir, y, en la mayoría de los casos, sus dificultades podrían mejorar si, simplemente, estuvieran más activas durante el día. Hacer la módica cantidad de diez minutos de ejercicio aeróbico al día mejora drásticamente la capacidad de una persona para dormirse y mantener el

sueño, según la Fundación Nacional del Sueño de Estados Unidos. El ejercicio cardiovascular, en particular, no solo mejora la calidad y la duración del sueño, sino que también reduce el estrés y cansa el cuerpo, física y mentalmente. Varios estudios demuestran incluso que el ejercicio aeróbico es efectivo para tratar el insomnio clínico. Si tienes problemas para dormir, intenta hacer ejercicio por la mañana o por la tarde, ya que los estudios demuestran que la actividad aeróbica justo antes de dormir puede desvelar.

ABRIL: CARDIO
Tu historia

Para mucha gente, el reto de este mes será el más complicado de completar del año entero. Aunque el esfuerzo físico no es siempre fácil, el agobio de pensar en ponerte a hacer ejercicio es casi siempre mucho peor que el entrenamiento en sí. El subidón que sientes cuando bajas de la bici, acabas ese paseo rápido, terminas de correr o sales de la clase de cardio es inigualable: esta es la razón número uno por la que nadie nunca se arrepiente de haber hecho ejercicio. Y cuanto más ejercicio haces a lo largo del tiempo, más fácil se vuelve y más lo disfrutas. Puede que hasta te vuelvas adicta a las actividades aeróbicas como yo. Aquí tienes diez maneras de lograr el reto de este mes y hacer que el ejercicio aeróbico pase de una obligación a una adicción diaria.

1. EMPIEZA REPITIÉNDOTE QUE ES MEJOR ALGO QUE NADA. Si esto de hacer ejercicio es nuevo para ti, tener entusiasmo es genial, pero si empiezas el mes corriendo una hora cada día, seis días a la semana, seguramente te quemarás rápido o te lesionarás. Recuerda que algo de actividad aeróbica es mejor que

nada, así que incluso veinte minutos caminando rápido pueden cubrir la cuota cuando no tienes ganas de salir por la puerta. Para aquellos días en los que realmente no estés motivada, convéncete para hacer solo cinco minutos de ejercicio. Lo más probable es que una vez que ya estés fuera de casa o en el gimnasio moviéndote, te sientas con más energía y quieras seguir un rato más de lo que esperabas.

2. Encuentra algo que te apasione. No todo el ejercicio cardiovascular es igual. Si no te gusta el ejercicio aeróbico, puede ser que simplemente no hayas encontrado el tipo de ejercicio que te va bien a ti. A mí me gusta nadar, correr, hacer bicicleta e ir a clases dirigidas de cardio en el gimnasio. (Sin embargo, puede que a mi cuenta bancaria no le guste tanto, pero me convenzo de que la inversión en mi salud vale la pena.) No obstante, tengo amigos a quienes les encanta hacer ejercicio, pero no pondrían un pie en el gimnasio porque prefieren estar en el exterior, caminando por la montaña, yendo en bicicleta, cuidando el jardín o caminando. A otras personas les gusta bailar, hacer boxeo, jugar en algún equipo local para adultos, saltar la cuerda o hacer ejercicio con videos en casa, o incluso subir y bajar escaleras de estadios mientras esperan a que sus hijos salgan del colegio. Si hay algún tipo de ejercicio aeróbico que te gusta, fantástico. Pero si no, experimenta probando diferentes gimnasios, diferentes clases y diferentes deportes de interior y exterior. Y que no te dé miedo pensar de forma poco convencional para encontrar actividades de cardio menos tradicionales, como bailes de salón, pádel, patinaje o aeróbics acuáticos.

3. Planifícate. Instaurar cualquier nuevo estilo de vida requiere una planificación. Al principio del mes imprimía

una copia en papel de mi horario semanal y me lo estudiaba como un mapa para decidir cuándo podría tener tiempo para meter un entrenamiento cada día, teniendo en cuenta que tenía que darme tiempo de llegar a una clase de Soul-Cycle y después llegar a tiempo a lo que tuviera que hacer luego, o si era más sensato optar por la opción del pequeño gimnasio del sótano. Planificar mis sesiones de entrenamiento por adelantado también significaba que podía preparar la maleta de deporte antes de ir al trabajo o llevarme el traje de baño para ir a la piscina.

Una opción más fácil, si no eres de las que tienes que madrugar, como yo, es hacer ejercicio por la mañana. De esta forma, te pase lo que te pase durante el día (si te tienes que quedar más tiempo en la oficina, si te embaucan para tomar algo al salir del trabajo, o si simplemente te sientes agotada después de un largo día), ya habrás hecho tu ejercicio aeróbico. Los estudios demuestran que las personas que practican deporte por la mañana, antes de empezar el día, hacen ejercicio con más regularidad y mantienen el hábito durante más tiempo que quienes entrenan en otros momentos del día.

4. MÉZCLALO. A mí me hubiera costado mucho este reto si solo hubiera corrido, nadado o ido en bici. Tener diferentes opciones de ejercicio aeróbico evita que te quemes física y mentalmente. Y lo mismo pasa con la duración y la intensidad del entrenamiento. No esperes hacer una clase de entrenamiento militar de noventa minutos o una carrera de alta intensidad cada día; y tampoco deberías intentarlo, ya que el cuerpo necesita más de veinticuatro horas para recuperarse de los entrenamientos largos, intensos o de resistencia. Asimismo, evita hacer únicamente entrenamientos

de baja intensidad, lo cual impediría que recibieras todos los beneficios físicos y estancaría la pérdida de peso.
5. ESTABLECE UN COMPROMISO. Uno de los motivos por los que hice muchas sesiones de SoulCycle en mi reto de cardio fue que esas clases hacían que me comprometiera con mi misión. En cuanto me inscribía, era muy improbable que me saltara la clase porque ya había pagado 36 dólares, lo cual es una manera cara de pasar cuarenta y cinco minutos. Y una vez que estaba en la clase, no se me ocurría salir antes y pasar por delante del entrenador y los otros participantes. Sin embargo, las clases de grupo no son la única forma de que te sientas comprometida con el objetivo. Queda con alguna amiga para salir a correr por la mañana, o planea una salida de una hora en bici con algún compañero. O si a ti te motiva la idea de no desaprovechar el dinero, inscríbete a un gimnasio o regálate un paquete de clases en un estudio de *fitness*.
6. SÁCALE PARTIDO A TU EQUIPO EN LAS REDES SOCIALES. Aunque yo no necesitaba motivación para hacer deporte, puesto que ya lo hacía casi todos los días de la semana, sí necesité ayuda para volver a hacer ejercicio aeróbico. Por eso les dije a mis amigos y seguidores en las redes sociales que estaba haciendo un reto de cardio. Esto no solo hizo que me comprometiera más con mi reto, sino que también me proporcionó algunos tuits y comentarios inspiradores que leía cuando pensaba que mi cama tenía mejor pinta que una bicicleta. Te recomiendo mucho que compartas tus objetivos, tus retos y los detalles de tus entrenamientos diarios con tu equipo en las redes sociales. Puede que tus amigos decidan unirse a ti o que compartan información sobre sus propios entrenamientos, lo cual te puede inspirar a ti a ir al

gimnasio. Las redes sociales también pueden ayudarte a descubrir nuevas rutinas de ejercicio, nuevas opciones de entrenamiento y consejos motivacionales.

7. Lleva un registro. Anotar qué tipo de cardio y en qué cantidad lo haces puede inspirarte, al aportarte un recuento visual de tu éxito hasta el momento. Durante un mes entero, apunté, en un calendario de papel, qué tipo de entrenamiento hacía y durante cuánto tiempo para poder tenerlo a mano y ver cuánto había logrado. Creo que incluso algunos días entrené solo por poder anotarlo en el calendario. Si te motiva más la tecnología, hay un montón de aplicaciones de celular que te permiten tener un registro de tus entrenamientos o comparar tu rutina con la de tus amigos o con otro grupo, lo cual puede hacer que te sientas parte de un equipo.

8. Céntrate en un objetivo específico como una carrera o una nueva habilidad deportiva. Hay personas que se sienten más motivadas para hacer ejercicio cuando tienen un objetivo específico para el que entrenar, como una carrera de cinco kilómetros o un minitriatlón, o cuando deciden que van a intentar lograr una nueva hazaña o habilidad, como aprender a surfear o perder diez kilos. Para conectar tu reto de cardio con un objetivo específico, plantéate qué es lo que te importa en tu caso: jugar un nuevo deporte, competir en algún evento por ti o por alguna causa filantrópica, tachar alguna cosa de la lista de «cosas que hacer antes de morir», como correr un maratón, o adelgazar para alguna ocasión especial como unas vacaciones o un reencuentro. Recurre a un entrenador o busca planes de entrenamiento por internet u otros recursos para que te ayuden a lograr tu objetivo. Si estás intentando perder peso, combina el cardio con al-

gunas modificaciones en tu dieta, como dejar las comidas procesadas y reducir el azúcar, para tener unos resultados más efectivos y sostenibles.

9. Muévete más allá de la música. A mí me encantaba entrenar con música y no pensaba que hubiera ningún motivo para probar otra cosa distinta, hasta que en mi reto de cardio empecé a escuchar podcasts durante mis sesiones de bicicleta estática. A diferencia de la música, los podcasts o audiolibros ofrecen una narrativa o una conversación en la que te puedes concentrar mientras entrenas, lo cual hace que el tiempo pase más rápido y que te distraigas del esfuerzo físico. Cuando escuchaba podcasts educativos, tanto si la temática era de vinos como de algo más serio como la política o la historia, me encantaba la idea de ejercitar mi mente a la vez que mejoraba mi cuerpo.

10. Hazlo por tu cuenta de Instagram. Ir en bici por una ruta de película, intentar algo nuevo como una clase de danza o un entrenamiento de futbol americano, salir a correr por algún camino escondido, hacer excursiones o incluso trabajar en el jardín son excelentes oportunidades para sacarte fotos y compartirlas en las redes sociales para ilustrar esta aventura en el mundo del cardio. Esto te puede ayudar con tu propio reto y motivarte a hacer aún más. Yo publico fotos mías haciendo ejercicio constantemente en Instagram y me inspiran mucho los comentarios que recibo.

CAPÍTULO 5

MAYO
Menos carne, más verdura

Mi historia

Siempre me han intrigado los vegetarianos, veganos, pescatarianos y cualquiera que no come carne por un motivo u otro. Como profesional de la medicina, sé que hay estudios que demuestran que una dieta basada en vegetales puede reducir considerablemente el riesgo de contraer enfermedades coronarias, así como cáncer de colon y de mama. Pero a nivel personal, tengo curiosidad por saber cómo y por qué la gente decide no comer carne.

Mi dieta ha sido siempre bastante completa, pero yo sí consumo proteína animal en casi cada comida: huevos con tocino para desayunar, pollo a la parmesana o salmón a la parrilla con ensalada para almorzar y sushi, carne de cerdo o hamburguesa sin pan con acompañamiento de ensalada para cenar. El año pasado me di cuenta de que este menú no incluía una gran variedad de vegetales, frutas, legumbres y otros productos de origen vegetal, que nos aportan un gran abanico de nutrientes y antioxidantes que necesitamos para tener una salud óptima. En resumen, todo lo que comía eran vegetales de ensalada, y consumía muy pocos de otros tipos como el brócoli, el betabel, las coles de Bruselas, los cítricos, los camotes, las alubias rojas, el kale, la chía, el edamame..., ya me entiendes.

Cuando le conté a Chloe que me estaba planteando no comer carne para mi próximo reto, básicamente enloqueció, diciéndome que si dejaba la carne por completo sin poner en marcha un plan sólido perdería músculo y posiblemente acabaría ganando grasa porque sustituiría la proteína por demasiados hidratos de carbono. O decía que quizá no consumiría suficiente proteína y acabaría perdiendo peso. ¡Ninguna de las opciones me parecía ideal! Sabía que ella tenía razón: tendría que planificar una dieta específica que incluyera suficiente proteína completa de fuentes vegetales y seguirla bastante a rajatabla. Y aunque la idea me atraía, su practicidad no; me parecía un esfuerzo demasiado grande para el tipo de cambio pequeño que esperaba hacer en mis hábitos diarios durante mi año de retos.

Así que decidí que eliminaría la peor proteína animal que había en mi dieta, la carne roja, puesto que los estudios científicos demuestran que puede aumentar el riesgo de contraer cáncer. Esto no sería un objetivo fácil de lograr para mí: la carne roja es una gran parte de mi dieta, y dos de mis platos favoritos que pido cuando voy a un restaurante (lo cual hago a menudo al vivir en Nueva York) son las costillas y la carne asada; entenderías la obsesión que tengo con la carne asada si la pidieras en mi restaurante mexicano favorito al final de la calle. Al mismo tiempo, me prometí que comería más productos de origen vegetal y me centraría en comer una mayor variedad de frutas, verduras y legumbres.

Antes de que empezara el mes estaba nerviosa por el cambio. A lo largo de mi vida no he hecho demasiados cambios en mi dieta, así que cualquier alteración era algo serio para mí. Además, me da la impresión de que la proteína animal, especialmente la carne roja, llena más que los alimentos de origen vegetal, así que me daba miedo tener más hambre a lo largo del mes siguiente. Al mismo tiempo, estaba emocionada por probar algo nuevo. Me sentía igual que antes de empezar el mes sin alcohol o el reto de las flexiones y las planchas; la idea de salir de mi zona de confort para mejorar mi cuerpo me bastaba para hacerme tener ganas de empezar el próximo mes.

Primera semana
Cómo superar la falta de un grupo alimentario en tu dieta
El primer día empezó como siempre, con huevos para desayunar y pollo a la plancha con ensalada verde para comer (lo sé, no estaba siendo nada original). Pero no quería transformar mi dieta diaria comiendo tazones de azaí o croquetas de kale y que el reto me desmotivara antes de empezar.

Esa noche estaba en Boston visitando a unos amigos y fuimos a cenar a una cadena de restaurantes de marisco. Me senté, abrí la carta y *voilà*, en el menú había costillas estofadas. Pese a que era evidente que estábamos en un establecimiento célebre por su marisco, necesitaba esas costillas. Su presencia en el menú me creó de repente un estrés psicológico agudo: el hecho de no poder comerme mi plato favorito me hizo desearlo aún más. En parte, creo que esto se debió a que no me esperaba para nada encontrarme ese plato en la carta de ese restaurante. Si lo hubiera sabido, igual que si hubiera sabido que habría alcohol en el menú de cada bar y restaurante de Nueva York durante mi reto sin alcohol, me habría podido preparar mentalmente. Así que tuve que hacer una respiración bien profunda y pedir la langosta con sushi, sin hacer ningún esfuerzo por encontrar un vegetal nuevo en la carta; ya me dolía bastante renunciar a las costillas, de modo que no necesitaba hurgar en la herida pidiendo alguna absurda ensalada de acelgas que tal vez ni disfrutara.

Los siguientes días fueron más fáciles: no se me presentaron flagrantes tentaciones en los menús de los restaurantes que pudieran hacerme enloquecer. Pero noté que ya estaba entrando en ese poderoso diálogo psicológico entre yo y mi lógica que tuve durante el reto de las flexiones y las planchas, en el que racionalizaba los motivos por los que mantenerme a raya con mi reto mensual. No paraba de repetirme que no podía comer carne roja y esa negación me hacía sentir que me estaba privando de algo, lo cual hacía que aún lo ansiara mucho más. Cuando volví a cenar fuera esa misma semana y vi el filete miñón en la carta, sentí que tenía que pedirlo. Pero yo sabía que se trataba simplemente de mi propia locura mental, ya que ¡casi nunca pedía filete miñón! Me hubiera parecido divertida la manera como nuestro cerebro juega con lo que creemos que son nuestras preferencias si no hubiera sido yo misma víctima de esos juegos de mi mente.

Pero después de varios días empecé a superar la privación de carne roja centrándome en lo que sí podía comer: más alimentos de origen vegetal. Al mismo tiempo, los dioses vegetarianos decidieron enviarme una bendición desde arriba: descubrí por internet un servicio de comida a domicilio que vende entradas, sopas y bebidas ecológicas y de origen vegetal. Era todo lo que podía pedir: la comida parecía deliciosa, las entradas tenían un precio razonable, no había azúcares añadidos ni porquerías procesadas, era fácil y rápido de hacer (hola, alternativa para llevar), y podían aportarme una variedad de vegetales mucho más amplia de lo que había comido en años. Alimentos como el kimchi, la coliflor, el maíz morado, las lentejas verdes y la chía. Pedí varias sopas y entradas para la semana que empezaba. En ese momento había puesto en marcha un plan para comer más alimentos de origen vegetal.

Antes de que me llegaran mis manjares, empecé yo solita a añadir más productos de origen vegetal a mis comidas, incluyendo frutos rojos con mis huevos del desayuno y pidiendo verduras al vapor en vez de ensalada para comer. Nada increíble, pero tal y como ya sabes de mi mes de flexiones y planchas, soy una gran defensora de la progresión moderada, y esas incorporaciones me hacían sentir que estaba yendo por el buen camino.

Al final de la semana notaba el cuerpo más limpio; aunque no era un cambio enorme, me sentía físicamente más ligera, sobre todo en la zona del estómago y a su alrededor. Además, no tenía ansias de comer hidratos de carbono complejos, cosa que me había preocupado, especialmente porque después de mi reto de cardio seguí haciendo más ejercicio aeróbico. Tampoco me había equivocado aún, y ya había superado el síndrome de abstinencia inicial, que, a estas alturas, ya estaba aprendiendo que formaba parte de todos los inicios de los retos mensuales. En lo que llevaba de año, tras haber completado varios retos con éxito, sabía que al principio era normal tener un poco de estrés, y si podía superar los primeros días, estaría más concentrada y motivada lo que quedaba del mes.

Segunda semana
Cómo reducir la grasa corporal consumiendo
más productos vegetales
Agárrate fuerte porque te sorprenderá con la diversidad de mi dieta ahora..., o no. En este momento comía pollo casi cada día, lo cual no era algo que me entusiasmara, pero sin carne roja sentía que necesitaba duplicar el consumo de otras proteínas animales para evitar desgastarme. Yo sabía que esto era un miedo psicoso-

mático no fundamentado, pero no había encontrado ninguna alternativa vegetal con altos niveles de proteína u otro tipo de carne animal que me llenara y que disfrutara tanto como la ternera.

Pero esto cambió a mitad de semana, después de parar en un pequeño mercado cerca de mi casa, de camino de vuelta del trabajo. Me estaba muriendo de hambre y mientras buscaba por los estantes a ver si encontraba algo que llevarme a la boca, vi salmón ahumado, un alimento que no formaba parte de mi dieta habitual. Lo compré y cuando llegué a casa, unté una lámina con queso cremoso, lo enrollé y lo devoré. Era una invención que no había probado nunca antes y me encantó. Tenía más proteína y grasas saludables que el pollo, por no hablar de que era mucho más sabroso, llenaba más y era mucho más práctico para llevármelo para comer o como tentempié. Esto fue como descubrir la música mientras hacía planchas: me ayudaría a llevar los objetivos de mis retos a otro nivel.

Al día siguiente llegó mi envío de comida ecológica. Me sentía como una niña el día de Reyes, desempacando tazones de kimchi de col congelado, sopa de setas, zanahoria y jengibre, y licuados de matcha y champiñones con cacao. Me llevé la sopa al trabajo al día siguiente y el día de Reyes se convirtió en Año Nuevo: era fantástica y me llenó mucho. Nunca me había gustado especialmente la sopa; ni me había llamado la atención ni me saciaba. Pero esa sopa de setas, zanahoria y jengibre era aromática, tenía mucho sabor y me sació hasta la hora de cenar.

Durante lo que quedaba de semana, me llevé una sopa al trabajo cada día para comer. Esto fue revolucionario, pues no solo estaba evitando la carne roja, sino que no estaba comiendo ningún tipo de carne animal y sí estaba consumiendo variedades vegetales que normalmente no me hubiera comido nunca; la sopa llevaba alimentos como algas, setas reishi, alga dulse, calabaza y espinacas. ¡De algunos de estos ingredientes no había oído hablar nunca en mi vida! Incluso estaba ahorrando dinero porque no pedía mi habitual pollo a la parmesana. Y la sopa tenía menos calorías y más fibra saludable. ¡Esto era realmente como si la Navidad (o el *Hanukkah*) hubieran llegado en mayo!

A finales de semana probé el kimchi de col para cenar y fue fantástico; me llenó y era muy sabroso. Con estos platos ni siquiera pensaba en costillas o hamburguesas, por no hablar del pollo, el pavo o el cerdo. Ahora sentía que tenía un plan sólido para el mes y estaba emocionada por conocer y probar más alimentos nuevos. Y estaba logrado el reto de comer más alimentos de origen vegetal y en mayor variedad. ¡El autocuidado nunca había sabido tan bien!

Aunque era un poco reacia a aceptar que comer carne tenía consecuencias negativas, me alegré sobremanera, a finales de la segunda semana, cuando me di cuenta de que había perdido medio kilo desde el inicio del mes. Perder peso no había sido nunca mi objetivo, pero al igual que durante los retos de la meditación y el cardio, fue sin duda un agradable efecto secundario. También me sentía menos inflamada y más ligera.

Tercera semana
Cómo evitar la inflamación abdominal sin extrañar la carne
A mitad de mes tuve finalmente un desliz una noche cuando Chloe trajo comida de nuestro restaurante mexicano preferido. Se trata del sitio con la mejor carne asada de la ciudad, así que siempre la pedíamos, como si tuviéramos un pacto no escrito entre madre e hija. Tanto si se trató de un descuido freudiano como si Chloe realmente se olvidó de mi mes sin carne, aparecieron en mi puerta dos raciones de carne asada picante con un intenso

olor antes de que pudiera recordar a Chloe que no era una buena idea. Estaba perdida.

Y fue entonces cuando decidí deliberadamente comerme la ternera. No se trataba de un desliz como en las mañanas en que se me olvidaba meditar o hacer planchas y flexiones, sino que era una elección cien por ciento consciente. Antes de pinchar el tenedor en la carne, me dije a mí misma que no me sentiría culpable por esa decisión, que esto era un desliz intencionado del que yo era totalmente consciente. Y mi problema de cara a las dos semanas siguientes era que estaba delicioso.

Justo después apareció la científica que llevo dentro, al intentar discernir si me sentía diferente o si tenía alguno de esos efectos físicos que los vegetarianos y veganos describen cuando dicen que han comido carne después de meses sin comerla. Pero no noté nada, seguramente porque solo había dejado de comer carne durante poco más de dos semanas, lo cual no era suficiente tiempo para poder notar cambios. Como científica me sentía decepcionada por no ver ningún efecto secundario, pero como amante de la carne estaba contenta de que mi incursión en el lado de la carne roja no hubiera sido oscura y desastrosa.

Para compensar mi desliz comí kimchi para cenar el resto de los días de la semana, añadiéndole huevos revueltos para hacer que me llenara más. Pensé que con el huevo no tendría ninguna preocupación, real o imaginaria, de quedarme corta de proteínas por el hecho de no estar comiendo carne.

Esta mezcla hizo que me diera cuenta de algo de lo que no me había percatado antes sobre los alimentos de origen vegetal: mi comida era blanda. ¡Casi no tenía que masticar nada! Esto era cierto en el caso de las sopas, obviamente, pero también en el caso de las verduras salteadas que me hacía, las hamburguesas vegetales que veía que pedían mis amigos, los platos a base de legumbres y tofu que veía por internet, y los tazones de cereales que eran tan famosos en los restaurantes de toda la ciudad. Estas comidas no eran como un bistec o unas costillas, en las que tienes que masticar unos segundos antes de poder tragar. En realidad, un bebé se podía haber comido mi kimchi (¡si no fuera porque es picante, claro está!).

Pero mascar y masticar son sensaciones satisfactorias, así que decidí compensar la falta de masticación para no tener antojo de comer carne por el simple hecho de que no estaba masticando. Por este motivo, me compré palitos de zanahoria y apio y empecé a comérmelos con mi kimchi o con hummus como tentempié de tarde. Pues bien, resulta que esta pequeña modificación tuvo grandes efectos, ya que me permitió disfrutar de la sensación de masticar que empezaba a extrañar.

Pero esta vez no podía negar que mi vientre estaba considerablemente más plano. Había perdido peso, y a la vez también estaba notablemente menos inflamada. ¡No me esperaba obtener este resultado después de solo unas pocas semanas! Y evitar la carne fue realmente más fácil a nivel físico que todo el ejercicio aeróbico que había hecho el mes anterior. Pero este es el motivo por el que me gustaban estos retos mensuales: siempre había un autodescubrimiento personal en cada uno de ellos. Nunca sabía ni podía anticipar cómo me afectaría un cambio (a nivel físico, mental o emocional) hasta que llevaba unas semanas aplicándolo. Y hasta el momento, me estaban gustando mucho los efectos de comer menos carne y más alimentos de origen vegetal.

Cuarta semana

*Cómo volver a entrenar tu cerebro
para que tome decisiones más saludables*

Por fin estaba ya en la última fase, aunque no estaba aún en la zona segura, tal y como aprendí a principios de semana. Estaba cenando en mi restaurante mexicano favorito cuando el mesero vino a pedirnos qué queríamos, y yo, instintivamente, pedí la carne asada. (¡Ya sé que a estas alturas te estarás preguntando por qué parezco tan adicta a este plato mexicano!)

Me detuve a media frase y cambié mi decisión, pidiendo tacos de pulpo y una quesadilla con flor de calabaza (es admirable la variedad culinaria que hay en Nueva York). Sin embargo, me preocupó el hecho de que mi cerebro pareciera continuar en piloto automático. ¿Estaba tan programada que solo pedía por costumbre? Al fin y al cabo, había pedido que me trajeran la carta y la había mirado, pero aquí estaba, insistiendo en pedir ese mismo plato que me había prometido que no comería.

Esto fue para mí, en tanto que científica interesada en el comportamiento humano, una materialización fascinante. ¿Tomamos alguna vez decisiones conscientes acerca de lo que comemos y bebemos? ¿O hemos programado nuestras preferencias a fuerza de costumbre? ¿Cuántas decisiones tomamos inconscientemente a diario sobre nuestro estilo de vida sin ni siquiera pensarlas? ¿Y por qué? ¿Será porque siempre tenemos prisa? ¿O es que tenemos el cerebro tan saturado con distracciones, internas y externas, que no tenemos tiempo de pensar y elegir? ¿Es posible volver a reprogramar nuestro cerebro para tomar decisiones más saludables por voluntad propia y por verdadero deseo, en vez de por costumbre? Sí, ¡este es el tipo de cosas en las que pienso después de una buena comida en un restaurante mexicano!

Esto fue una revelación interesante, aunque no logró evitar

que tuviera otro desliz a finales de semana. Solo me faltaban dos días para acabar el mes y pedí albóndigas en un restaurante. Y una vez más, la decisión fue deliberada.

Estaba de viaje y fuimos a comer a un restaurante especializado en carnes (la decisión no fue mía) donde tenían en la carta una entrada de albóndigas que sonaba delicioso. Sopesé la decisión, intenté tener en cuenta otras opciones de la carta y luego me convencí de que solo me faltaban dos días para acabar el reto y que mi experimento no cambiaría si me comía las albóndigas ahora o dentro de cuarenta y ocho horas. También lo justifiqué prometiéndome que continuaría el reto durante el próximo mes. Así de bueno era mi cerebro racionalizando las cosas que quería.

A pesar de mi desliz de la cuarta semana, mis resultados a final de mes fueron espectaculares. Seguía pesando menos, pero lo más importante es que me sentía más sana y no tenía nada de inflamación. Dejar la carne roja me había costado menos de lo que me había esperado, y descubrí alimentos que me saciaban, estaban llenos de sabor y eran más nutritivos; sabía que formarían parte de mi dieta de ahora en adelante. De hecho, al igual que me pasó con el mes sin alcohol, tenía ganas de continuar el reto durante el mes de junio. Mi revelación en el restaurante mexicano me ayudó a darme cuenta de que podía tomar decisiones conscientes sobre lo que comía, y que no tenía por qué estar programada por un hábito. Y cuantas más decisiones deliberadas tomara para comer sano, más automáticas se volverían estas elecciones. Con el tiempo, las decisiones más saludables se convierten en hábitos si se lo permitimos.

MAYO: MENOS CARNE, MÁS VERDURA
Los fundamentos científicos que hay detrás de comer menos carne y más verdura

La carne roja, o la carne de res, cordero, cerdo y ternera, no es nociva si se consume con moderación. Tiene mucha proteína; tiene un alto contenido de hierro del tipo hemo (que el cuerpo absorbe mejor que el hierro de origen vegetal), y es una buena fuente de vitamina B, selenio y zinc. Aunque un poco cara, la ternera ecológica de pasto también es rica en grasas saludables, lo cual la convierte, junto con sus proteínas, en uno de los alimentos más saciantes que puedes comer caloría por caloría. Sin embargo, a pesar de estos atributos, la ciencia ha demostrado que comer demasiada carne roja puede aumentar el riesgo de contraer ciertas enfermedades, y los estadounidenses la consumen en cantidades exageradas. A su vez no ingerimos suficientes alimentos de origen vegetal, sobre todo frutas y verduras: según los Centros para el Control y la Prevención de Enfermedades (CDC, por sus siglas en inglés), el 90 % de los estadounidenses no cumple las recomendaciones diarias de comer 200 gramos de fruta y de 300 a 400 gramos de verdura. Reducir la cantidad de carne que consumimos y dejar más espacio para los productos de origen vegetal en nuestra dieta no es restrictivo; al fin y al cabo hay muchas más variedades de alimentos vegetales que de carne roja, la cual se considera un lujo en la mayoría de los países. Aquí te cuento cómo conseguir estar más esbelta y saludable simplemente cambiando el foco de lo que comes.

La escalofriante conexión entre la carne roja y el cáncer de mama
Aunque los estudios no sean concluyentes, los investigadores han encontrado una relación entre la carne roja y el cáncer de mama. Puede que la prueba más contundente provenga del segundo Estu-

dio de la Salud de las Enfermeras en Estados Unidos, una de las mayores iniciativas de investigación hasta la fecha sobre cómo la dieta afecta a las enfermedades. El estudio descubrió que las mujeres que ingerían una ración y media de carne roja al día tenían un 22 % más de posibilidades de desarrollar cáncer de mama que aquellas que solo comían carne roja una vez por semana. De forma parecida, otro estudio, este a manos de investigadores de la Escuela de Salud Pública de Harvard, reveló que cuanta más carne roja comen las mujeres cuando están en la adolescencia y la juventud, mayor es el riesgo de contraer cáncer de mama cuando son mayores.

Las razones por las que se cree que la carne roja se asocia a un mayor riesgo de cáncer de mama son numerosas y complejas. La carne de res convencional de vacas alimentadas con pienso contiene hormonas y otros productos químicos asociados con el cáncer de mama, si bien los investigadores también acusan a los carcinógenos que se forman en la ternera y el cerdo durante su cocción a altas temperaturas (como cuando se cocina a la parrilla, ahumada o asada). Los nitratos, las sustancias químicas que se hallan en las carnes procesadas como las salchichas, el tocino, los hot dogs, el salami y el jamón, también aumentan el riesgo de cáncer, hasta tal punto que la Organización Mundial de la Salud considera ahora que estos alimentos son posibles factores cancerígenos humanos.

Comer demasiada carne roja puede provocar cáncer de colon
Aunque la conexión entre la carne roja y el cáncer de mama no se haya concretado aún, la relación entre el cáncer de colon y el consumo de ternera y cerdo sí está demostrada. Hay importantes estudios a largo plazo que demuestran que cuanta más carne roja se consume, mayor es el riesgo de desarrollar esta enfermedad. De hecho, un estudio que llevó a cabo la Organización Mundial de la

Salud desveló que comer 50 gramos de carne roja procesada al día (menos de dos rebanadas de tocino) aumenta un 18 % el riesgo de cáncer de colon.

La carne roja puede aumentar el riesgo de muerte por cualquier causa
Según un estudio de 2017 en el que participaron más de medio millón de norteamericanos, publicado en el *British Medical Journal*, quienes comen más carne roja tienen un 26 % más de posibilidades de morir de ocho enfermedades distintas (entre ellas el ictus, las enfermedades coronarias y la diabetes) que quienes consumen menos carne roja. Hay diversos motivos por los que muchos científicos consideran que la carne roja es nociva. En lo que respecta a las enfermedades coronarias y el ictus, los científicos dicen que la carne roja contiene un aminoácido que nuestros intestinos convierten en un compuesto que acelera el endurecimiento arterial. Los investigadores también afirman que hay gente incluso alérgica a la carne, lo cual produce más placa arterial.

Evitar la carne roja es una de las mejores maneras de combatir la inflamación
Si estás comiendo más carne roja en una dieta baja en hidratos de carbono o en una dieta cetogénica y no ves los resultados que quieres, échale la culpa a la ternera. Se tarda más en digerir la carne roja que la mayoría de los alimentos, y ello puede conllevar inflamación, gases y estreñimiento. Y eso no es todo: la carne de res, de cerdo y de cordero también puede alterar el equilibrio de la flora bacteriana sana en el intestino, lo cual puede provocar una multitud de problemas gastrointestinales. Por ejemplo, un estudio publicado en 2017 en la revista *Gut* reveló que las personas que comen más carne roja tienen un 58 % más de posibilidades de desarrollar di-

verticulitis, un doloroso trastorno intestinal. En cambio, comer menos carne y más alimentos de origen vegetal ha demostrado favorecer la digestión y prevenir problemas gastrointestinales.

Comer más verdura mejorará tu metabolismo,
la salud de tu piel y la función cerebral
Una abrumadora cantidad de estudios científicos demuestran que seguir una dieta a base de alimentos de procedencia vegetal (tanto si eres vegetariana, vegana, pescatariana o simplemente decides comer más cereales integrales, verduras, legumbres, frutos secos, semillas y fruta) es una de las mejores maneras de prevenir enfermedades crónicas como el cáncer, las enfermedades cardiacas, la diabetes, la artritis y el alzhéimer. Los alimentos de procedencia vegetal, en su forma integral, pueden ser tan potentes como los medicamentos recetados, ya que trabajan a nivel celular para reducir la inflamación sistémica responsable de muchos problemas de salud. Los vegetales tienen un mayor contenido de vitaminas, minerales, fibra, antioxidantes y fitoquímicos que otros alimentos, caloría por caloría, y los absorbemos de un modo más efectivo a través de la comida que a través de suplementos o de alimentos diseñados genéticamente, como las barritas para deportistas. Por estos motivos, consumir más vegetales ha demostrado mejorar todas y cada una de las funciones físicas, incluyendo el metabolismo, la digestión, la función cognitiva y la salud de la piel.

Los vegetales son potentes antidepresivos
Hay un motivo por el que los estudios demuestran que en las personas que comen más vegetales se observan menos casos de depresión, ansiedad, estrés y trastornos del estado de ánimo. Los vegetales integrales, las frutas, los frutos secos y las legumbres están repletos de antioxidantes que van directamente al cerebro y ayu-

dan a reparar los daños celulares y a reducir la inflamación; ambas cosas tienen un profundo efecto sobre el estado de ánimo. Además, los vegetales contienen antioxidantes que funcionan de una forma parecida a los antidepresivos, inhibiendo las enzimas que pueden contribuir a la depresión. Los vegetales como las verduras de hoja verde, el brócoli, los champiñones y la soja también son grandes fuentes de un aminoácido llamado «triptófano», que el cuerpo necesita para producir serotonina. Aunque el pavo también contiene este aminoácido (casi todo el mundo en Estados Unidos ha oído hablar del sueño que te puede producir en el día de Acción de Gracias), el cuerpo transforma mejor los triptófanos de origen vegetal que los de la carne animal. Los efectos de los vegetales en el bienestar van más allá de estimular la serotonina y reducir el riesgo de depresión y ansiedad. Los investigadores han descubierto también que aquellas personas que comen más frutas y verduras sienten más motivación, energía y vitalidad en general.

Una dieta basada en productos vegetales puede ayudarte a perder peso sin esfuerzo
Cuando empecé mi reto de comer menos carne y más verdura, no me marqué como objetivo perder peso. Así que me sorprendí gratamente cuando, después de cuatro semanas, había perdido un poco de grasa sin ni siquiera intentarlo y me sentía más ligera y esbelta a pesar de haber comido lo que había querido, salvo carne roja. Esto también parecía contradictorio, ya que yo siempre he consumido carne animal, como recomiendan las dietas, para sentirme llena y reducir el antojo de hidratos de carbono.

Pues bien, resulta que los científicos ya sabían desde hace mucho tiempo que las dietas basadas en el consumo de vegetales son una manera efectiva de perder peso. Por naturaleza, estas tienen un alto contenido de nutrientes y fibra, pero a la vez son bajas en calorías, y son una gran fuente nutritiva que mantiene la sensación de saciedad sin necesidad de eliminar grupos alimentarios o de contar calorías o carbohidratos. En este sentido, llevar una alimentación basada en vegetales no se percibe como algo restrictivo o como una dieta siquiera, con lo cual tiene un índice de éxito y una sostenibilidad mayor. Un estudio publicado en 2018 en *The Journal of the American Medical Association* reveló incluso que la gente podía perder una cantidad importante de peso en un año simplemente comiendo más cereales integrales, legumbres, verduras y fruta, sin tener que contar calorías o siquiera restringir la cantidad ingerida. En parte, por este motivo, la ciencia demuestra que, de promedio, los vegetarianos están más delgados que los omnívoros.

No te conviertas en una adicta a la comida vegetal procesada

Muchos vegetarianos y veganos no se benefician de seguir una dieta basada en alimentos vegetales porque sustituyen los alimentos de origen animal por comida procesada sin carne ni lactosa, hecha con cereales procesados y otros ingredientes dañinos como harina de trigo enriquecida, manteca vegetal, almidón de tapioca y azúcares añadidos, como el jarabe de arroz integral. Aunque todos estos productos sean técnicamente de origen vegetal, están altamente procesados, suelen tener muchas calorías y no son buenas fuentes de proteína, fibra, antioxidantes, vitaminas y otros nutrientes que hacen que los alimentos de origen vegetal sean tan beneficiosos para la salud. Para comer alimentos vegetales saludables, cíñete al consumo de alimentos integrales o frescos que hayan sido muy poco o nada manipulados desde la tierra hasta la mesa.

MAYO: MENOS CARNE, MÁS VERDURA
Tu historia

Cambiar la alimentación no es fácil, sobre todo si intentas hacer un cambio radical y reducir drásticamente la cantidad de comida que ingieres o eliminar un grupo alimentario entero o más de uno a la vez. Por eso muchos estudios demuestran que el 90 a 95 % de las personas que hacen dieta acaban volviendo a ganar el peso perdido a los pocos meses o incluso a las pocas semanas de haber acabado un gran cambio nutricional. No obstante, reducir la cantidad de carne roja que comes y consumir más vegetales no es un cambio radical, y por eso elegí que este fuera mi reto mensual. Tanto si comes carne cada día como si consumes proteína animal en contadas ocasiones, potenciar tu consumo vegetal durante treinta días es un objetivo factible y sostenible. Aquí tienes diez maneras de hacer que el mes con menos carne y más verdura te funcione.

1. PERSONALIZA EL RETO. Si actualmente comes carne roja dos veces al día, puede que te resulte difícil dejarla por completo. Te animaría a que lo hicieras, aunque el objetivo final de este mes es reducir la cantidad de carne roja a la vez que aumentas tu ingesta de verduras, legumbres, fruta y otros vegetales. Teniendo esto en mente, idea un reto que sepas que puedes mantener durante treinta días sin recurrir a la comida basura (es decir, no cambies el bistec de la noche por pollo frito) o sin sacrificar el propósito de comer más vegetales, lo cual es tan importante para el reto del mes como comer menos carne roja.

    Si no comes nada de carne roja, plantéate reducir el consumo de pollo, pavo y otras proteínas animales, mientras que si eres pescatariana, vegetariana o vegana y ya renuncias a la carne roja, utiliza este mes para intentar comer alimentos integrales y frescos más saludables. Antes de empezar, analiza tu alimentación diaria y observa dónde podrías cambiar los productos procesados, como galletitas saladas, pasta, pan, tentempiés, quesos veganos y alternativas sin carne, por alimentos integrales saludables.

2. Planifica por adelantado. Las decisiones que tomamos en cuanto a comida no solo están arraigadas en nuestro cerebro, sino también en nuestras rutinas diarias, en los restaurantes a los que vamos y en nuestro refrigerador. Si normalmente comes bistec y hamburguesas en casa, cenas platos con mucha carne en algún restaurante, o tu cocina está llena de hamburguesas congeladas, salchichas cocidas, chuletas de cerdo y tocino, te resultará difícil triunfar en este mes. Antes de que empiece el reto, busca en internet algunas ideas de comidas saludables que te puedas preparar fácilmente en casa o llevarte para desayunar, comer y cenar. Encuentra nuevos restaurantes, opciones para llevar o servicios de reparto a domicilio que te ofrezcan entradas vegetales que te gustaría probar. Finalmente, provee tu cocina con pescado, pavo, pollo y otras proteínas que no sean cerdo o ternera, así como con verduras y frutas frescas, legumbres y cereales integrales.

3. Céntrate en añadir en vez de eliminar. El hecho de recordarme continuamente que estaba añadiendo una gran cantidad de alimentos a mi dieta y no solo eliminando la carne roja hizo que este reto me resultara muchísimo más fácil. Aunque pasé los primeros días obsesionada con el hecho de que me estaba privando de comer costillas y carne asada, esta obsesión se disolvió en cuanto me di cuenta de que

había decenas de alimentos nuevos y fascinantes que podía y debía comer. Así que en vez de centrarte en lo que no puedes comer (carne de res, cordero, cerdo y ternera), piensa en todos los alimentos que sí puedes comer, incluyendo productos deliciosos como el camote, la quinoa, las alubias negras, las nueces de la india, la ensalada de algas, el maíz tostado, la sandía, los duraznos, etcétera. La lista es realmente infinita.

4. Encuentra alternativas que te aporten la misma proteína, satisfacción o sensación de masticar que la carne roja. Esta es una oportunidad fantástica para descubrir nuevos alimentos que puede que disfrutes aún más que la carne roja (y que son más saludables). En mi caso, mi gran descubrimiento fue el salmón ahumado con queso cremoso, lo cual era tan satisfactorio y rico en proteínas como las costillas, pero con más grasas saludables y nutrientes que normalmente no como, y sin los efectos negativos para la salud asociados a la carne roja. Los envíos de comida ecológica de origen vegetal me permitían aumentar mi ingesta de vegetales de formas que no me hubiera podido imaginar, a la vez que iban de perlas con mi estilo de vida «sobre la marcha y sin parar». (Si optas por un servicio de entrega a domicilio, asegúrate de que los ingredientes sean principalmente integrales, sin ingredientes procesados ni azúcares añadidos.)

También es interesante que encuentres algo que te aporte la misma sensación en boca que la carne. Cuando empecé a comer verduras cocidas, extrañaba masticar la comida. Esto desapareció tan pronto como empecé a comer palitos de zanahoria y de apio con hummus. Puede que prefieras la textura crujiente de los frutos secos o las semillas, que pueden resultar grandes alternativas a la carne, ya que también tienen mucha proteína y contienen grasas saludables. Otras opciones saludables de origen vegetal para masticar son las crudités con requesón o queso cremoso, los chicharos secos, los garbanzos tostados, las *chips* de kale y las palomitas de maíz infladas.

5. NO TE OBSESIONES CON LA BÁSCULA. Si triunfas con el reto de este mes, el hecho de cambiar carnes con muchas calorías e hidratos de carbono procesados por más vegetales integrales puede hacer que pierdas peso. Pero no permitas que la báscula te obsesione. Perder peso requiere tiempo, y para que cualquier cambio dietético sea sostenible y provoque las pérdidas de peso duraderas que quieres, es más importante que prestes atención a cómo se siente tu cuerpo que a lo que te dice la báscula. Cuando te centras en comer más vegetales y menos carne roja y alimentos procesados, tienes más energía, haces mejor la digestión e incluso puedes ir al baño con más regularidad. Pero no todos los alimentos de origen vegetal tienen los mismos efectos en todas las personas. Presta atención a lo que comes e intenta discernir qué alimentos te hacen sentir bien y cuáles te hacen bajar el ritmo. A la larga, los alimentos que te hacen sentir bien son aquellos que deberías priorizar en tu dieta.

6. ÁBRETE A PROBAR ALIMENTOS NUEVOS O EXÓTICOS. En parte, lo que hizo que este mes fuera tan divertido para mí fue probar alimentos que no había comido antes o que hacía mucho tiempo que no comía. Hay cientos de verduras, frutas, legumbres, frutos secos y semillas diferentes, además de muchas maneras de prepararlos; no te cierres a probarlos basándote en antiguas suposiciones o en alguna experiencia negativa. Nuestras papilas gustativas cambian, igual que

cambia la manera de preparar estos alimentos. Utiliza este mes para ampliar tu experiencia y tus conocimientos culinarios.

Para mí también fue útil incluir nuevas categorías de alimentos. Por ejemplo, yo nunca había sido una gran fan de la sopa, pero, para el reto de este mes, las sopas de verduras se convirtieron en una parte importante y apetecible de mi dieta. Eran bajas en calorías pero saciantes, lo cual sé que contribuyó a que tuviera un vientre más plano a final de mes.

7. BUSCA RECETAS VEGETARIANAS CREATIVAS POR INTERNET. Hay montones de recetas sin carne interesantes, deliciosas e innovadoras, a menudo publicadas en blogs. Estos cocineros internautas han influido en el mundo culinario en general, inspirando nuevas tendencias, como sustituir las papas, la harina y el arroz por coliflor en recetas tradicionales, y convertir los aguacates en la estrella de casi todos los platos imaginables. ¿Quieres dar un nuevo giro a tu plato favorito de carne roja o proteína animal? Seguro que haciendo una búsqueda por internet encuentras una versión basada en algún alimento de origen vegetal que sea tan o más sabrosa que la receta tradicional.

8. DESAYUNA TAMBIÉN A LA HORA DE CENAR. Añadirle un huevo a mi kimchi de col de la noche convertía una comida vegana en una cena repleta de proteína. Asombrosamente, los huevos tienen siete gramos de proteínas completas y solo setenta y cinco calorías, lo cual los convierte en uno de los alimentos más ricos en proteínas por caloría. Los huevos son, además, una buena fuente de grasas saludables, lo cual te ayuda a saciarte si no comes carne. Y a pesar de todos estos atributos, los estadounidenses suelen pensar que los huevos son

solo para desayunar, cuando en realidad son un ingrediente que funciona igual de bien para comer o cenar. Piensa en nuevos platos como *omelettes* rellenos de verduras, o tacos de huevo, o huevos al horno, o *shakshuka* con tomates o espinacas, u *omelette* con queso, hierbas y verduras.

9. Encuentra formas misteriosas y gratificantes de añadir verduras a tu dieta. Uno de los grandes beneficios de la tendencia a reducir los hidratos de carbono es que ha forzado a chefs y blogueros de comida a encontrar nuevas maneras de hacer pasta, pan y otros de nuestros alimentos favoritos ricos en carbohidratos, utilizando vegetales con pocos hidratos y pocas calorías. Hay muchos restaurantes, cadenas de comida rápida y empresas de reparto de comida a domicilio que ofrecen platos de espaguetis hechos con calabaza, betabel o zanahoria (tú también puedes hacértelos buscando las recetas por internet). Asimismo, la coliflor triturada y picada se ha convertido en una alternativa popular del puré de papas o del arroz de toda la vida. Actualmente, la coliflor se utiliza incluso como sustituto de la carne, servida como «bistec» si se hace a la plancha o al horno, o con salsa búfalo en lugar de las alitas de pollo. Si te gustan los dulces, prueba el helado o las crepas hechas con plátano o con huevos y plátano, o intercambia la pasta de alubias negras o el aguacate por el aceite en el *brownie* y en otras recetas de pasteles.

10. Utiliza el dinero que te ahorres en carne para comprar frutas y verduras frescas de temporada. Uno de los motivos por los que los estadounidenses no comen tantas frutas y verduras como en otros países es que no priorizan los productos frescos y de temporada. Pero el tipo de frutas y verduras que compramos es esencial para que disfrutemos de estos

alimentos. Por ejemplo, qué preferirías, ¿un durazno jugoso y maduro, o uno que fuera harinoso, blando o que no estuviera maduro porque pasó días en un camión o creció con productos químicos? La mayoría de los agricultores convencionales producen alimentos fijándose en su tamaño, en su capacidad de aguantar el trayecto hasta el punto de venta y en su calidad estética, pero no en su sabor o calidad nutricional. Esto puede hacer que las frutas y verduras, especialmente aquellas que no son de temporada y se han importado de lugares lejanos, no tengan sabor y sean insípidas. Invierte el dinero que te ahorrarás en carne en frutas y verduras ecológicas de temporada, de kilómetro cero, o que por lo menos crezcan por la región. Te sorprenderá gratamente lo mucho mejor que saben estos alimentos cuando no se han enviado desde lejos o cuando no han crecido con el único propósito de ser atractivos a la vista.

CAPÍTULO 6

JUNIO
Hidratación

Mi historia

A lo largo de mi vida he tenido tres piedras en el riñón. Aunque estos insoportables bebés pueden estar causados por muchos factores, como la dieta, los medicamentos y los desequilibrios hormonales, en mi caso, todas y cada una de las tres piedras se debieron a la deshidratación.

Da igual lo que te hayan contado: las piedras en el riñón son diez veces más dolorosas que dar a luz. Una de mis piedras requirió un *stent*, lo cual implicó pasar por quirófano con anestesia. Todo esto no solo fue desagradable, sino también peligroso.

La deshidratación, incluso cuando es leve, no solo crea piedras en el riñón. También hace que tu piel envejezca, obstaculiza el funcionamiento adecuado del corazón, del cerebro y del hígado, y hace que la sangre sea más espesa y viscosa. La deshidratación puede provocar también dolor de cabeza, náuseas, mal aliento, fatiga, aumento de peso, confusión e incluso convulsiones.

Como médico, no debería permitirme llegar a la deshidratación. Pero como profesional trabajadora con una agenda apretada, la hidratación regular no ha sido algo que tuviera muy presente entre la carrera de medicina, tener hijos y ahora hacer malabares con una trayectoria profesional de tiempo completo en la televisión y con un consultorio médico en auge. Hay muchos días en los que me despierto a las cinco de la mañana y para cuando llega la hora de cenar, lo único que he bebido han sido varias tazas de café y seguramente una copa de tequila después del trabajo. Sí, así es: nada de agua aparte de la que contienen los alimentos. Y el único motivo por el que no me hidrato es por pura pereza: o bien se me olvida, o bien no quiero perder tiempo yendo al baño, lo cual es la peor excusa del mundo, pero es verdad.

Cuando empecé a hacer un inventario de cómo podía mejorar mi salud este año, sabía que beber más agua era una elección fácil para uno de los retos. Sabía que era un descuido diario que tenía un impacto en mi salud y en mi felicidad, y consciente de que partía de una deshidratación leve continua, mi situación solo podía ir a mejor.

Pero no me resultó fácil descubrir exactamente cuánta agua tenía que beber al día, a pesar de tener acceso a los mejores médicos expertos y a los mejores estudios científicos. Sí, seguramente has oído la recomendación de beber 250 mililitros de agua ocho veces al día, pero resulta que esto es una leyenda urbana del bienestar. Ninguna gran institución médica ha llevado a cabo ningún estudio serio a gran escala para determinar cuánta agua tenemos que beber al día, en parte porque las necesidades de hidratación son distintas para cada individuo, en función de su tamaño corporal, su grado de actividad, su índice de sudoración y el agua que consuma a través de los alimentos.

Antes de empezar el mes estudié todo lo que pude encontrar sobre el tema en vez de conformarme solo con la recomendación en cuanto a hidratación hecha por el Instituto de Medicina de Estados Unidos (ahora bajo el nombre de Academia Nacional de Medicina), que recomienda a las mujeres beber aproximadamente 2.7 litros de agua al día procedentes de bebidas y comidas; en el caso de los hombres serían aproximadamente 3.7 litros. Decidí no contabilizar el agua de la comida, ya que es casi imposible de calcular, incluso para una nerd de la ciencia como yo. Y, de todas formas, se calcula que un 80 % de nuestra hidratación proviene del agua que bebemos, además de otras bebidas.

Teniendo estos datos en mente, salí a comprar tres botellas de cristal de 800 mililitros. Mi plan era llenarlas todas con agua filtrada y bebérmelas todas antes de que se acabara el día, lo cual le aportaría a mi cuerpo un total de 2.4 litros de agua al día. Aunque con esto me faltarán aún 0.3 litros para llegar a la recomendación del Instituto de Medicina, estaba convencida de que el resto lo ingeriría a través del café y de la comida. Y sería una gran mejora comparado con los casi cero litros que bebía en ese momento.

Como parte del reto, decidí que solo el agua y el agua mineral contarían para mi objetivo diario de hidratación (ni la gaseosa, ni los refrescos, ni el jugo, ni el alcohol, ni otras bebidas que contuviesen azúcar u otros aditivos). Además, cinco meses después de lograr mi reto de enero sin alcohol, aún seguía manteniendo un consumo reducido de alcohol, asegurándome de no pasar de las siete raciones de alcohol por semana. Contar un coctel de tequila en mi objetivo diario de hidratación no solo sería una locura, sino también erróneo, ya que el alcohol en sí deshidrata, como ya saben todas las personas que alguna vez han bebido demasiado. Además, no quería tratar de adoptar un nuevo hábito que incluyera elementos poco saludables, como los refrescos y el jugo, que en exceso son realmente poco saludables.

> ### ¿Por qué beber solo agua este mes?
>
> En pocas palabras, el agua es la manera más efectiva de hidratar el cuerpo. Los refrescos y el jugo no solo contienen azúcares y calorías, sino que no son buenos para tu salud en general, y también le resultan difíciles de digerir al estómago, lo cual puede agravar la deshidratación. Las bebidas deportivas también tienen un alto contenido de azúcar, lo cual las hace innecesarias, a menos que estés haciendo un ejercicio físico vigoroso o que dure horas y horas. Por lo que respecta a los refrescos *light*, la mayoría contienen edulcorantes artificiales y otros aditivos poco saludables. Siempre recordaré esta historia que me contó una amiga que entrevistó a Melissa Etheridge poco después de que a la cantante le diagnosticaran cáncer de mama. Mi amiga estaba bebiendo un refresco *light* durante la entrevista y Etheridge le dijo que debería dejar de beber aquello. Mi amiga se quedó petrificada y Etheridge le sugirió que hiciera un experimento con dos plantas en casa: «A una dale agua durante seis meses y a la otra dale refresco *light*, a ver cuál de las dos vive mejor. Al fin y al cabo —remarcó Etheridge—, nuestros cuerpos están hechos de un 60 % de agua, no de un 60 % de refresco *light*».

Primera semana
Con solo unos días bebiendo más agua
puedes aumentar tus niveles de energía
Lo fantástico de este reto es que antes de que empezara el mes ya tenía un plan de acción preparado: lo único que tenía que hacer era seguirlo. La noche anterior llené mis tres botellas de 800 mililitros con agua filtrada y las puse en el refrigerador para que por la maña-

na estuvieran frías y listas para llevar. Cuando al día siguiente me desperté a las cinco de la mañana, tomé dos botellas (una para beberme en el programa *GMA* y la otra para ir bebiendo mientras estaba en el consultorio) y salí por la puerta. Mientras iba en el taxi de camino al estudio de grabación, empecé a beber de la primera botella. Lo que significaba que a las cinco y media de la mañana en mi primer día del reto ya había bebido más agua que en un día normal. ¡Lo estaba logrando con solo empezar!

Esa mañana anuncié con Robin Roberts en vivo que este mes las dos haríamos el reto de hidratación. Queríamos sensibilizar a los televidentes que tomaban una cantidad de agua por debajo de lo óptimo de que esto podía dañar su salud hasta límites que la gente normalmente no podía imaginar, ¡como hacer que parecieras más mayor o incluso ganar peso!

Cuando salí del programa, ya me había acabado la primera botella, lo cual me resultó bastante fácil mientras me peinaban y maquillaban y mientras esperaba en el foro. Pero la segunda botella fue otra historia.

Mi agenda está tan apretada cuando estoy en mi consultorio que normalmente no tengo tiempo ni para sentarme, por no hablar de almorzar, ir al baño, hacer alguna llamada o incluso contestar mensajes a mis hijos. Visito pacientes sin parar y me gusta pasar tanto tiempo con cada uno de ellos como me sea posible, a la vez que les doy mi total atención. Parar para beber de una botella de agua mientras me hablaban de sus problemas personales de salud me parecía de mala educación.

Cuando acabo las visitas del día, siempre hay papeles y documentos que debo llenar, tengo conversaciones con mi plantilla sobre la atención a las pacientes y hay que programar asuntos que se tienen que resolver. También me preocupaba que si bebía demasiado, tendría que hacer esperar a las pacientes porque tendría que ir constantemente al baño. Sí, no pensabas que estaba tan loca como para no tener tiempo ni de ir al baño, ¿verdad? (Y eso que estaba intentando continuar con la práctica de la meditación para tener una actitud más zen con respecto a la gestión del tiempo.) Pero es que cuando estoy en el trabajo me siento como un hámster en una rueda que no para nunca. Salir durante un momento podría alterar toda la carrera entera. Por eso, en el primer día del reto no fui capaz de beber más que unos pocos sorbos de la botella que tenía en el refrigerador del consultorio, así que ya ni hablemos de la botella entera.

Por suerte, la tercera botella me estaba esperando en el refrigerador de la casa. La tomé tan pronto como entré en casa y empecé a dar sorbos mientras me cambiaba de ropa. Me acabé la botella entera en una hora, en parte para compensar la hidratación que me había saltado durante el día, pero también porque me preocupaba que si no me la bebía antes de las nueve de la noche, pasaría toda la noche haciendo visitas al baño.

El resto de la semana siguió igual que el primer día. Seguía teniendo éxito con la botella de la mañana, tenía dificultades con la de la tarde y normalmente me acababa la de la noche. Aunque no estaba alcanzando mi objetivo diario de 2.4 litros, estaba contenta porque bebía casi el triple de agua que antes de empezar el reto.

A medida que avanzó la semana (y a lo largo del resto del mes) empecé a experimentar con el sabor y la temperatura del agua. Sabía que si hacía que la hidratación fuera lo más agradable posible, me resultaría más fácil mantener el ritmo. Probé a tomar agua con hielo, sin hielo, a temperatura ambiente y con limón, lima e incluso rodajas de pepino y de naranja como había visto que hacían en el spa. Me daba la impresión de estar haciendo un viaje consciente en busca de mi sabor y temperatura ideales. Al final, decidí que simplemente me gustaba el agua fría, sin fruta ni hielo. Y aunque no lo hubiera pensado antes, llegar a esta simple conclusión hizo que el reto fuera más divertido, como un experimento culinario.

Al final de la semana sabía que estaba triunfando con mi reto. Mejorar mi ingesta de agua ya me estaba aportando beneficios de salud cuantificables, que podía percibir en el color de mi orina. (Que no te de asco: examinar la pipí es una excelente manera de evaluar tu estado de salud; por eso a los médicos les gusta tanto pedirte que hagas pipí en uno de esos frasquitos.) Normalmente era oscura y concentrada, pero ahora mi orina tenía un color amarillo pálido, una señal de que mi cuerpo estaba, por fin, lo suficientemente hidratado para funcionar mejor. Tras una semana bebiendo más agua, también me sentía con más energía y menos irritable, y las comidas me saciaban aún más. Y aunque todavía me costaba beber esa segunda botella en el trabajo, estaba ingiriendo por lo menos dos litros de agua al día más de lo que bebía antes. Ah, ¿y todas esas visitas al baño que tanto me preocupaban? Aunque tenía que ir una o dos veces más al baño de lo normal, a lo largo del día, las molestias eran mucho menores de lo que me había imaginado.

Segunda semana
Cómo beber más agua me quitó el apetito por la tarde
Antes del reto de hidratación, mi rutina matutina incluía cuatro tazas de café que me bebía entre las cinco y las doce del mediodía casi cada día. Pero ahora, al empezar la segunda semana, me di cuenta de que estaba bebiendo menos café porque no dependía tanto de la escasa hidratación que me aportaba. Esto corroboró lo que había identificado como médico, pero que solo apli-

caba en mí en contadas ocasiones: no se trata solo de lo que comes y de lo que bebes, sino también de lo que no comes ni bebes. Dicho de otra forma, mis decisiones alimentarias estaban teniendo un efecto inversamente proporcional en mi consumo o falta de consumo de otros alimentos y bebidas. Cuanta más agua bebía, menos café tomaba. Lo mismo me pasó durante el mes sin alcohol, aunque por razones ligeramente distintas: como no tomaba alcohol, acabé bebiendo más agua y agua mineral porque eran los sustitutos más saludables que podía pedir en bares y restaurantes.

No obstante, seguía sin conseguir beberme esa segunda botella en el trabajo y sabía que tenía que cambiar de estrategia. Decidí que me sentiría más cómoda bebiendo delante de las pacientes si usaba un vaso en vez de beber directamente de la botella, lo cual sería bastante fácil de lograr, ya que ofrecemos vasos de agua mineral en la sala de espera. Así que empecé a tratarme como una paciente, trayéndome un vaso de agua mineral dentro del consultorio. Gracias a ello aumenté mi consumo diario en como mínimo un vaso y medio más de agua, o unos 350 mililitros.

Al final de la segunda semana noté un cambio significativo en mi apetito. Aunque ya me sentía más saciada con las comidas a finales de la primera semana, ahora estaba perceptiblemente más llena y nunca tenía esa sensación de que el estómago me gruñe que suelo tener por la tarde. Digamos que no estaba comiendo menos, sino que estaba menos hambrienta, lo cual significaba que podía tomar decisiones más saludables sobre lo que comía en vez de querer encontrar algo rápido que pudiera engullir.

Tercera semana
Olvídate de los sérums: este es el secreto para una piel más joven
A mitad del mes, ya sentía que había convertido la hidratación en un nuevo hábito. Ahora mi rutina consistía en levantarme a las cinco para meditar, luego intentar hacer algunas flexiones y planchas, y luego tomar mi botella de agua para ir bebiendo de camino al estudio de grabación. Seguía tomando menos café, pero curiosamente tenía más energía. Sentía que mi motor estaba más limpio, lo cual no es en absoluto una valoración médica, pero es la mejor manera que tengo para describirlo sabiendo que ahora iba expulsando regularmente toxinas y acumulaciones metabólicas de mis riñones y otros órganos.

Mi orina también era más pálida que la primera vez que la observé a principios de mes, y notaba que mi digestión estaba mejorando ahora que mi estómago tenía agua para poder procesar la comida. Tenía aún menos apetito que en los meses anteriores, y había desaparecido cualquier sensación de hambre feroz.

En cuanto al trabajo, las cosas también iban mejor, ya que seguía bebiendo hasta dos vasos de agua mineral. Ahora utilizaba mi segunda botella para beber mientras iba en el coche de camino a mi consultorio, aprovechando todo el tiempo libre que podía encontrar para hidratarme.

Al final de la semana tuve una grata sorpresa: mi piel tenía un aspecto increíblemente mejor, incluso más que durante mi reto de enero sin alcohol. Esto no fue nada impactante de por sí (al principio del mes ya expliqué en *GMA* lo esencial que es la hidratación para la salud de la piel), pero me sorprendió verlo de primera mano. Ya ves, yo gastándome montones de dinero en sofisticadas cremas y productos antiarrugas, y este único cambio tan simple y asequible me había aportado mejores resultados, dejándome la piel más tersa e hidratada.

Cuarta semana

Convertir un sencillo nuevo hábito de salud en un éxito sostenido
La última semana del reto empecé a experimentar algo que no me había pasado antes: tenía la boca húmeda. Bien, comprendo que esto te pueda parecer un descubrimiento raro, pero como yo tengo una sensación constante de sequedad en la boca, que hace que me quiera cepillar los dientes o tener un chicle en la boca después de cada comida, para mí esto era una maravillosa revelación. Resulta que no beber suficiente agua mata la producción de saliva, lo cual hace que crezcan bacterias que pueden provocar mal aliento. Pero ahora me sentía la boca en mejor estado, mis dientes estaban más limpios y no sentía la necesidad de mascar chicle después de las comidas, sin importar lo que comiera, incluso si era picante o con sabor a ajo. Mi lengua tenía un aspecto reluciente y húmedo, ni pastosa ni seca, lo que tanto en la medicina tradicional como en la oriental significaba que yo tenía una buena salud en general.

Igual que en las últimas semanas, seguía bebiendo menos café y aun así tenía más energía. Como ahora ya nunca estaba hambrienta, comía más sano, y mantenía el reto de mayo de comer más verdura y menos carne roja, lo cual era más fácil porque me sentía más llena y saciada después de las comidas, aunque no incluyeran grandes raciones de proteína animal. Mi piel seguía pareciendo cada vez más hidratada con el paso de los días y el tono de piel también me había empezado a mejorar. Ya casi había olvidado la molesta necesidad de cepillarme los dientes o mascar chicle después de cada comida y no había tenido que ir al baño con la frecuencia que me había imaginado. ¡¿Por qué no había empezado a beber agua antes de este mes?!

No podía creer que un cambio tan simple hubiera afectado el cómo me sentía, qué aspecto tenía, qué comía y cómo vivía. Y no me había dado cuenta de que estaba perjudicando mi salud al no beber suficiente agua a diario. Al fin y al cabo, aparte de las piedras en el riñón, no percibía ningún efecto drástico de mi leve deshidratación. Pero ahora me daba cuenta de que, aunque había sido capaz de vivir sin beber suficiente agua antes de este mes, no estaba viviendo de una forma óptima. Era un cambio pequeño que no requería un gran esfuerzo (esto no era como motivarme para ir al gimnasio o a una clase de *spinning*), pero los resultados fueron reveladores y podían ser transformadores.

Después de acabar el mes no cambié mi rutina matutina: seguía tomando la botella de agua antes de salir de casa por la mañana. Seguía bebiendo agua mineral en la oficina y me acababa una botella entera de agua por la noche. Cuando no sigo esta rutina, es como si me perdiera una mañana de meditación: me deja un vacío durante todo el día. Estoy visiblemente más irritable, tengo más hambre, ando más lenta y mi cuerpo entero se siente seco, especialmente mi piel.

Varios meses más tarde hice una parada en un supermercado que tengo cerca de casa donde llevaba meses yendo a comprar. La mujer de detrás del mostrador, a quien he visto casi cada día durante los últimos dos años, me miró raro, luego me paró mientras estaba escaneando los productos que me estaba llevando y me dijo que tenía una piel fantástica, algo que ni ella ni ninguna otra persona me había dicho nunca antes. No había cambiado nada en mi rutina que pudiera haber afectado mi piel de esta forma, salvo que llevaba varios meses bebiendo más agua. Le di las gracias y me fui, sabiendo que este pequeño ajuste saludable tendría consecuencias positivas en los años que estaban por venir.

JUNIO: HIDRATACIÓN
Los fundamentos científicos que hay detrás de una hidratación óptima

Tres cuartas partes de los estadounidenses presentan deshidratación crónica

¿Crees que bebes suficiente? Pues seguramente no. Una encuesta a más de tres mil estadounidenses llevada a cabo por investigadores del Centro Médico Weill Cornell, el hospital presbiteriano de Nueva York, desveló que un 75 % de la población estadounidense no alcanza las recomendaciones en cuanto a hidratación del Instituto de Medicina de Estados Unidos, lo cual significa que la mayoría de nosotros estamos clínica y crónicamente deshidratados. El agua embotellada es la bebida más vendida en Estados Unidos, pero el tamaño más popular es de un escaso medio litro (2.2 litros por debajo de la recomendación diaria para las mujeres y 3.2 litros por debajo de la recomendación diaria para los hombres). Le siguen bebidas como los refrescos, el café y la cerveza, que pueden actuar como un diurético en el cuerpo.

Yo lo veo en mi propio consultorio, donde la mayoría de muestras de orina que recogemos de las pacientes son demasiado oscuras y concentradas. Cuando les comunico que están deshidratadas y que esto está empeorando sus síntomas y sus problemas médicos, a menudo se muestran de acuerdo y prometen empezar a tomar más líquido. Pero un año más tarde veo las mismas pacientes y las mismas muestras oscuras de orina y complicaciones de salud por culpa de la deshidratación crónica.

Antes de tomarte una pastilla para el dolor de cabeza, intenta beber agua

Nuestro cuerpo está hecho de un 60 % de agua, pero nuestro cerebro alcanza el 73 %, con lo que necesita aún más agua. Lo que pasa cuando no bebes suficiente agua es que el cerebro puede empezar a encogerse físicamente, contrayéndose ligeramente desde el cráneo, lo que provoca un dolor de cabeza que puede ir desde un dolor leve hasta una migraña total. La deshidratación también provoca que los vasos sanguíneos se estrechen, lo cual puede aumentar la gravedad de cualquier dolor.

Y tampoco tienes que estar clínicamente deshidratada para tener dolor de cabeza, sino que incluso una deshidratación leve puede causarlo. Cuando llega el momento en el que sientes dolor, ya es demasiado tarde para prevenir el dolor de cabeza. Pero si tienes dolores de cabeza recurrentes, intenta beber más agua a lo largo del día y de la semana. Lo más probable es que te sorprendan los efectos.

El agua puede provocar la pérdida de peso en más de un sentido
Lo que bebes puede ensancharte la cintura. Los refrescos, el jugo, los licuados azucarados, las sofisticadas bebidas de café y los cocteles tienen un alto nivel de azúcar y de calorías y un bajo nivel de grasas saludables, proteína y fibra, lo cual provoca que los niveles de insulina se disparen y tu cuerpo acumule grasa.

Pero lo que no bebes también puede dañar tu cintura. No beber suficiente agua puede aumentar el apetito y afectar a la función metabólica de tu cuerpo, los niveles de hormonas y la capacidad de hacer ejercicio y controlar los antojos. El problema es que la misma área del cerebro que controla el apetito es la que también controla la sed. Cuando estás deshidratada, esa área del cerebro se satura y envía señales que te pueden llevar a quererte comer un panecito cuando lo que realmente necesitas es una botella de agua.

Beber agua y mantenerte hidratada también ayuda a llenar el estómago, aumentando la sensación de saciedad. Pruébalo la próxima vez que tengas un hambre voraz, bebiendo un par de vasos de 250 mililitros de agua en cuestión de minutos. Lo más probable es que tu hambre amaine, o bien desaparezca.

Sorprendentemente, la deshidratación puede interferir en un metabolismo saludable. Según varios estudios, incluso la deshidratación leve puede ralentizar la capacidad del cuerpo de quemar calorías. A su vez, un estudio publicado en 2003 en *The Journal of Clinical Endocrinology & Metabolism* desveló que beber más agua, al margen de lo hidratada que estés, puede acelerar temporalmente tu metabolismo hasta un 30 %. Beber agua con hielo tiene un efecto metabólico aún mayor, ya que el organismo trabaja para calentar la bebida hasta la temperatura corporal. ¡Es un concepto básico de la termodinámica!

La hidratación también ayuda a la digestión, y este es el motivo por el cual los nutricionistas recomiendan beber agua en cada comida. Yo no solía beber nunca mientras comía, pero ahora no me puedo imaginar una comida sin agua. Finalmente, si estás deshidratada, puede resultar difícil reunir la energía física y mental necesaria para hacer ejercicio o incluso para avanzar en las actividades del día.

La deshidratación puede ser tan perjudicial
para el corazón como fumar
Aunque siempre hemos oído muchas cosas acerca de que comer mal, tener sobrepeso, tener antecedentes familiares e incluso estar expuesto a la contaminación puede aumentar el riesgo de contraer enfermedades coronarias, casi nunca oímos hablar de una causa muy común y extremadamente prevenible: la deshidratación. La deshidratación crónica, presente en la mayoría de los estadounidenses, disminuye el volumen sanguíneo, a la vez que restringe el diámetro de las arterias y las venas, lo cual

hace que el corazón tenga más dificultad para bombear sangre por todo el cuerpo. Esto, a su vez, puede aumentar la presión arterial y la frecuencia cardiaca, lo cual puede potenciar el riesgo de palpitaciones, coágulos sanguíneos, trombosis venosa profunda y embolia. Los estudios demuestran que casi la mitad de las personas que sufren una embolia están deshidratadas, mientras que los ataques al corazón son más probables después de que las personas se despierten por la mañana, cuando es más probable que estén deshidratadas. De hecho, las investigaciones recientes demuestran que la deshidratación leve puede deteriorar la función coronaria casi tanto como un cigarrillo, según un estudio de 2016 publicado en el *European Journal of Nutrition*. Por estos motivos, mantener una buena hidratación puede disminuir el riesgo de padecer enfermedades coronarias hasta un 59 % en las mujeres y un 46 % en los hombres, según ese estudio.

El agua es uno de los mejores remedios
antiarrugas y el más económico
Ahora sé por experiencia propia cuál es el potente efecto que puede tener en tu piel el mero hecho de estar hidratada. Yo nunca había tenido una piel tan joven, tan tersa y con un tono tan homogéneo como cuando pasé unas semanas bebiendo más agua. Y no soy solo yo: un estudio publicado en 2015 en el *Clinical, Cosmetic and Investigational Dermatology* demuestra que mantenerte hidratada aumenta el contenido de agua de las células, tanto en las capas más profundas como en las más superficiales de la epidermis de tu piel. Esto aumenta la elasticidad cutánea y previene, e incluso revierte, las líneas de expresión y las manchas. Por el contrario, no beber suficiente agua limita la capacidad del cuerpo de expulsar toxinas que se acumulan en las células

cutáneas, fomentando la aparición de envejecimiento prematuro, junto con problemas cutáneos como el eccema, la psoriasis y la decoloración.

La hidratación previene y trata las infecciones de orina
En el quirófano tenemos un dicho: «El mejor antídoto para la contaminación es la dilución». Esto significa que después de que haya habido guantes, herramientas y sangre en una herida abierta o incisión, un cirujano tiene que irrigar la zona con agua antes de cerrar la piel (de lo contrario, el riesgo de infección aumenta). Es decir, tienes que acabar con la contaminación mediante la dilución, o la contaminación te dará problemas. Esto es lo que les digo a todas mis pacientes con infección de orina, un trastorno que presentan un buen porcentaje de ellas; de hecho, es un problema que afecta casi a la mitad de las mujeres. La deshidratación no solo puede provocar infección de orina, sino que no ingerir suficiente líquido puede impedir que tu cuerpo logre deshacerse de la infección.

La deshidratación puede hacer que te sientas cansada, de mal humor y lenta
Durante el reto de este mes descubrí que cuando estoy hidratada, tengo más energía y paciencia, y disfruto más de todos los pequeños (y no tan pequeños) momentos de la vida. Y resulta que el efecto que tiene la hidratación en el estado de ánimo es algo que está sustentado por la ciencia. Los estudios demuestran que incluso una deshidratación leve puede conllevar letargia, irritabilidad y fatiga y hacer que percibas las tareas más difíciles de lo que son. También puede que tengas problemas para concentrarte cuando estás deshidratada y que estés aún más susceptible a la rabia y a los cambios de humor.

El agua te hará más inteligente
Como nuestro cerebro está formado por un 73 % de agua, no sorprende que una buena hidratación ayude a estimular la función cognitiva. De hecho, beber ocho vasos de agua puede potenciar hasta un 30 % la capacidad del cerebro de pensar y trabajar, según muestran los estudios. En 2014, una investigación publicada en la revista *Health & Fitness Journal* de la Universidad Norteamericana de Medicina Deportiva también desveló que subsistir con tan solo un 1 % menos de hidratación puede interferir en nuestra capacidad de pensar. Y eso no es todo: la hidratación correcta también aumenta la habilidad del cerebro de concentrarse y retener información (uno de los motivos por los que incluso un caso de deshidratación leve puede provocar una pérdida de memoria a corto plazo).

La deshidratación puede provocar mal aliento
y otros problemas bucales
Lo que no me esperaba para nada es que al beber más agua durante mi reto de hidratación, transformaría mi salud bucal, pero esto es exactamente lo que pasó. Cuando estás deshidratada, los estudios demuestran que tu cuerpo produce menos saliva, lo cual permite que las bacterias y las placas dañinas se multipliquen. Esto no solo provoca mal aliento, sino que también aumenta el riesgo de tener caries, gingivitis y otros problemas. No beber suficiente agua también puede hacer que cueste más tragar la comida y puede causar problemas en aquellas personas que usan dentadura postiza.

JUNIO: HIDRATACIÓN
Tu historia

En teoría, este reto debería ser relativamente fácil. Al fin y al cabo, estamos hablando de beber agua, lo cual no requiere ningún esfuerzo físico ni mental. De hecho, es algo que la mayoría queremos hacer. Otra cosa buena de este mes es que el consumo de agua es fácil de cuantificar: puedes saber fácilmente si estás cumpliendo tu objetivo de hidratación diario contando los vasos de agua o botellas que te bebes al día. Sin embargo, a pesar de contar con estas ventajas, no es tan sencillo tener una buena hidratación, lo cual queda retratado por el hecho de que pocas personas logran cubrir las necesidades diarias de agua. Aquí tienes diez maneras de empezar a beber más y hacer que este mes sea aún más fácil de lo que es.

1. Descubre cuál es tu fórmula. El Instituto de Medicina de Estados Unidos recomienda ingerir a diario 2.7 y 3.7 litros de agua en mujeres y hombres, respectivamente, a través de bebidas y alimentos. Pero ¿qué significa esto realmente? Como la comida conforma solamente un 20 % de tu ingesta media de agua, la mayor parte de la hidratación diaria debería venir de los líquidos, y más específicamente debería ser agua, ya que los estudios científicos demuestran que el agua hidrata el cuerpo mejor que las bebidas que contienen azúcar, cafeína, edulcorantes artificiales u otros aditivos.

   Yo me fijé un objetivo diario de 2.4 litros de agua por dos motivos: 1) decidí que beber de botellas de agua sería la forma más fácil de cuantificar mi objetivo, y las botellas que elegí eran de 800 mililitros cada una, o sea 2.4 litros en total con las tres botellas; 2) aunque el total estaba justo por debajo de la recomendación del Instituto de Medicina para mujeres, comiera lo que comiera compensaría de sobra esos 300 mililitros que me faltaban.

¿Cuál debería ser tu objetivo diario de consumo de agua? Yo te recomiendo que primero decidas de qué recipiente será más probable que bebas agua (vasos, botellas del supermercado o botellas de agua reutilizables) y luego multipliques el número de mililitros en el vaso o la botella que te acerque más a los 2.7 litros (o 3.7 litros para los hombres). Aunque la comida te permitirá quedarte ligeramente por debajo de estas recomendaciones, no bajes de esa cantidad.

2. DESARROLLA UN PLAN DE ATAQUE. En cuanto hayas determinado tu objetivo diario de consumo de agua, el modo de alcanzarlo dependerá totalmente de ti. Pero yo te recomiendo que formules un plan de ataque antes de empezar. Antes de que empezara el mes, analicé todos los aspectos de mi rutina diaria y descubrí que mis días estaban divididos en tres bloques diferentes durante los cuales podía beber agua: las mañanas en el programa *GMA*, las tardes en mi consultorio y las noches en casa. A partir de ahí me resultó fácil crear la estrategia de las tres botellas, con el objetivo de acabarme una botella al final de cada bloque.

No obstante, puede que a ti te resulte más fácil encontrar dos vasos de 250 mililitros y guardar uno en casa y el otro en el trabajo, y marcarte la pauta de beber un vaso entero cada hora. Hasta te puedes poner una alarma en el celular para acordarte. O puede que quieras llevar una botella de agua contigo a todas partes, rellenándola en casa, en la oficina y de camino a los sitios, recordando cuántas veces la has rellenado (mira el punto número ocho para conocer más consejos sobre esto). O puede que prefieras controlar tu ingesta de agua con una aplicación de celular como Mi recordatorio de agua bebida, Aqualert, Recordatorio para beber agua, Toma agua, o Hydro bebe agua. La mayoría de estas aplicaciones te piden que introduzcas el tamaño o la cantidad de lo que bebes y comes y te notifican cuándo te falta hidratación. En Estados Unidos hay incluso botellas de agua «inteligentes» con una aplicación incorporada que registra lo que bebes sin que tengas que hacer tú ningún tipo de esfuerzo.

3. ENCUENTRA TU AGUA PREFERIDA. Antes de que empezara el mes pensaba que el agua era agua y punto, y que toda tenía el mismo sabor. Pero resulta que el agua es como el vino, con muchos sabores y variedades distintos, y tomarte el tiempo de encontrar tu preferida puede hacer que este mes sea más fácil y placentero (y más duradero frente al futuro). Así que experimenta con diferentes temperaturas (con hielo, fría, templada e incluso caliente) y diferentes tipos de agua, como la del grifo, filtrada, con gas o embotellada. También puedes intentar darle sabor al agua con limón, lima, toronja, pepino, menta y otras frutas, verduras o hierbas. Puedes encontrar creativas recetas de agua por internet, a la que echan cualquier cosa, desde fresas, jengibre y pétalos de rosa, hasta tomate, hinojo y lavanda.

4. BEBE AGUA CON CADA COMIDA. Tanto si bebes de tu botella de agua en la mesa donde comes como si bebes de un vaso de agua cuando estás en la oficina, asegúrate de beber agua en cada comida. Esto no solo es una manera fácil y automática de aumentar tu ingesta diaria, sino que también te asegura una buena digestión y baja tu velocidad a la hora de comer, aumentando la sensación de estar llena, saciada y satisfecha.

5. Empieza a prestar atención a tu pipí. No tengas miedo de echarle un vistazo a tu pipí en el baño, pues es una de las mejores maneras de tener una noción general de tu estado de salud. Si estás hidratada y sana, tu orina debería tener un color pálido y con un tono como la paja, similar a una mancha de sudor en una camiseta blanca. Si es más oscura o tiene un tono amarillo más intenso, marrón o incluso granate, significa que no estás bebiendo suficiente agua. Si consumes la cantidad de agua recomendada por el Instituto de Medicina, pero tu orina sigue siendo oscura, puede que tengas algún problema médico que te afecte al hígado, los riñones o la vejiga, por lo que deberías consultar a un médico de inmediato.
6. Que no te preocupe tener que ir al baño. Cuando empecé este reto, me sorprendió gratamente que no tenía que ir al baño cada hora. Aunque reconozco que tenía que hacer pipí un poco más a menudo de lo normal, no me resultaba un inconveniente, y en contadas ocasiones me tenía que levantar más de una vez por la noche para ir al baño (lo cual se considera algo saludable para una persona hidratada). Esto de que si te hidratas, vives en el baño es un mito de la hidratación; tu cuerpo tiene una manera fantástica de regularlo.
7. Invierte en un filtro. No tienes que gastar dinero en agua embotellada o en un sistema de suministro de agua para beber más. Si te preocupa la calidad del agua del grifo o no te gusta su sabor, invierte en un filtro, que puede aportarte agua dura o con minerales con el mismo sabor que el agua embotellada del supermercado. Aún te diría más: cuando filtras el agua, evitas beber agua que lleva demasiado tiempo en una botella de plástico o envase y reduces así tu exposición a las toxinas que se hallan en el plástico. Investiga un poco para

encontrar un filtro que encaje con tu grifo y tu presupuesto, y acuérdate de cambiar el filtro regularmente, o según las recomendaciones del fabricante. De lo contrario pueden acumularse toxinas en el filtro y a la larga pasar al agua.

8. Personaliza tu botella de agua para ver de primera mano cuánto necesitas beber. Si decides ir a todas partes con tu botella de agua, puede que el reto te parezca más fácil si te marcas físicamente los objetivos de cada hora en el lateral de la botella. Escríbelo en una cinta adhesiva o utiliza una etiquetadora para marcar los objetivos de cada hora y luego pégalos en diferentes niveles de la botella. Por ejemplo, si te despiertas a las ocho de la mañana, pega una etiqueta que diga «10 h» a la altura de los 500 mililitros de la botella e intenta beber hasta esta línea antes de las diez de la mañana. Actualmente también puedes comprar botellas como la de Drink More Water Bottle de Uncommon Goods, que ya incluye gráficos y objetivos.

9. Bebe mientras esperas. A lo largo del año he aprendido que se pueden hacer muchas cosas mientras esperas a que se haga el café por la mañana o a que el agua de la ducha salga caliente. Sea como sea, intenta beberte un vaso entero de agua durante tu rutina de la mañana para empezar a reponer toda el agua que has perdido durante la noche. Si conectas la acción de beber agua con algo que hagas cada mañana, como prepararte el café, bañarte o maquillarte, te asegurarás de no olvidarlo y te ayudará a interiorizar este hábito como parte de tu rutina, igual que lo son estas otras actividades.

10. Recuérdate continuamente lo mucho que se benefician tu cuerpo, cerebro, corazón y piel cuando bebes agua. Aumentar la ingesta de agua es una inversión muy pequeña que permite lograr enormes beneficios para la salud. Si notas que

tu ingesta de agua está menguando, recuérdate lo mucho que hace la hidratación por tu cuerpo, alimentando el cerebro, abriéndote las venas y el corazón, limpiándote los riñones, suavizándote la piel, preparando tus músculos, llenándote el estómago, acelerándote el metabolismo y haciendo que el resto de los órganos y de las funciones físicas del cuerpo funcionen de forma óptima.

CAPÍTULO 7

JULIO
Más pasos

Mi historia

La gente que vive en la ciudad de Nueva York camina más que cualquier otra persona en Estados Unidos, con una media de 8 000 pasos al día. En comparación, la mayoría de los estadounidenses caminan solamente 4 700 pasos al día, según un estudio reciente.

Yo vivo en la ciudad de Nueva York y también trabajo como profesional de la salud, lo cual debería significar que doy 8 000 pasos al día. Pero, por desgracia, esto no es cierto.

Aunque yo no había registrado nunca conscientemente los pasos que daba hasta que empecé este reto, cuando calculaba cuánto había caminado en un día o en una semana, el número de pasos siempre era patéticamente bajo. De hecho, dar 4 700 pasos al día (la media de los estadounidenses) sería un logro para mí. En vez de esto, parece que estoy rondando los 3 000 pasos diarios, incluso bajando a 2 000 en los días que estoy a tope entre el programa y el trabajo y me veo obligada a ir en coche a todas partes en vez de caminar o utilizar el transporte público, como hacen la mayoría de los neoyorquinos. Además, cuando hago ejercicio, normalmente hago bici o pesas, lo cual no aporta nada a mi recuento total de pasos.

Por estos motivos, intentar hacer más pasos me pareció un reto que me podía dar frutos fácilmente; era algo que tenía que hacer y de lo que muchas otras personas también podrían beneficiarse. También me esperaba un mes lleno de viajes, lo cual significaba que no tendría la oportunidad de ir al gimnasio tan a menudo como me gustaría. Aunque nunca había considerado que caminar fuera una forma de hacer deporte, pensé que me ayudaría a mantener mi estado físico y a quemar calorías a la vez.

También tenía otro motivo oculto para querer caminar más. Antes de que empezara el mes había alcanzado mi peso máximo, que solo había superado cuando estaba embarazada. Había ganado peso en unas vacaciones recientes y no me gustaba cómo me sentía ni me gustaba mi aspecto. No estamos hablando de una gran cantidad de kilos (solo dos), pero me molestaba. Además, para una mujer de mi edad, en los cuarenta, engordar podía ser una pendiente peligrosa, en la que unos pocos kilos de más se convierten de repente en cinco o incluso diez kilos más de lo que deberías pesar. Quería cortarlo de raíz ya, y caminar me parecía un complemento fantástico del ejercicio regular y de una dieta saludable.

Aunque no pensaba que me resultara físicamente difícil, sabía que este reto de dar más pasos sería agotador desde el punto de vista de los horarios. Normalmente, mis días empezaban muy temprano con un trayecto al foro del programa de televisión; no puedo ir caminando, ya que los productores no se quieren arriesgar a que un colaborador se caiga en un bache de la calle o a que lo atraquen justo antes de empezar. Aunque podría caminar hasta casa, tardaría unos treinta minutos, lo cual es un tiempo que casi nunca tengo porque a las diez de la mañana empiezo a visitar pacientes en mi consultorio de Nueva Jersey. Voy en coche hasta allí y después también vuelvo a casa en coche; por desgracia, no se puede ir caminando desde la ciudad hasta allí, ni tampoco puedo ir en transporte público. En cuanto llego a la clínica, solo camino tramos de seis metros, que es la distancia que hay entre las diferentes salas de examen. Como no tengo una pausa marcada para almorzar, no tengo tiempo de salir a pasear. Después, cuando salgo del trabajo, voy a casa y vuelvo a salir otra vez para ir al gimnasio o a una clase de SoulCycle, y lo hago en coche porque a menudo tengo que ir volando a una cena de trabajo o con amigos.

No obstante, hay algunos momentos a lo largo de la semana en los que puedo caminar. Si no tengo pacientes que visitar, tengo más tiempo y puedo caminar hasta las reuniones de la tarde en la cadena ABC, que está a quince minutos de mi casa. También puedo caminar después del trabajo si no tengo una cena o algún evento al que ir, y puedo ir caminando a SoulCycle los fines de semana. Pero lo reconozco, estas posibles rutas son oportunidades excepcionales, no acontecimientos regulares.

Cuando pensaba en cuántos pasos me debería marcar como objetivo diario para el mes, quería que fuese un número que me quedara bien con mi horario; no quería que fuera un número demasiado ambicioso que me decepcionara o me hiciera fracasar. El mes anterior a empezar el reto había calculado que daba una media de 5 000 pasos diarios, aunque muchos días durante la semana laboral apenas alcanzaba los 2 500 pasos, así que apostar por 7 500 pasos al día me parecía un objetivo razonable, dada mi carga de trabajo y el hecho de que ya hacía ejercicio de forma regular, lo cual mitigaba la importancia de dar 10 000 pasos al día. Decidí llevar mi celular siempre conmigo, con la aplicación integrada para contar pasos encendida todo el tiempo, para que registrar mi progreso fuera fácil.

Estaba más emocionada con este reto que con el resto que ya había logrado, sobre todo porque me motivaba el hecho de perder un poco de peso y tenía curiosidad por ver si hacer algo tan simple como añadir pasos me ayudaría a lograrlo. Como médico, también tenía ganas de disponer de información en tiempo real para registrar mi progreso; con el cuentapasos sabría al instante si estaba alcanzando el objetivo, sin margen para las interpretaciones personales y las opiniones. No obstante, esta falta de subjetividad me ponía nerviosa a la vez: si fracasaba, lo sabría y tendría pruebas claras en mi celular que me lo recordarían.

Primera semana
Hacer más pasos es mucho más fácil de lo que piensas
Con mi cuentapasos en mano y un deseo abrumador de caminar para quitarme los kilos de más, empecé el mes registrando unos penosos 4270 pasos. Aunque estaba decepcionada, no me sorprendía: había pasado el día entero en el trabajo, visitando a pacientes, y no había tenido tiempo de dar unos cuantos pasos de más cuando llegué a casa después de una jornada laboral de quince horas. A ver, en realidad, dar 4270 pasos ya era mejor que dar 2500, así que sabía que intentar hacer más pasos (levantándome para hablar con mi enfermera, Ana, en vez de enviarle un correo electrónico y sacar a pasear a *Mason* durante un rato más largo) ya se estaba notando.

El día siguiente también fue un día largo en el trabajo, pero esta vez estaba determinada a no volver a repetir los mismos resultados. Cuando miré mi cuentapasos de camino a casa y me di cuenta de que aún estaba dolorosamente por debajo de mi objetivo, me puse en la caminadora del gimnasio del sótano durante veinte minutos, lo cual hizo crecer mi recuento del día a 8995 pasos.

¡Toma! Esa caminadora se convertiría en mi arma secreta en la batalla de caminar más.

El tercer día apliqué una táctica similar, ya que caminé hasta SoulCycle y regresé también caminando; vi que volvía a tener un recuento demasiado bajo de pasos después de otro día en el trabajo, así que con el trayecto a SoulCycle computé un total de 9 457 pasos. A la mañana siguiente volé a Canadá, pero me anticipé a las siete horas que pasaría volando con una caminata infinita alrededor de la puerta de embarque, mirando el celular casi todo el tiempo mientras veía que mi recuento de pasos subía hasta un total de 9 366 pasos.

Cuando llegué a Vancouver, hice algo que no había hecho nunca antes conscientemente: computé 15 360 pasos en un día. Por la mañana utilicé la caminadora del gimnasio del hotel, simplemente porque no estaba segura de cuánto podría caminar durante el día. Pero en cuanto estuve en la ciudad, decidí que mi compañero de viaje y yo exploraríamos Vancouver a pie. Así que no tomamos voluntariamente ni un taxi, y aquello se convirtió en un reto social muy divertido porque mi amigo empezó a registrar también sus pasos en el celular. Me emocioné muchísimo cuando vi que había conseguido hacer más de 15 000 pasos al final del día. Y aún mejor, sabía que había experimentado y disfrutado la ciudad aún más que si la hubiera recorrido de taxi en taxi.

Al día siguiente caminamos (o más bien ascendimos) por un camino de Vancouver llamado Grouse Grind, un infame y agotador recorrido de 2 896 metros en subida. Dado lo mucho que sudé y lo fuerte que respiraba al llegar a la cima, pensé que habría hecho muchos más pasos de los 8 979 que registré a lo largo del día, pero no podía quejarme. El último día de la semana hice más de 8 000 pasos, pero de una forma mucho más fácil, rodeando la puerta de embarque de Vancouver antes de embarcar en el vuelo de vuelta a

Nueva York. Por suerte, estaba bebiendo más agua después del reto de hidratación de junio, porque si no, tanto caminar, hacer ejercicio y viajar me hubieran dejado con otra piedra en el riñón.

Cuando se acabó la semana, la media era de 8 939 pasos al día, una gran mejora respecto a mi situación de la semana anterior, en la que tuve una insignificante media de solo 3 854 pasos. Además, no podía creer lo fácil que me había resultado, a pesar de mi lento arranque y de los dos días enteros de viaje. No me sentía para nada cansada (no tenía ni ampollas, ni dolores, ni molestias), y lo más importante es que me sentía notablemente más positiva e incluso más feliz. El hecho de caminar más y estar menos sentada me había mejorado el flujo sanguíneo, me había generado más endorfinas y había potenciado la actividad mitocondrial del cerebro. Y lo mejor de todo, había perdido medio kilo, lo cual se debía completamente a los pasos extra que había dado, ya que no había hecho ningún otro cambio en mi dieta o en mi rutina de ejercicio.

Segunda semana
Duplica tus pasos para perder grasa y adelgazar
Alentada por el éxito de la primera semana, volví a mi consultorio preparada para empezar la segunda semana con mejor pie, literalmente. A lo largo del día iba y volvía de la recepción de la clínica, intentando caminar aunque fueran unos pasos de más entre visita y visita. Cuando me di cuenta de que aún llevaba muy pocos pasos, hice veinte minutos en la caminadora al llegar a casa. Después saqué a *Mason* a pasear durante un poco más de tiempo, logrando un total de 8 320 pasos (más de lo que había podido hacer en mucho tiempo en un día laborable).

Pero al día siguiente solo llegué a los 4 333 pasos, viendo pacientes todo el día y luego corriendo para tomar un vuelo a Londres por la noche. Sí logré caminar un poco por el aeropuerto antes de despegar, pero sabía que sería un día decepcionante, ya que no tuve tiempo de sacar a *Mason* a pasear y ya ni te cuento lo de caminar en la caminadora o ir al gimnasio.

Fui a Londres por trabajo y mi itinerario para el primer día estaba repleto de actividades. Aunque había un gimnasio en el hotel, no tuve tiempo de ponerme en la caminadora, ni de hacer mi meditación matutina que aún intentaba hacer cada mañana; salí corriendo antes de desayunar, tomé un taxi para cruzar la ciudad y llegar a los eventos en los que tenía que hacer acto de presencia. Estos eventos continuaron hasta la noche y cuando finalmente llegó el momento de hundirme en la cama del hotel por la noche, vi que solo había sido capaz de hacer 4 468 pasos.

No obstante, al día siguiente no tenía obligaciones de trabajo y empecé la mañana exactamente como yo quería: con un poco de meditación, flexiones y planchas, y una caminata de diez minutos en la caminadora del hotel antes de levantar pesas (en este momento estaba haciendo un poco menos de cardio que durante el mes de abril porque tenía la agenda apretadísima, pero no había olvidado los entrenamientos). Después de mi sesión de gimnasio, salí a visitar Londres a pie, tomando solo dos taxis a lo largo del día (y simplemente porque no podía llegar a tiempo a pie allí donde había quedado con mis amigos). Hice una excepción, ya que, por lo general, yo voy en taxi a todas partes, pero optar por ir caminando me produjo grandes resultados, puesto que ese día registré 13 181 pasos.

Luego tuve que volver a trabajar, así que a la mañana siguiente tomé un taxi para que me llevara a un evento que duraba todo el día en la otra punta de la ciudad. Cuando estaba en el taxi de vuelta al hotel después de cenar, miré el contador de pasos, y el número era tan patéticamente bajo que, a pesar de ser muy tarde, me arrastré hasta la caminadora del gimnasio y caminé durante treinta minutos. Incluso con esta larga caminata me acosté con solo 3 634 pasos. En este punto, era evidente que aquello era una batalla en toda regla: trabajo contra pasos. Y como el trabajo no era algo opcional, tenía que pensar una manera de hacer más pasos incluso en los días más ajetreados.

Por suerte, al día siguiente tenía solo unas pocas horas de trabajo por la tarde para una aparición en el programa de televisión. Esa mañana decidí caminar desde el hotel hasta la Torre de Londres. Este castillo, si no has ido nunca, es inmenso y la única manera de verlo es a pie, así que pasamos varias horas caminando por los terrenos y viendo todo el interior del recinto amurallado, del palacio y la prisión. Después de grabar el programa fuimos a comer a Notting Hill. Yo ya había estado por esa zona de Londres, pero hacía un día tan agradable (y al fin y al cabo, seguía siendo una turista) que sugerí caminar por allí después de comer para ver escaparates. Mientras lo hacíamos, pensaba en lo fácil y agradable que sería hacer esto en casa con familiares y amigos, incluso en aquellas zonas de Nueva York que ya conocía. Al final del día había caminado 17 450 pasos, un nuevo récord para este mes.

Finalmente, había llegado el momento de volver a casa. Aterrizamos en Nueva York por la mañana y a pesar del desfase horario, logré hacer un hueco para ir caminando a SoulCycle (¡sesión de cardio!) y volver a casa, con lo que al final del día había llegado a 5 113 pasos. Esto era algo inusual en mí: acababa de cruzar un enorme océano después de pasar unos días en tres zonas horarias diferentes del mundo y aun así estaba llena de energía. Mi única explicación eran las caminatas, aunque es verdad que también seguía bebiendo más agua. Me sentía revitalizada, pese a las treinta horas en total que había pasado en aviones desde que empezó el reto.

Después de volver de Londres, pesé: había perdido 0.75 kilos. Para mí, esto era más impresionante que el impulso de energía, o el hecho de que hubiera logrado perder casi 1.5 kilos en dos semanas simplemente caminando más. No era capaz de ir al gimnasio tan a menudo como quería a causa del descabellado plan de viajes que tenía, y seguro que no estaba restringiendo mi dieta, ya que estaba comiendo fuera casi cada noche y asistiendo a eventos (pero no había abandonado mi reto de mayo de elegir alimentos vegetales más saludables en vez de carne roja siempre que fuera posible).

Eso sí, acabé la semana con una gran ampolla en un pie, totalmente por mi culpa: en Londres llevé unos zapatos que no eran deportivos sino que eran únicamente de vestir. Además, estaba frustrada por no haber podido registrar aún más pasos en los días ajetreados, pero había aprendido una valiosa lección, que era posible hacer más pasos en los días que tenía libres, como hice en Londres. Y aunque había registrado mi récord de pasos haciendo turismo, estaba segura de que podía adaptar ciertas actividades en Nueva York, como dar un paseo después de comer.

Tercera semana
Cómo dar más pasos puede suprimir el apetito
y acabar con los antojos

La semana empezó con mañanas consecutivas en el programa *GMA*, luego con largas horas en mi consultorio médico visitando a pacientes a los que no había podido atender la semana anterior. Mis pasos estuvieron en consonancia con los que hacía en los días ajetreados: el primer día solo pude alcanzar los 3889 pasos y el segundo, 4963.

A mitad de la semana tomé otro vuelo nocturno, esta vez a París, haciendo un hueco para una caminata rápida de veinte minutos en la caminadora antes de irme al aeropuerto. Intenté sumar unos cuantos pasos mientras esperaba para embarcar, pero cuando me senté en el avión, solo había acumulado 4584. Estaba un poco decepcionada porque parecía que la semana empezaba con el pie izquierdo, pero sabía que si lograba dormir un poco en el avión, podría caminar tanto como quisiera por París. El viaje era puramente por placer (unas vacaciones cortas con mi amiga Laura) y sería genial para ver la ciudad de una forma en que nunca la había visto.

Si le hubiéramos puesto una temática a los siguientes tres días sería *Vive le Marche*, puesto que lo único que hicimos fue caminar. Laura fue muy generosa permitiéndome que la llevara a todos los sitios caminando, lo cual hacíamos en casi todos nuestros destinos. Ella tenía una pulsera de actividad, así que pasamos varias horas en un café comparando cuántos pasos había registrado su dispositivo comparado con mi celular. Curiosamente, el cuentapasos estaba siempre un 20-25 % por debajo de la pulsera de actividad en cuanto a pasos, lo cual me hizo sentir un poco mejor acerca de mis patéticos días de caminatas a principios de semana. E hizo que me impresionara aún más lo que hicimos en París, al registrar 16513 pasos el primer día, 10401 el segundo y 19021 el último (mi récord mensual hasta la fecha).

En el avión de vuelta a casa, estaba realmente cansada de tanto caminar, pero no tenía dolores ni molestias, ni siquiera en las rodillas. Además, no tenía ni una sola ampolla: había llevado mis tenis de gimnasio puestos casi todo el tiempo, planificando mis modelitos adrede para no parecer una turista estadounidense ordinaria, y caminando así en las mejores condiciones posibles. El último día registré solo 3 412 pasos, pero no estaba disgustada. En vez de eso, busqué mi media semanal, que para mí era impresionante: 9 212 pasos.

Después de París también sentí que mi apetito había disminuido. Ya tenía menos hambre después de mi mes de junio de hidratación, pero cada vez era más impresionante: a pesar de haber estado tres días en el país conocido por sus *croissants* de mantequilla, *soufflés* de chocolate y otros alimentos ricos, no había estado tan tentada por estos placeres como lo habría estado en cualquier otra ocasión. Además, era mucho más consciente de mi consumo de vino, después del mes de enero sin alcohol, así que no consumía tantas calorías en forma de alcohol como lo habría hecho estando de vacaciones anteriormente.

Al final de la semana había vuelto a perder 0.75 kilos, pese a mi viaje a París. Me sentía físicamente más ligera, mientras que mis niveles de energía seguían aumentando. Mi éxito hasta el momento también era mentalmente gratificante, en parte porque había perdido peso, pero también porque sabía que, sin duda alguna, estaba logrando este reto, gracias al cuentapasos.

Cuarta semana
Cómo caminar más puede dar felicidad
La última semana empezó igual que la mayoría de las semanas del mes: en un avión. Tenía que estar en Los Ángeles por trabajo, así que el día después de haber llegado de París entré en un avión muy temprano hacia L. A., logrando dar algunos pasos en el aeropuerto, hasta alcanzar un total de 4 229 pasos.

Lo bueno de este viaje, aunque fuera por trabajo, era que se ubicaba principalmente en la Universidad de California (Los Ángeles), y la única manera de ir de un evento a otro era caminando. Para ir a la segura, hice una caminata de treinta minutos en la caminadora del hotel por la mañana, pero resultó no ser necesaria. Al mediodía ya había superado mi objetivo diario, pero aun así no desaproveché la oportunidad de sugerir que camináramos 2,5 kilómetros desde el campus de la universidad hasta un restaurante donde quería llevar a mi equipo a cenar. Aunque mi opción por defecto hubiera sido tomar un taxi, ahora quería caminar siempre que tuviera el tiempo de hacerlo, una actitud que me ayudó a alcanzar los 9620 pasos al final del día.

El día siguiente empezó ridículamente temprano, con la alarma puesta a las tres y media de la madrugada para tomar un avión de vuelta a Nueva York, de modo que era impensable caminar en la caminadora, por no hablar de hacer meditación o cualquier otro hábito matutino saludable. Después de aterrizar tomé un taxi para llegar a casa, me cambié de ropa rápidamente y luego tomé otro taxi hacia el centro de la ciudad, para llegar ligeramente tarde a un acto benéfico que presentaba yo. Ese día fue el peor del mes hasta el momento (solo 2771 pasos), pero estaba determinada a no dejar que me molestara. Mentalmente, sabía que lo estaba haciendo muy bien este mes y estaba aprendiendo que no le puedes pedir peras al olmo cuando tienes un día desenfrenadamente ajetreado.

Al día siguiente visité pacientes sin parar, pero logré sacar a pasear a *Mason* un par de veces, con lo que alcancé un total de 5803 pasos. A la mañana siguiente tenía que volver al aeropuerto para volar a Detroit, donde Chloe tenía partidos de hockey todo el fin de semana. Tuve mucho más tiempo en la terminal que el día que volé a Los Ángeles, así que me puse a caminar por la puerta de embarque antes de despegar. La terminal de Detroit es extensa, así que hice varios cientos de pasos solo para ir desde las llegadas al mostrador de renta de coches. Luego, como Chloe siempre tiene que estar en la pista sumamente temprano, empecé a caminar esperando a que empezara el partido, cambiando de asiento al final de cada cuarto, añadiendo así más pasos. Al final del día, a pesar de haber volado, solo estaba 400 pasos por debajo de mi objetivo: 7 099.

El primer día completo en Detroit registré 9 073 pasos caminando en la caminadora durante treinta minutos, luego caminando alrededor de la pista de juego y más tarde por la ciudad para ir a comer. Al día siguiente, Chloe tenía un partido por la mañana, así que caminé un poco más por la pista y luego caminé hasta el conocido Hudson Café para comerme un *brunch*. Lo siguiente ya fue volver al aeropuerto, pero llegamos tan pronto que dejé mi equipaje con Chloe y caminé toda la longitud de la extensa terminal de Detroit... dos veces. Ya había superado mis 7 500 pasos, pero quería 1) pasar el tiempo y 2) quemar calorías extra, ya que ese día no podría ir al gimnasio. Cuando me crucé con otro padre del equipo de hockey que también era un amante del *fitness*, compartimos unas risas porque él sabía exactamente lo que yo estaba haciendo: al tener hijas deportistas en un equipo deportivo exigente, nuestras rutinas de ejercicio se habían relegado a caminar por los aeropuertos. Pero a mí no me importaba, especialmente cuando vi que ese día había registrado 9 689 pasos.

Los dos días siguientes alcancé 8 907 y 8 806 pasos con más caminatas en la caminadora e intentando hacer pasos extras en el trabajo. El último día del mes, cuando me di cuenta de que estaba por debajo de los 7 500, subí con *Mason* a la azotea de mi conjunto de departamentos por la noche, por encima de todas las centelleantes luces de Nueva York, y paseamos por el perímetro hasta que me aseguré haber llegado a los 7 523 pasos.

Al final del mes había alcanzado una media de 8 284 pasos al día en el cómputo total del mes. Me sentía más positiva y alegre de lo que podía recordar en mucho tiempo y estaba orgullosa de haber hecho algo que nunca había considerado una prioridad para mi salud y mi bienestar. Está claro que sabía que caminar era importante para mi salud básica, pero lo consideraba como comer y respirar, una actividad que hay que hacer para vivir en vez de para estar activa o incluso para mejorar tu estado físico y tu salud. Nunca me habría imaginado que dar más pasos tendría los beneficios que tuvo, e incluso que podía reemplazar un entrenamiento tradicional en aquellos días en los que no tenía ni un hueco en la agenda para ir al gimnasio.

En resumen, cuatro semanas caminando con regularidad habían cambiado cómo me sentía por dentro y por fuera. Yo siempre he sido una persona energética, pero cuando empecé a moverme más y a sentarme menos, esta actividad extra me subió el nivel de energía por lo menos un 25 %. A la vez, me sentía más tranquila, como si caminar fuera una especie de meditación en movimiento.

También perdí casi 1.5 kilos, algo impresionante en un mes en el que había viajado mucho, incluyendo varios viajes por placer, de modo que no había sido capaz de hacer demasiado ejercicio. Me sentía el vientre más plano, y lo único que había hecho distinto era caminar más. Y a pesar de todas las caminatas, no tenía ni dolores ni molestias, aparte de la ampolla que me salió en Londres, que desapareció después de que empezara a prestar atención al calzado que me ponía. Y seguramente lo más importante, me encantó caminar más por la vida. Me hizo más feliz y ya no sentía que el reto del mes fuera un deber o algo que me tenía que obligar a hacer.

JULIO: MÁS PASOS
**Los fundamentos científicos
que hay detrás de dar más pasos**

En la última década, múltiples estudios han demostrado que los estadounidenses no caminan lo suficiente, y esta inactividad está pasando factura a su salud colectiva. Titulares como «Estar sentado es tan malo como fumar», «Caminar 15 minutos al día te podría salvar la vida» y «Estar sentado es el nuevo cáncer», pese a ser exagerados, han llamado la atención sobre el hecho de que estamos demasiado tiempo sentados y no caminamos tanto como necesitaríamos para mantenernos saludables y prevenir el aumento de peso y las enfermedades crónicas como el cáncer, el alzhéimer y las enfermedades coronarias. No obstante, caminar más ofrece otros beneficios muy sorprendentes. Lo único que necesitas son dos pies (no hay que usar ningún aparato especial ni ser miembro de ningún gimnasio) para perder peso y emprender un camino, literalmente, hacia una mejor salud.

Caminar puede ayudarte a perder más peso de lo que piensas
Recientemente se ha generado un gran revuelo acerca de perder peso comiendo pocos hidratos de carbono y haciendo intervalos de ejercicio de alta intensidad, dos enfoques que requieren importantes modificaciones de la disciplina y del estilo de vida y que son extremadamente incompletos cuando hay que tratar complejos trastornos de sobrepeso u obesidad. Aunque se sabe que ambos tienen fundamentos científicos, los expertos en gestión del peso también saben que algo tan básico y comprobado como simplemente moverse más también puede tener grandes beneficios para tu cintura.

Por ejemplo, un estudio de 2002 de investigadores de la Universidad de Miami descubrió que las personas que caminaban a un paso moderado durante solo tres horas a la semana (el equivalente a unos 18 000-27 000 pasos por semana, o 2 600-3 900 pasos al día) perdían considerablemente más peso que aquellas que consumían el mismo número de calorías pero no hacían el esfuerzo de caminar más. Aquellas personas que caminaban también tenían niveles inferiores de colesterol e insulina (la hormona del cuerpo que almacena grasa) al final de tres meses de estudio.

¿Cómo puede ayudarte caminar a perder peso? Muy sencillo, esta actividad ayuda a tu cuerpo a quemar calorías. Según el Consejo Estadounidense del Ejercicio (ACE), una persona que pesa 65 kilos quema 7.6 calorías por minuto cuando camina a un ritmo de 8:20 minutos por kilómetro, o 228 calorías por una caminata de treinta minutos. Los expertos del ACE también afirman que puedes quemar hasta 3 500 calorías por semana (el equivalente a la pérdida de medio kilo de grasa pura) simplemente caminando 10 000 pasos al día.

Caminar puede que incluso te ayude a perder peso a nivel celular. Un grupo de investigadores de la Universidad de Harvard descubrió que la gente que caminaba enérgicamente durante una hora al día reducía a la mitad los efectos de más de treinta genes que fomentan la obesidad; dicho de otra forma, caminar ayuda a burlar la predisposición genética a la obesidad. ¿No tienes una hora para caminar? No te preocupes. El estudio de Harvard también demostró que los genes de la obesidad están más activos en aquellas personas que caminan menos, lo cual significa que dar más pasos al día, sin importar cuántos, reduce el impacto del ADN que favorece el aumento de peso.

Da más pasos para reducir los antojos,
frenar el hambre y contener el aumento de peso
En contra de lo que se podría pensar equivocadamente, el ejercicio es una de las maneras más efectivas de suprimir el apetito, ayudándonos a reducir el hambre no solo después de un entrenamiento sino también en las horas que vienen después. Y lo que es aún mejor, no tienes ni que sudar para beneficiarte de estos efectos supresores del apetito que tiene el ejercicio físico: los estudios demuestran que caminar es una manera particularmente efectiva de acabar con los antojos y el hambre. Un estudio de 2012 de la Universidad Brigham Young descubrió que cuando la gente camina por la mañana, su cerebro responde menos a las imágenes de comida apetitosa que cuando no camina. En otro estudio de 2015 realizado por investigadores de la Universidad de Innsbruck en Austria se descubrió que caminar enérgicamente durante solo quince minutos puede eliminar el antojo de tentempiés dulces.

Caminar reduce el riesgo de cáncer de mama
Como ya debes de saber, el ejercicio físico es una gran medida preventiva contra el cáncer de mama. Sin embargo, un estudio reciente ha revelado que, en concreto, caminar también puede reducir la aparición del cáncer de mama, incluso en las poblaciones más vulnerables. Los investigadores descubrieron que las mujeres posmenopáusicas que caminaban por lo menos siete horas a la semana tenían un 14 % menos de posibilidades de desarrollar cáncer de mama que las más sedentarias. Otro estudio con aproximadamente 80 000 caminadoras y corredoras desveló que aquellas que cumplían las pautas de ejercicio de los Centros para el Control y la Prevención de Enfermedades (CDC por sus siglas en inglés), que recomiendan un ejercicio moderado de dos horas y media, o un ejercicio enérgico de una hora y quince minutos por semana, te-

nían un 42 % menos de posibilidades de morir de cáncer de mama en un periodo de once años que aquellas que no cumplían las directrices de los CDC.

Caminar te sube el ánimo, sin importar dónde y cuándo lo hagas
Tal y como descubrí, caminar puede tener un gran efecto en cómo te sientes y concibes el mundo, y no importa lo atareada que estés o si solo caminas por tu triste oficina. Un estudio publicado en 2016 en la revista *Emotion* reveló que caminar estimula el afecto positivo (en qué grado podemos experimentar la positividad), haciendo que nos sintamos más enérgicos, implicados, entusiastas y abiertos a la alegría, independientemente de nuestro estado de ánimo actual o del entorno en el que caminemos. Los investigadores concluyen que incluso un paseo rápido por los pasillos de la oficina o por las grises calles suburbanas puede ser motivante y producir sentimientos de felicidad.

Caminar no solo te hace feliz, sino que puede ayudarte a combatir la depresión, la ansiedad y el estrés. Según la Asociación de Trastornos de Ansiedad y Depresión de Estados Unidos (ADAA, por sus siglas en inglés), los investigadores han descubierto que dar un paseo de diez minutos puede reducir los sentimientos de depresión, fatiga y rabia y sofocar la ansiedad con tanta efectividad como una sesión de entrenamiento de cuarenta y cinco minutos. Los efectos de un paseo rápido y corto no desaparecen justo cuando volvemos a la oficina o llegamos a casa, sino que, según los científicos, los efectos que tiene caminar en el estado de ánimo pueden durar horas después de una simple caminata.

Caminar te puede hacer más inteligente
Uno de los motivos por los que disfruté de caminar durante el reto de dar más pasos es que me ayudaba a pensar con más clari-

dad. Resulta que aumentar el número de pasos puede mejorar el rendimiento cognitivo, según los investigadores, en parte porque aumenta el flujo de sangre, oxígeno y nutrientes hacia el cerebro. Caminar con regularidad también impulsa el crecimiento de nuevas neuronas y las conexiones entre las células cerebrales, a la vez que aumenta el tamaño del hipocampo (el cual controla la memoria) y previene el deterioro de los tejidos relacionados con la edad. Por estos motivos, los investigadores han descubierto que caminar puede ayudar a potenciar la alerta mental y la memoria.

¿Te está costando encontrar una solución o una estrategia nueva? Intenta salir a pasear. En 2014, un grupo de investigadores de la Universidad de Stanford descubrió que caminar puede mejorar el rendimiento creativo hasta un 60 %. Los científicos concluyeron que era el acto de caminar, no necesariamente el entorno en el que se paseaba, lo que ampliaba la capacidad de pensamiento, ya que los participantes caminaban en una caminadora.

Caminar mejora la densidad ósea como ningún otro ejercicio físico
Tengo muchas pacientes que son muy activas, que siempre andan en bici, nadan o reman por el río Hudson. Y aunque las elogio por hacer deporte, también les recuerdo que estas actividades no mejorarán su salud ósea porque no están soportando peso. Y aquí es donde entra el caminar. Caminar, al igual que correr, levantar pesas, bailar y otras actividades de impacto, estresa los huesos, lo cual estimula el crecimiento celular y, en consecuencia, se desarrolla fuerza ósea. Pero no hace falta que saltes o esprintes para obtener estos beneficios. Un estudio de 1994 publicado en la revista *The American Journal of Medicine* descubrió que las mujeres que caminaban un kilómetro y medio al día tenían una densidad ósea mejor que aquellas que caminaban distancias más cortas. Un

estudio de 2002 llevado a cabo por investigadores del Brigham and Women's Hospital descubrió que caminar reduce un 30 % el riesgo de fractura de cadera. Yo recomiendo a mis pacientes con osteopenia u osteoporosis que cuando salgan a caminar, se pongan un chaleco de peso o incluso que lleven alguna bolsa del súper para someter a sus huesos a un mayor estrés positivo por el hecho de soportar peso.

JULIO: MÁS PASOS
Tu historia

¿Cuántos pasos deberías dar al día?

Aunque 10 000 pasos al día puedan ser la recomendación más habitual para gozar de buena salud, si actualmente no caminas demasiado, puede que este objetivo sea demasiado ambicioso. Antes de empezar el reto del mes, comprueba cuál es tu cifra actual de pasos utilizando una aplicación gratuita en el celular que te haga de podómetro, o invierte en un dispositivo de monitorización que puedas llevar puesto (mira el primer consejo que encontrarás a continuación). Si alcanzas menos de 2 000 pasos al día, empieza con un objetivo diario de 3 500 pasos y auméntalo en 500 pasos por semana hasta llegar a los 5 000 pasos, el mínimo que los expertos dicen que necesitamos para estar sanos y en forma.

Caminar es algo muy sencillo de hacer, y es muy fácil encontrar un hueco en tu vida para ello si simplemente empiezas a priorizarlo. Piénsalo así: aunque tu estilo de vida actual no te ofrezca demasiadas oportunidades para caminar, la única manera de llegar de A a B, incluso si es desde la habitación al coche, es caminando. Esto significa que puedes aumentar tu número de pasos simplemente caminando un poco más lejos en cada paseo que des. Pero como esto es más fácil de decir que de hacer, aquí tienes diez maneras de incluir más pasos en tu vida diaria.

1. Encuentra un dispositivo de seguimiento que te funcione a ti. En mi caso, la aplicación de contar pasos de mi celular me salvó la vida en este reto, permitiéndome controlar de forma fácil y rápida los pasos que hacía cada día. Tener una prueba sólida de cuántos pasos daba cada día y en qué medida me acercaba a mi objetivo diario me motivaba a caminar más y me daba una sensación de éxito gratificante siempre que superaba los 7500 pasos. Casi todos los teléfonos inteligentes tienen un podómetro incorporado; si no, hay infinitas aplicaciones gratuitas que puedes descargar. Si prefieres no utilizar el celular, plantéate invertir en un dispositivo de monitorización que puedas llevar puesto, como una pulsera de actividad o un reloj de pulsera inteligente.
2. Plantéate cada tarea del hogar, cada rutina diaria y cada llamada telefónica como una posibilidad de dar más pasos. Seguro que ya has oído estas recomendaciones antes: estaciona el coche lejos de la oficina o de la tienda adonde vayas, opta por las escaleras en vez del elevador y camina para hablar con un compañero de trabajo en vez de enviarle un correo electrónico. Son consejos más viejos que Matusalén, pero son antiguos por una razón, y es que funcionan. Añadir más pasos a tus tareas diarias y a tus rutinas es la manera más fácil e impecable de caminar más. Plantéate los recados o

las tareas de casa como divertidas oportunidades de acumular pasos en tu podómetro o pulsera de actividad. Por ejemplo, ¿cuántos pasos puedes acumular yendo al banco, o doblando y guardando la ropa limpia en los roperos de casa? Finalmente, utiliza todas las llamadas, tanto si son personales o de trabajo, para caminar y hablar, tanto si es por dentro de casa como por la oficina.

3. SACA A PASEAR A TU PERRO, EN SERIO. Antes de empezar este reto, sacaba a pasear a *Mason* solo para que hiciera pipí o caca, lo cual aparte de evitar desastres, no beneficiaba realmente al perro, ni a mí. Pero ahora he empezado a pasear con él, lo cual me lleva solo unos cinco minutos más, y así damos el paseo que ambos necesitamos tan desesperadamente. Este mes, en vez de deambular esperando a que *Spot* o *Daisy* hagan sus necesidades, dedica tiempo a sacar realmente a pasear a tu cachorro, paseando unos minutos más de lo normal. Al fin y al cabo, ya estás fuera y paseando, y cinco minutos más no te descuadrarán los horarios, pero sí te aportarán 500 pasos más.

4. REPLANTÉATE TU CALZADO. Yo me di cuenta bastante rápido de que no podía hacer caminatas espontáneas y largas si llevaba los tacones del trabajo o zapatos de vestir que no estaban pensados para hacer deporte. Por eso empecé a llevarme los tenis del gimnasio allí adonde iba (al trabajo, a la otra punta de la ciudad para quedar con amigos, cuando viajaba), o me ponía los tenis del gimnasio para salir de casa y me los cambiaba por los tacones antes de quedar con amigos o compañeros. Por mucho que pienses que puedes caminar 5 000, 7 500 o incluso 10 000 pasos al día con unos zapatos planos o con unos bonitos botines, si lo haces un día tras otro durante un mes entero, tus pies (y tus articu-

laciones, huesos y músculos) puede que te convenzan de lo contrario.

5. CALCULA MÁS TIEMPO PARA IR CAMINANDO. Aunque solo se tardan doce minutos en caminar un kilómetro, la mayoría de nosotros no lo hacemos cuando tenemos que salir un momento a comprar o queremos tomarnos un café o ir al gimnasio. El motivo de nuestra holgazanería es a menudo la practicidad y no tanto la falta de tiempo; al fin y al cabo, el estadounidense medio pasa horas cada día viendo la tele y navegando por las redes sociales. No obstante, si no dedicas tiempo a caminar, no caminarás. Yo me di cuenta de que tenía más éxito acumulando pasos los días en los que estratégicamente asignaba veinte minutos más a una actividad diaria, como una clase de SoulCycle o una reunión en la cadena ABC, para así poder ir caminando en vez de ir en taxi o en coche.

6. CONVIERTE TU RETO EN ALGO SOCIAL PARA LOGRAR MÁS PASOS. Cuando les conté a mis familiares, amigos y compañeros que estaba haciendo el reto, la respuesta fue genial; muchas personas tenían ganas de unirse al reto, tanto si era durante una pausa de dos horas para comer o un viaje de tres días enteros. Esto era una fantástica fuente de apoyo y también hizo que el reto se convirtiera en un divertido esfuerzo de equipo. Mientras estaba en París con Laura, nos lo pasamos superbien comprobando cuántos pasos llevaba cada una a lo largo del día, comparando su pulsera de actividad con mi celular, y celebrándolo cuando registrábamos muchos pasos. En Nueva York salía a caminar antes o después de cenar con los amigos, lo cual acabó ofreciéndonos más tiempo de calidad de lo que hubiéramos tenido compartiendo un trayecto en taxi o incluso tomando una segunda

copa. También hay otras formas que me hubieran permitido socializar el reto. Por ejemplo, si quedas habitualmente con algún amigo o compañero de trabajo para tomar café, traten de llevarse el café y tomárselo mientras pasean. O en vez de quedar en casa de una amiga para comer, propón que caminen y vayan conversando hasta un parque y hagan un pícnic. Las opciones son infinitas si empiezas a pensar en los pasos que quieres dar.

7. AVANZA DÍA A DÍA, PERO TEN PRESENTE EL OBJETIVO GENERAL. Lo único que puedes hacer es intentar caminar lo máximo posible cada día de este mes. Pero habrá días en los que probablemente no serás capaz de alcanzar tu objetivo (si te enfermas, si el tiempo es horrible, o si se sientes tan abrumada por la vida que no puedes dar los pasos que quieres). No te desanimes ni te tortures por ello. A mí me pareció más fácil recuperar los pasos que me había perdido durante los fines de semana o cuando tenía días tranquilos. Julio tiene treinta y un días, así que si tienes un mal día, recuerda que tienes unos cuantos más para intentar caminar todo lo que querías.

8. CONVIERTE LAS ESPERAS EN OCASIONES PARA CAMINAR. Todos pasamos una parte del día esperando algo o a alguien, tanto si es un compañero de trabajo, un familiar o una amiga, un café, un vuelo, un elevador, o esperando a tus hijos en el coche... La lista es muy larga. Yo aprendí que convertir estos tiempos inútiles en caminatas de espera es una manera fácil de acumular más pasos. Aún te diría más: disfruté más de la espera cuando hice una serie de pasos en los aeropuertos de Vancouver, Londres y Detroit.

9. ENCUENTRA TU ARMA SECRETA PARA CAMINAR. Mi arma secreta este mes fue la caminadora en el gimnasio del sótano. Cuando

veía que llevaba muy pocos pasos, ir a la caminadora durante veinte o treinta minutos era una manera rápida, fácil y sencilla de acumular cientos de pasos de golpe. Aunque sé que no todo el mundo puede acceder fácilmente a una caminadora, no es la única forma de registrar unos cuantos pasos de golpe. Lisa Lillien, autora del blog *Hungry Girl* («Chica hambrienta») ha popularizado los paseos por casa, simplemente caminar por dentro de tu casa, como una forma fácil de acumular pasos. Hay otras personas a quienes les gustan las pistas de atletismo, los centros comerciales interiores o exteriores o los parques locales para sumar más pasos.

10. Camina con seguridad. Caminar es esencial para gozar de buena salud, pero deja de serlo si pone tu vida o tus extremidades en peligro. Por eso no recomiendo nunca caminar por barrios desconocidos por la noche o sola. Además, vivas donde vivas, no deberías caminar y utilizar el celular a la vez. Después del reto de este mes, acordé con mis hijos que nunca caminaríamos mientras usábamos el celular; puede haber demasiados peligros al acecho, como coches que van demasiado rápido, bicicletas, agujeros en la calle, zonas en obras e intersecciones que aparecen de repente. Incluso si no vives en un área urbana, caminar mientras estás absorta en tu celular te distraerá de tu entorno, en el cual puede haber amenazas como perros rabiosos, coches que se desvían o personas que quieran hacerte daño.

CAPÍTULO 8

AGOSTO
Uso consciente de la tecnología

Mi historia

En mis últimos años en la cadena ABC he estado rodeada de noticias y, en consecuencia, he oído muchas cosas acerca de la adicción colectiva de los estadounidenses a la tecnología. En resumen, siempre estamos utilizando nuestros celulares, laptops, computadoras, tabletas, relojes inteligentes y otros dispositivos, a menudo sin ton ni son, y esto está acabando con nuestra salud mental, física, emocional y social. Mis hijos lo llaman «ningufoneo» (*phubbing* en inglés), que es el acto de ignorar a los demás en situaciones sociales porque estás demasiado ocupada con tu celular. (Nota: este término no solo lo ha acuñado la generación Z, sino que también se ha generalizado en los medios de comunicación e incluso en algunos artículos médicos acerca de la adicción a la tecnología.) Y, desgraciadamente, esta palabra me la dicen mis hijos porque, a diferencia de la mayoría de las interacciones entre padres e hijos, normalmente soy yo la que está absorta en el celular, lo cual hace que mis hijos se enojen y se ofendan. ¡Y es normal que se sientan así!

Aunque no sea ninguna excusa, el motivo por el que a menudo estoy pegada a mi celular es porque, como médico, la salud de mis pacientes no siempre se limita al horario de nueve a cinco, de lunes a viernes. También tengo otro teléfono diferente para mi trabajo con la cadena ABC, en el que tengo que estar de guardia las veinticuatro horas del día por si hay alguna consulta médica o alguna noticia médica de última hora, o por si tengo que aparecer en alguna sección. Para tener un buen rendimiento en ambos trabajos, necesito estar constantemente conectada a mis dos celulares. Desconectar por completo no es una opción en mi caso. Nunca.

Sin embargo, cuando empecé a pensar en mi consumo tecnológico en el día a día, me di cuenta de que tenía un problema. En un día cualquiera recibo cientos de correos electrónicos, el 99 % de los cuales requiere una respuesta. No todos ellos necesitan una respuesta inmediata, pero a veces es difícil discernir cuáles son urgentes y cuáles pueden responderse más tarde o incluso otro día. Además, recibo unos veinte mensajes diferentes al día y muchos de ellos requieren una conversación. Igual que casi todas las personas que tienen un dispositivo móvil, utilizo mi teléfono para las redes sociales, en un 70 % por trabajo y en un 30 % por motivos personales. Intento responder a mis seguidores en Twitter e Instagram siempre que puedo, y también me gusta revisar Twitter cada pocas horas para estar al tanto de las últimas noticias médicas. También tengo dos páginas de Facebook, una de uso profesional y una personal. Finalmente, utilizo mi teléfono como si fuera una laptop, buscando las noticias del día e investigando temas médicos para amigos o pacientes o antes de mi sección en el programa *GMA*.

Incluso tengo el celular al lado de la cama por la noche y lo miro justo cuando me despierto. Miro el celular mientras me visto por la mañana, en el coche de camino al *GMA*, e incluso en el elevador del estudio de grabación. Cuando estoy en mi consultorio médico, trabajo desde el celular mientras almuerzo, a veces incluso utilizando mi laptop y mi teléfono a la vez. No parece que sea capaz de caminar al trabajo o al gimnasio sin enviar mensajes, leer o enviar correos electrónicos, y cuando llego a casa, el teléfono está conmigo en la mesa e incluso cuando me voy a la cama. En definitiva, si no estoy apareciendo en vivo en el programa de televisión o hablando con un paciente en mi consultorio, la mayoría del tiempo estoy con el celular.

Lo peor es que yo sabía que mi celular estaba interfiriendo en mis relaciones personales y evitando que disfrutara de cada momento, que observara mi entorno y que apreciara plenamente mi comida, mi familia y mis amigos. Me volví más consciente de mis hábitos no solo porque mi propio hijo adolescente me atrapara constantemente, sino también después de pasar tiempo con mi novio. Con él parecía que mi celular desapareciera, pues pasaba horas sin ni siquiera mirarlo. Esto significaba, sorprendentemente, que estaba viviendo el momento presente. ¡Qué emocionante! De algún modo, sospechaba que mi uso del celular también estaba afectando a mi salud. Esto fue lo que me hizo decidir que ser más consciente de mi uso del celular sería el reto perfecto.

Pero la parte difícil sería concebir un reto que me permitiera contar menos con mi teléfono. Consumir menos tecnología es una iniciativa sumamente personal: todos tenemos obligaciones profesionales y personales diferentes que dictan cuándo y dónde necesitamos nuestros celulares, laptops, tabletas, computadoras y otros aparatos y dispositivos. Personalmente, sabía que no podría desconectar por completo, así que para crear un objetivo para este mes tenía que examinar mi horario y mi estilo de vida muy de cerca para determinar cuándo tenía más sentido para mí, Jen, no utilizar el celular.

Consideré que el momento más obvio en el que no necesitaba

estar con el teléfono era cuando caminaba por Nueva York, algo que intentaba hacer mucho más a menudo durante mi reto de dar más pasos. A raíz de todas las caminatas que había hecho el mes anterior, había aprendido que mirar el celular mientras caminas no solo es peligroso (en la última década han muerto más de 5 000 personas, y 11 000 han resultado heridas por caminar mirando el celular), sino también innecesario. ¿Realmente me perdería algo tan urgente en los quince minutos que tardaba en llegar a la clase de SoulCycle o cuando caminaba hasta mi oficina en la cadena ABC? Y si recibía un correo electrónico o un mensaje que tenía que responder, ¿realmente podía idear una respuesta adecuada mientras intentaba llegar a tiempo a alguna parte, evitando taxis, coches, agujeros en la calle y otros peatones a la vez? De ninguna manera.

Pero de forma parecida al reto de mayo de comer menos carne y más verdura, no quería simplemente eliminar algo (mi teléfono, por ejemplo) sin introducir algo positivo en su lugar. Me comprometí a caminar sin mirar el celular durante un mes, pero concentrándome en disfrutar más de mi entorno mientras caminaba, algo que me di cuenta de que no había hecho en años. Agosto es caluroso y bullicioso en Nueva York, y nunca sabes qué o a quién verás: a algún famoso haciendo turismo, un restaurante nuevo o una bonita puesta de sol sobre el río Hudson. Pero tienes que prestar atención para eso. Ni siquiera me fijaba en algunos de los lugares más emblemáticos de la ciudad. Por ejemplo, ¿cuántas veces habré caminado por delante del impresionante campus del Lincoln Center sin mirarlo realmente?

Decidí empezar con este objetivo (evitar utilizar el celular siempre que caminara) y luego podría hacer que el reto evolucionara a medida que el mes avanzara y, con suerte, encontrar nuevas maneras de estar más presente sin tecnología.

Primera semana
Los increíbles beneficios de andar sin celular
durante solo treinta minutos

El primer día del mes fue caluroso y soleado, una mañana perfecta para un paseo veraniego desde mi casa hasta la cadena ABC, en la zona del Upper West Side. Sin embargo, al salir de casa, tuve que recordarme verbalmente que tenía que guardar el celular en la bolsa. Al fin y al cabo, tal y como lo estaba usando, mi celular ya no era un accesorio, sino más bien un apéndice.

Pero en cuanto guardé el celular y empecé a caminar, me sentí como una turista en mi propia ciudad. Había caminado esos mismos quince minutos hasta la cadena ABC muchas veces y me sabía la ruta de memoria, pero nunca la había hecho sin tener la cabeza sumergida en el celular. Me impactó de inmediato la vista del Lincoln Center, que tenía el aspecto de un deslumbrante templo antiguo con esa luz matinal. Las calles justo empezaban a llenarse de gente, mientras los cafés abrían sus puertas y abastecían las aceras con mesas y sillas y los vendedores de comida ambulante llegaban con sus carros para servir café y *pretzels* durante el día. Fue como si se abriera de repente un Nueva York completamente nuevo, una ciudad a la que había amado durante años, pero que realmente no había visto en meses.

Durante esa primera caminata no saqué el celular ni un segundo, a pesar de saber que habría gente que me habría enviado mensajes y correos electrónicos. Sin embargo, tan pronto como entré en el elevador de la cadena ABC saqué el teléfono, con un poco de pánico por si me había perdido algo importante. Pero cuando me di cuenta de que no había pasado nada demoledor en ese cuarto de hora, me sentí segura de que podía cumplir mi reto de ahora en adelante.

Hubo cuatro días de esa semana en los que hice caminando el trayecto entre mi casa y la cadena ABC y entre mi casa y SoulCycle, teniendo en cuenta que esta última caminata son unos treinta minutos por trayecto. En cuanto dejaba el teléfono en la bolsa no tenía problemas por dejarlo allí, pero seguía teniendo que repetirme a mí misma cada día que tenía que guardarlo allí, ya que tenerlo en la mano despertaba un reflejo muscular instantáneo.

Durante el resto de la semana, cuando no estaba en uno de mis paseos sin celular, me permitía hacer un uso normal del dispositivo. Pero intenté ser más consciente del ningufoneo, resistiendo la necesidad de tomar el teléfono cada vez que sonaba, pitaba o vibraba durante salidas familiares o con amigos.

A medida que avanzó la semana empecé a sentirme más tranquila durante y después de mis paseos sin teléfono; el trayecto era tranquilo, nada estresante, a diferencia de como había sido cuando lo hacía con el teléfono en la mano, intentando responder mensajes y correos mientras esquivaba personas, agujeros, mensajeros en bicicleta y tráfico en general. Esto tenía un efecto acumulativo, ya que de repente disfrutaba de entre treinta minutos hasta una hora de serenidad casi todos los días de la semana. Los beneficios de andar sin el teléfono eran similares a los que experimenté durante mi mes de meditación: estaba más relajada al final de la semana y era más capaz de afrontar el estrés cuando aparecía. También estaba descubriendo la ciudad como nunca antes, viendo restaurantes y tiendas que estaba claro que llevaban años allí, pero que yo no había visto nunca antes.

Al final de la semana me di cuenta de que este reto era diferente al resto de los retos que había hecho hasta entonces: no tenía claro cómo estructurarlo en adelante. Quería limitar mi uso del celular más allá de los paseos por la ciudad, pero no sabía cómo hacerlo logísticamente sin afectar de forma negativa a mi responsabilidad con mis pacientes o con la cadena de televisión. Pero esta traba no me intimidaba, sino que me entusiasmaba la idea de experimentar y encontrar una manera de ser más consciente de mi uso del teléfono.

Segunda semana
Vete a la cama para dormir, no para estresarte con el teléfono
No podía dejar de pensar en cómo hacer que el reto que me había propuesto este mes resultara más efectivo. Por ejemplo, ¿debería designar ciertas horas al día sin celular? ¿O debería ponerme un temporizador y mirar el correo solo cuando sonara, leyendo y respondiendo a la vez? Pasé los primeros días de la segunda semana valorando estas opciones mientras continuaba con mis caminatas sin teléfono.

A mitad de la semana había encontrado una solución: no había ninguna necesidad de utilizar el teléfono antes de acostarme. Sabía que los teléfonos y otras pantallas pueden alterar el sueño, pero también llegué a la conclusión de que si no había visto un correo o una publicación de Instagram a la hora de acostarme, normalmente en torno a las nueve de la noche, podía esperar hasta el día siguiente. Además, en cualquier caso, ¿por qué querría leer mensajes que pudieran estresarme antes de acostarme? Decidí seguir llevándome el teléfono a la habitación, por si la cadena ABC tenía alguna pregunta sobre la sección del día siguiente, o por si mis hijos necesitaban ponerse en contacto conmigo.

Durante este nuevo tiempo libre que acababa de ganar antes de acostarme, empecé a pensar por qué me sentía obligada a responder correos y mensajes que me enviaban tarde por la noche o temprano por la mañana. ¿La persona que lo enviaba esperaba realmente recibir una respuesta a las doce y media de la noche o a las cuatro y media de la madrugada? Seguramente no. Pero entonces ¿qué sentido tenía enviar una misiva a esas horas? Ciertamente, yo era culpable de hacer lo mismo cuando me despertaba a las cinco de la mañana. Este mes decidí ser más consciente y considerada acerca de cómo y cuándo utilizaba mi teléfono.

Esa semana completé tres viajes de ida y vuelta a pie y sin teléfono, dos al estudio de grabación y un tercero a SoulCycle. Los otros días tenía demasiado trabajo en el consultorio, así que no pude ir caminando, y no logré ir a SoulCycle durante el fin de semana, lo cual impidió que hiciera un cuarto o quinto trayecto. No obstante, la buena noticia era que cada vez me resultaba más automático lo de guardar el celular en la bolsa cuando caminaba, aunque aún lo notaba como algo ligeramente antinatural.

Seguía teniendo curiosidad por encontrar más maneras de abordar mi adicción al celular. Irónicamente (aunque tal vez no sorprenda), empecé a plantearme si habría algún tipo de tecnología que me ayudara a reducir mi dependencia de la tecnología. Sinceramente, si pudiera ponerme un zumbador manual que vibrara cada vez que quisiera tomar el teléfono, me lo compraría sin pensarlo ni un segundo.

En general, seguía gustándome mi estrategia (los paseos sin teléfono y las noches sin correo) porque era sostenible. Significaba que estaba logrando reducir mi consumo de teléfono de una forma que podría continuar durante el próximo mes mientras aumentaba mi consciencia y, en consecuencia, mi preocupación acerca de cuánto estaba utilizando el teléfono el resto del día. De una forma similar a cómo el mes sin alcohol me hizo darme cuenta de que bebía mucho más alcohol en cada copa, este mes me estaba abriendo los ojos a la cantidad de horas que dedicaba a utilizar el celular y cómo afectaba eso a mis relaciones y a mi vida social.

Tercera semana
Menos teléfono significa más tiempo con la familia y los amigos

A medida que iba reduciendo mi uso del celular por las noches, empecé a forcejear con la idea de qué hacer con mi nuevo tiempo libre. Ahora me daba cuenta de que en realidad me sentía productiva cuando miraba el correo electrónico cada dos minutos por la noche, a la vez que navegaba de aquí para allá en todas mis cuentas en las redes sociales. Pero sabía que esto era absurdo: ¿Qué estaba logrando, aparte de comportarme como una loca adicta al teléfono?

No obstante, al privarme de la distracción de navegar como una maniaca por mi teléfono, me sentía muy rara, como si no estuviera haciendo algo que debería hacer. ¿Acaso era eso lo que significaba estar en el momento presente? ¿Y si realmente estoy en el presente, significa esto que estoy siendo productiva? Estas eran el tipo de preguntas que me estaba empezando a plantear durante mis noches sin teléfono. Aún no estaba obteniendo respuestas, lo cual creo que era mejor (quería meditar sobre estas experiencias) porque sabía que las conclusiones a las que llegara podían incluso cambiarme la vida.

Me sentía especialmente introspectiva acerca de mi tiempo libre durante la tercera semana porque no tuve ni una sola cena de trabajo o social, lo cual era algo poco habitual. En ocasiones me sentía afortunada por tener tiempo para parar y relajarme, pero otras noches estaba inquieta y preocupada por el hecho de no tener nada que hacer. Intenté ponerme al día con mis retos pasados, utilizando el tiempo para hacer más pasos si llevaba pocos, para programarme un entrenamiento aeróbico, o incluso para meditar o hacer planchas y flexiones por la noche si no las había hecho por la mañana.

Al final de la tercera semana fui a Cabo Cod durante un largo fin de semana para visitar a Chloe, que estaba allí en un campamento de hockey. Antes de irme, me planteaba si el viaje me haría sentir más pánico por intentar estar menos conectada fuera de la ciudad, o si, a la inversa, me sentiría más despreocupada. Llevaba un tiempo sin ver a Chloe y quería vivir en el momento presente cuando la viera. En secreto también esperaba que notara que había mejorado mi ningufoneo y mis hábitos con el celular en general.

Resulta que pasé menos tiempo con el teléfono y más tiempo con mi hija durante todo el fin de semana. También me sentí más relajada y más conectada con el momento presente, lo cual no se debía al hecho de que estuviera de vacaciones. Normalmente, cuando salgo de Nueva York, a menudo me siento más frenética porque estoy preocupada por si algo va mal y estoy demasiado lejos de mis pacientes o de los estudios ABC para poder ayudar. Para mí, esto significaba que el reto estaba funcionando. Concretamente, mi hija notó que yo estaba más presente en el aquí y el ahora, y ese era el mejor regalo que podía recibir de cualquier reto.

Cuarta semana
Libérate de la tecnología y haz que el tiempo
de ocio pase de ser divertido a fenomenal
Mi excursión a Cabo Cod siguió con unas vacaciones de nueve días en Italia. No había hecho un viaje tan largo que no fuera por trabajo desde que estaba en la universidad; estaba eufórica. También tenía curiosidad por ver cómo afrontaría el tema del teléfono. En el pasado había hecho vacaciones más cortas a spas y enclaves turísticos que prohibían el uso de teléfonos, con lo que no podías utilizar el celular en espacios públicos, solo en tu habitación. Aunque no íbamos a un resort sin teléfonos, viajaba con mi novio y quería estar lo más presente posible, tanto por su bien

como por el mío. Y quería acabar el mes aportando todo lo posible al reto.

Antes de irme de Nueva York, hice algo que no había hecho nunca antes: configuré una respuesta automática en mi correo para informar que estaba fuera de la oficina, tanto en el trabajo como en la cadena ABC. Antes de este reto, nunca hubiera soñado desconectarme de todo tipo de comunicación, aunque saliera del país. Pero realmente quería desconectar en Italia, incluso si estaba manifiestamente nerviosa por si el mundo iba a estallar en mi ausencia. Me dije que millones de personas exitosas y ocupadas utilizan respuestas automáticas cuando no están disponibles, y sus negocios, sus consultas y sus campañas políticas logran sobrevivir.

Una vez en Italia, decidí mantener mi teléfono cerca (¡con el contador de pasos activo!) y seguir mirando mensajes por si mis hijos o mis padres me necesitaban. Pero debido a la diferencia horaria entre Europa y Estados Unidos (y también porque le había explicado a casi todos mis contactos sobre mi mes de consciencia tecnológica) no esperaba recibir demasiada correspondencia.

Durante el viaje solo consulté el correo dos veces, más bien para saber si la respuesta automática seguía funcionando que para ver si me había perdido algo devastador. Publiqué un par de fotos en Instagram, pero no dediqué tiempo a navegar por el muro o a responder comentarios. E ignoré Twitter por completo (pensé que si pasaba algo significativo en mi campo o en el mundo en general, me enteraría también en Italia).

El resultado final fue espectacular: me sentía más relajada y conectada con el momento presente que en vacaciones anteriores. Y aunque fueron unas vacaciones más largas de las que había hecho en años y sabía que nadie esperaría una respuesta o un mensaje de mi parte, la realidad de que el mundo siguiera girando sin que yo hiciera mi típico uso de la tecnología fue una revelación increíble.

Durante la semana me di cuenta de algo más: a pesar de estar viajando, arrastrando equipaje por todas partes y durmiendo en camas que no eran la mía, acabé la semana sintiéndome más desahogada y ágil de lo que me había sentido en mucho tiempo, sin tener la rigidez de cuello crónica que parece que sufra continuamente por mirar el teléfono. Mi postura también era más erguida, porque no tenía los hombros caídos hacia delante como resultado de mirar la pantalla durante demasiado tiempo. El hecho de caminar más y las continuas flexiones y planchas estaban también mejorando mi postura irremediablemente, pero no utilizar tanto el teléfono estaba haciendo que se me estiraran la parte superior del torso y el cuello de una forma fascinante.

Al final del mes, decidí que tenía que seguir poniendo freno a mi adicción al celular. Estaba más centrada y más entregada de lo que había estado en años, capaz de disfrutar de lo que estaba haciendo mientras lo hacía. Aunque al principio estaba un poco preocupada por si seguía siendo productiva, cuando llegó el final de mes, me di cuenta de que en realidad era aún más productiva. Tomarme el tiempo de estar sola y permitirme realmente pensar y ser creativa, en vez de pasar todo ese rato con la cabeza vacía mirando el teléfono, me dio el espacio mental necesario para plantearme los problemas de mi vida, pensar soluciones y abordar tareas que me hacen la vida mejor. Puede que creyera que utilizar el celular me hacía más productiva, pero en realidad, tal y como aprendí ese mes, estar todo el rato con el teléfono me robaba tiempo y evitaba que experimentara una vida más gratificante y reflexiva.

Además, los beneficios de este reto eran dobles. Al final del mes, mis amigos y especialmente mis hijos estaban agradecidos de que ahora fuera capaz de dejar el celular y estar presente cuando pasábamos ratos juntos. Esto, a su vez, se convirtió en algo de lo que me di cuenta viendo a otras personas en público, en restaurantes, en trenes y en la calle, cuando la gente parecía no ser nada consciente de lo que les rodeaba porque estaban sumergidos en sus teléfonos. Yo era una de esas personas, pero ahora me decía a mí misma que no lo volvería a ser.

AGOSTO: USO CONSCIENTE DE LA TECNOLOGÍA
Los fundamentos científicos que hay detrás de hacer un uso más consciente de la tecnología

El estadounidense medio pasa hasta un total de cinco horas al día con su teléfono. Según los datos recopilados por Apple, los usuarios de iPhone miran su celular ochenta veces al día, o lo que es lo mismo, 300 000 veces al año. Por lo que respecta a las redes sociales, casi un 75 % de los usuarios de Facebook visitan la web a diario, mientras que más de la mitad la visitan varias veces al día. Conclusión: si piensas que no tienes un problema, tal vez tengas que replanteártelo. E incluso si estás convencidísima de que no tienes un problema, reducir tu consumo de tecnología adquiriendo hábitos que tengan que ver con vivir más el momento presente tiene una gran cantidad de beneficios, tal y como demuestran los estudios científicos.

Sí, puedes ser adicta a la tecnología, y los efectos secundarios pueden ser tan malos como los de las drogas
Cuando nos hablan de adicción, la mayoría de nosotros pensamos en las drogas, el alcohol, el tabaco, el juego e incluso el sexo y el azúcar. Rara vez consideramos que la tecnología pueda ser

una adicción, incluso sabiendo que los celulares, un dispositivo que poseen el 95 % de los estadounidenses, y las redes sociales, utilizadas por un 70 % de la población de Estados Unidos, son más prolíficos que algunos de estos otros vicios como el alcohol, que solo el 56 % de los estadounidenses consumió en el último mes. Según el Centro para la Adicción a Internet y a la Tecnología de Estados Unidos, el 90 % de los estadounidenses utilizan excesivamente, abusan o hacen un uso indebido de los teléfonos inteligentes, las computadoras, las redes sociales e internet.

La adicción a la tecnología no es una teoría moderna, sino un problema real que puede causar serios efectos sobre la salud, como ansiedad, depresión, insomnio, cambios de humor, aislamiento social, soledad, aumento o pérdida de peso, dolor de cervicales o de espalda, síndrome del túnel carpiano, dolor de cabeza, problemas de visión y un riesgo más alto de suicidio.

Puede que tu teléfono inteligente te esté atontando
Según afirma Nicholas Carr, experto en tecnología, en un artículo de 2017 en el *Wall Street Journal*, titulado «*How Smartphones Hijack Our Minds*» («Cómo los teléfonos inteligentes se apropian de nuestras mentes»), nuestros teléfonos rara vez nos permiten ejercitar la memoria, ya que todo lo que necesitamos saber o recordar lo podemos consultar fácilmente desde nuestro dispositivo. Esto, concluye Carr, nos ha llevado a la realidad de que «por mucha información que se arremoline a nuestro alrededor, cuanto menos abastecida esté nuestra memoria, menos serán las cosas en las que tendremos que pensar».

Carr no es el único que culpa a los teléfonos inteligentes de erosionar nuestra inteligencia. Un estudio de 2017 llevado a cabo por un grupo de investigadores de la Universidad de Texas, en Austin, desveló que la habilidad de las personas de retener y procesar información mejora considerablemente cuando no tienen los teléfonos cerca. Un estudio de 2013 realizado por investigadores de la Universidad McGill descubrió que las personas que dependen regularmente de un teléfono inteligente o de un dispositivo con GPS para circular en vez de sus propias habilidades espaciales, tienen menos actividad y materia gris en el hipocampo. Otra investigación demuestra que las personas que utilizan internet con más frecuencia tienen dificultades para concentrarse y discernir la realidad de la ficción. Los investigadores dicen que los teléfonos inteligentes también impiden que soñemos despiertos, que pensemos creativamente, resolvamos problemas y tengamos esos momentos «¡eureka!» que pueden llevarnos a un éxito o una felicidad que nos cambien la vida.

¿Eres adicta a la tecnología?

¿Te pones nerviosa cuando no puedes utilizar tu celular, computadora o dispositivo, incluso si es durante un corto periodo de tiempo? Cuando tienes tiempo libre, ¿pasas más rato en el teléfono, computadora o dispositivo que practicando tus hobbies o pasando tiempo con amigos o familia? ¿Duermes con el teléfono o computadora encendida y cerca de la cama, mirándolos justo antes de acostarte y al despertarte por la mañana? ¿Ignoras a menudo lo que pasa a tu alrededor porque estás demasiado absorta en lo que pasa en la pantalla? Si has respondido que sí a alguna de estas preguntas, puede que tengas un problema con la tecnología. Para un análisis más exhaustivo, puedes consultar los test online disponibles para determinar tu adicción a internet y a las tecnologías, en los que responderás a cuestiones como «¿Pasas más tiempo

> enviando mensajes, tuiteando o enviando correos electrónicos en vez de hablar en persona?», o «¿Miras el celular o teléfono inteligente sin pensar varias veces al día, incluso cuando sabes que seguramente no haya nada nuevo o importante que ver?». Si descubres o crees que tienes un problema, plantéate hablar con un médico, psicólogo o terapeuta que entienda la adicción a la tecnología. También existen libros de autoayuda, cursos y grupos de apoyo, y algunos de ellos son online. Si puedes, los expertos recomiendan encontrar ayuda fuera de internet, para no agravar tu dependencia.

Tu teléfono te está saboteando la vida social
Aunque la idea de que nuestros dispositivos pueden provocar aislamiento social no es sorprendente en sí, sí lo es lo mucho que los teléfonos sabotean nuestra vida social y felicidad en general. Según demuestran los estudios, usar el celular incluso durante un breve periodo puede hacer que tengas menos ganas de pasar tiempo con los demás o ayudar a amigos y familiares. Esto se debe a que, según los investigadores, nuestros teléfonos inteligentes pueden engañar a nuestro cerebro para que crea erróneamente que nuestra necesidad de interactuar socialmente ya se ha satisfecho porque hemos enviado mensajes o correos electrónicos, o hemos interactuado con alguien en las redes sociales.

Según el Centro Pew Research, un 89 % de la gente utiliza el teléfono en entornos sociales, aunque un 82 % admite que hacerlo pone trabas a sus conversaciones y al disfrute social. Un estudio de 2018 realizado por investigadores en la Universidad de la Columbia Británica también demostró que las personas que dejan el teléfono en la mesa durante una cena es más probable que no disfruten de la compañía (o de la comida). Las personas que ningufonean, o ninguneana sus amigos, familiares y compañeros al utilizar sus teléfonos en situaciones sociales, son percibidos por los demás como egoístas y mal educados, mientras que las parejas dicen estar menos satisfechas con sus relaciones sentimentales si la persona con la que tienen la relación utiliza demasiado a menudo su teléfono.

Nuestros teléfonos inteligentes también se han convertido en una red de seguridad en cualquier entorno social, permitiéndonos enterrarnos en nuestros dispositivos en vez de interactuar con otras personas en situaciones sociales. Esto, a su vez, obstaculiza el desarrollo o crecimiento de las habilidades sociales, especialmente en adolescentes y jóvenes adultos, e impide que hagamos nuevos amigos y contactos profesionales y que nos interese el amor.

La tecnología puede hacerte sentir nerviosa, estresada, sola e incluso deprimida
Es más probable que quienes pasan horas al día en sus celulares y en otros dispositivos experimenten un mayor grado de aislamiento, soledad, depresión, ansiedad y pensamientos suicidas que quienes son más conscientes del uso que hacen de la tecnología. Nuestro cerebro y nuestro cuerpo, según los científicos, nunca estuvieron diseñados para mirar pantallas durante horas y horas, sacrificando momentos que, de lo contrario, pasaríamos con amigos y familiares, trabajando, cocinando, haciendo ejercicio, disfrutando del aire libre o incluso soñando despiertos, lo cual es vital para nuestra salud mental y emocional en general.

Un estudio publicado en 2018 en la revista *Emotion* en el que participaron un millón de adolescentes estadounidenses descubrió que quienes pasaban menos tiempo delante de pantallas eran considerablemente más felices que quienes pasaban la mayor parte del tiempo enviando mensajes, consultando las redes sociales, haciendo videoconferencias, navegando por la web y jugando videojuegos. Cada actividad adicional que implicara una pantalla fomentaba la infelicidad, según los científicos, lo cual hacía que aquellas personas que pasaban más de cinco horas al día mirando pantallas eran el doble de propensas a ser infelices que quienes pasaban menos de una hora al día.

Los teléfonos inteligentes también añaden estrés en nuestras vidas de formas muy peculiares. Los dispositivos permiten que la gente esté conectada las veinticuatro horas del día, lo cual no es bueno: este flujo constante de información, posible correspondencia y noticias, tanto si es importante como trivial, aumenta los niveles de estrés radicalmente, según han descubierto los investigadores. Pero a causa de este continuo flujo de información y de noticias, estar sin teléfono, aunque sea unos minutos, puede crear un pico de ansiedad y FOMO (del inglés «*Fear of Missing Out*», el miedo a perderse algo). De hecho, en 2017, un estudio llevado a cabo por investigadores de la Universidad del Estado de California desveló que no poder responder una llamada o un mensaje puede provocar a ciertas personas una sobrecarga de estrés.

Las redes sociales, como Facebook e Instagram, también nos llevan a compararnos con los demás, incluso si lo que vemos es solo lo que los usuarios quieren que veamos, lo cual es a menudo una representación de lo ideal, no de la realidad. Esta comparación puede causar sentimientos de insuficiencia, baja autoestima e incluso depresión.

Los teléfonos inteligentes pueden hacerte aparentar
más años de la noche a la mañana
Resulta que buscar por internet cuál es la mejor crema o sérum

antiarrugas no es la mejor manera de retroceder en el tiempo: un estudio de 2018 publicado en *Oxidative Medicine and Cellular Longevity* demuestra que los celulares pueden hacer envejecer las células cutáneas de forma prematura, ya que emiten una luz de alta energía que acelera el envejecimiento de la piel. Esto es algo escalofriante para alguien que pasa horas y horas cada día mirando el celular.

Y eso no es todo: los usuarios que utilizan el celular demasiado también pueden desarrollar el «síndrome del cuello roto», el término que describe la mala posición cervical provocada por el uso excesivo de pantallas, lo cual provoca que se formen pliegues y arrugas en la fina piel del cuello. Bizquear para leer un texto pequeño en el teléfono también puede estimular la aparición de finas líneas en la delicada piel alrededor de los ojos y en la frente.

Si te pones el teléfono en la mejilla para hablar, el calor del dispositivo puede fomentar la producción de melanina en tu piel, un pigmento que puede provocar decoloración en el tono de la piel. Finalmente, un estudio de 2010 llevado a cabo por investigadores de la Universidad de Arizona descubrió que los celulares pueden albergar diez veces más bacterias que el asiento del inodoro, lo cual no es bueno para tu piel ni para tu salud en general. En tu rostro en particular, puede conllevar irritaciones y un aumento del acné siempre que hables por teléfono sin audífonos.

Las maquiavélicas formas que tiene la tecnología de robarnos el sueño
Casi todos los dispositivos modernos con una pantalla, como los celulares, computadoras, tabletas, libros electrónicos y televisiones transmiten un tipo de longitud de onda llamada luz azul, que interfiere en el ciclo de sueño natural del cuerpo, evitando que nos quedemos dormidos y mantengamos el sueño. Además está la na-

turaleza adictiva de la tecnología: los estudios demuestran que las personas que utilizan computadoras y teléfonos inteligentes antes de acostarse tienen muchas más posibilidades de quedarse despiertos más tiempo y poner en peligro el sueño reparador por la noche que quienes desconectan antes. Como ya sé por experiencia propia, consultar el correo electrónico, las noticias o las redes sociales antes de acostarte puede hacer que veas información que te active, te estrese o te altere, lo cual provoca que tu mente vaya a mil por hora cuando debería estar relajándose. Y si eres como el 70 % de los estadounidenses que duerme con el teléfono al lado de la cama y no lo apagas, podría ser que te despertaras a media noche con un bip, un ping, una vibración o un timbre.

Olvídate de eliminar los carbohidratos: dejar de utilizar los dispositivos puede ayudarte a perder peso
Parece sorprendente que un dispositivo pueda estar asociado a un aumento de peso, pero las laptops, las computadoras y los celulares no son simples artilugios, sino que interfieren en nuestra vida y controlan nuestra forma de vivirla. Por ejemplo, ser adicta al teléfono o a la laptop puede provocarte estrés y evitar que duermas bien, y ambas cosas pueden contribuir a un aumento de peso. Varios estudios demuestran, además, que es más probable que la gente coma en exceso y tome decisiones alimentarias menos saludables cuando están utilizando sus teléfonos u otros dispositivos tecnológicos, aunque solamente estén enviando mensajes. También es menos probable que disfrutemos de lo que comemos mientras hacemos uso de la tecnología, lo cual significa que las comidas no nos sacian tanto y es más probable que queramos seguir comiendo para alcanzar esa sensación de satisfacción.

La tecnología no solo afecta a lo que comes, sino que también restringe cuánto te mueves. Los estudios revelan que aquellas personas que son más adictas a la tecnología son aquellas que menos ejercicio hacen. ¿Eres de esas personas que siempre se llevan el celular al gimnasio? Los estudios demuestran que quienes utilizan sus teléfonos en el gimnasio o mientras corren, van en bici, hacen excursiones o caminan por el exterior es menos probable que hagan un entrenamiento que les acelere el bombeo cardiaco y que acaben antes de tiempo o que hagan pausas demasiado largas para responder una llamada o un mensaje. De forma parecida, la tecnología nos permite ser perezosos: podemos enviar mensajes y llamar a familiares y compañeros en vez de caminar hasta la habitación de al lado para hablarles directamente, podemos pedir comida a domicilio desde la laptop en vez de cocinar o hacer el esfuerzo de salir de casa, y podemos ver cualquier programa o serie en cualquier momento en vez de salir a hacer actividades que nos quitarían de la silla o del sofá.

La tecnología te está destrozando la postura, la vista y la destreza
¿Por qué hay tantos veinteañeros que tienen una salud vertebral propia de personas de treinta o cuarenta? Los quiroprácticos señalan un motivo principal: demasiado uso de la tecnología. El problema, dicen, son los años que pasan agachando la cabeza para mirar el celular, lo que añade aproximadamente tres kilos de presión a tu cuello y espalda cada vez que lo haces, según un estudio publicado en 2014 en *Surgical Technology International*. Con el paso de los meses y los años, esta presión constante, junto con la postura que adoptas cuando dejas caer los hombros para mirar un dispositivo, puede provocar dolores y problemas posturales duraderos. En situaciones más graves, hay gente que ha acabado con discos comprimidos y daños prolongados en los nervios tan solo por pasar demasiado tiempo trabajando con computadoras o celulares.

Estos dispositivos no solo están lesionándonos la espalda, sino que también nos destrozan la vista, causando fatiga ocular digital, una afección grave que afecta aproximadamente al 60 % de los estadounidenses y que provoca dolores de cabeza, sequedad de ojos, visión borrosa, visión doble y otras molestias. Los síntomas pueden desaparecer con una reducción del uso de las tecnologías, pero algunas personas experimentan efectos duraderos. Recibir demasiada luz azul, emitida por las pantallas tecnológicas, también cambia ciertas células de tus ojos, acelerando el riesgo de sufrir una degeneración macular e incluso ceguera, según dicen los investigadores.

Finalmente, deslizarse continuamente por las pantallas, enviar mensajes y escribir en un teléfono inteligente puede provocar calambres en los dedos, dolor de muñeca e inflamación en la mano. Por este motivo, varios estudios han desvelado una conexión entre el uso del teléfono y el síndrome del túnel carpiano.

Los teléfonos inteligentes pueden incluso matarte
Los accidentes de tráfico han aumentado considerablemente en los últimos años, y grandes organizaciones como el Consejo Nacional de Seguridad de Estados Unidos culpan a las distracciones de los conductores. El uso de los teléfonos celulares es la causa de aproximadamente un 15 % del total de los accidentes automovilísticos, y provoca miles de muertos, junto con cientos de miles de heridos cada año. Los expertos de la Administración Nacional de Seguridad Vial de Estados Unidos afirman que utilizar el teléfono mientras conduces es aún más mortal que tomar el volante con unas copas de más: con solo tres segundos mirando tu teléfono puedes causar un accidente, dicen, lo cual es el tiempo que tardarías en cruzar un campo de futbol si conduces a 90 km/h. Evidentemente, no solo tienes que preocuparte por tu seguridad; los

conductores distraídos matan y mutilan a otros conductores, pasajeros, ciclistas y peatones, un error que te puede arruinar el resto de tu vida.

Las muertes de peatones también han aumentado en los últimos años, ya que ha aumentado enormemente el número de personas que caminan mientras escriben mensajes. Tanto si vives en una ciudad ajetreada como Nueva York como en la periferia o en un pueblo pequeño, te puedes lastimar si no prestas atención a los coches, camiones, bicis, superficies irregulares en la calle, árboles, baches y postes a tu alrededor. Pero el problema no es exclusivo de las calles: según el Consejo Nacional de Seguridad, hay más posibilidades de que la gente se lesione en su propia casa si caminan mientras utilizan el celular, tropezándose con muebles y alfombras, o chocando contra objetos inesperados. Por todos estos motivos, el Consejo incluye ahora en la lista de peligros el «caminar distraído».

AGOSTO: USO CONSCIENTE DE LA TECNOLOGÍA
Tu historia

Tanto si eres una adicta total a la tecnología como si piensas que tienes un buen control del uso de tu dispositivo, limitar la cantidad de tiempo que pasas utilizando computadoras, laptops, tabletas, teléfonos inteligentes y redes sociales no es tarea fácil. La tecnología se ha generalizado tanto, se ha vuelto tan universal en nuestras vidas que seguramente está más integrada en tu rutina diaria de lo que crees.

Pero tal vez la parte más difícil del reto sea averiguar cómo puedes tú aprender a consumir tecnología de una manera más consciente. Si no sales a pasear de forma regular (o si lo haces, pero no sueles tener la nariz incrustada en el teléfono), mi objetivo inicial de evitar el celular mientras caminas no te ayudará a cumplir el objetivo de este mes. Por eso es fundamental que te centres en el primer consejo que menciono y te tomes el tiempo necesario para discernir la mejor manera de reducir tu consumo tecnológico. En cuanto lo hayas hecho, los otros nueve consejos que encontrarás aquí te pueden ayudar a despegarte de tus dispositivos y a empezar a vivir de nuevo en el mundo real.

1. INVIERTE TU MIRADA TECNOLÓGICA HACIA EL INTERIOR. Todos tenemos exigencias concretas en el trabajo, hábitos diarios y preferencias personales que dictan cómo y cuándo consumimos tecnología. En mi caso, el mayor problema era el uso excesivo del celular, pero para otros podría ser un exceso de tiempo utilizando la computadora, la laptop, la tableta, el reloj inteligente o una combinación de estos. Puede que otras personas tengan una adicción a ciertas plataformas como las redes sociales, el correo electrónico o las páginas web. El primer paso para mejorar es entender cómo te afecta esta cuestión, así que tómate el tiempo necesario para identificar dónde y con qué dispositivo puede que tengas un problema.

    En cuanto hayas identificado el problema, esto te puede ayudar a buscar una estrategia para solucionar específicamente tu adicción individual, junto con tu rutina diaria y tu estilo de vida. Por ejemplo, si no caminas más de cinco minutos seguidos al día (o sí, pero nunca se te ocurriría utilizar el teléfono mientras caminas), adoptar mi táctica de pasear sin teléfono no te ayudará. Analiza tu horario diario y busca en qué momentos y para qué actividades podrías reducir o eliminar la tecnología. Ten curiosidad y mantente

abierta a madurar la idea de cómo eliges limitar la tecnología a medida que avanzan los días y las semanas. Yo nunca di por sentado que tenía la fórmula correcta que me permitiría adoptar hábitos más productivos a medida que avanzaba el mes. Como mínimo, te animo a que dejes de utilizar el teléfono durante comidas y eventos sociales, pues no solo es de mala educación, sino que también interfiere en tus relaciones, en tu digestión y en tu felicidad en general.
2. VE PASITO A PASITO. Si sabes que tienes una adicción al celular o tienes que utilizar la computadora todo el día por motivos laborales, no te pongas como misión inicial renunciar a estos dispositivos durante horas y horas. Yo empecé el mes con un objetivo realista y sostenible: no usar mi teléfono durante una actividad de entre treinta minutos y una hora que hacía la mayoría de los días de la semana me aseguró empezar el reto reduciendo con éxito mi consumo tecnológico desde el primer día. En esta línea, es mejor marcarse objetivos pequeños e ir añadiendo objetivos paulatinamente que intentar salir de la casilla de salida hacia una meta que seguramente no llegarás a cruzar nunca. Recuerda, el objetivo final es limitar y, al final, cambiar tu dependencia de la tecnología, así que cualquier pasito que te acerque a ese objetivo será un paso en la dirección correcta.
3. DESACTIVA LAS NOTIFICACIONES. Uno de los motivos por los que todos somos tan adictos a nuestros teléfonos y computadoras es porque suenan, vibran y hacen ruidos cada vez que recibimos un correo nuevo, un mensaje, un comentario, un tuit, una noticia o alguna actualización completamente irrelevante. Los científicos dicen que estas notificaciones pueden provocar que se libere dopamina, lo cual aumenta la posibilidad de adicción, ya que miramos nuestros celulares

cada pocos segundos para ver qué nos depara de nuevo, y también nos sentimos como si fuéramos importantes o como si los otros o el mundo se preocuparan más por nosotros por el hecho de que nuestros teléfonos no paran de sonar. La mejor manera de acabar con esta adicción, según los expertos, es simplemente desactivar las notificaciones, excepto para las comunicaciones más importantes. Puedes seguir descubriendo qué novedades te depara cuando tú elijas mirarlo en vez de hacerlo solo cuando tu dispositivo te dice que hay algo importante.

4. TOMA EN SERIO LO QUE TE DIGAN LOS DEMÁS ACERCA DE TU CONSUMO TECNOLÓGICO. Cuando empecé el reto de hacer un uso más consciente de la tecnología, uno de mis principales objetivos era reducir el ningufoneo cuando estaba con mis hijos, que se habían quejado de eso en muchas ocasiones. Tus amigos, familiares y compañeros de trabajo también te pueden ayudar a resaltar esos hábitos que deberías intentar cambiar. Por ejemplo, ¿te ha regañado alguna vez alguien por mirar el teléfono o por utilizarlo durante una cena? ¿Tus amigos te han comentado alguna vez o han hecho alguna broma sobre cuánto tiempo pasas haciendo o publicando fotos en Instagram? Si nadie te ha dicho nunca nada, que no te dé miedo pedir opiniones sinceras.

5. FÍJATE EN LOS DEMÁS PARA QUE LO PUEDAS CAMBIAR TÚ. Durante este mes empecé a prestar más atención a cómo la gente que me rodea utiliza la tecnología, lo cual me ayudó a llegar a algunas sorprendentes conclusiones sobre mis propios comportamientos. Por ejemplo, cuando no siempre estaba pegada al celular, empecé a darme cuenta de lo maleducados que eran los demás enviando mensajes o correos, o respondiendo a llamadas en restaurantes y bares, y lo clara-

mente molestos que estaban sus citas, parejas, amigos o familiares cuando lo hacían. También empecé a ver a personas que estaban peligrosamente a punto de tener accidentes mientras caminaban y miraban el celular, y lo poco consideradas que eran sus acciones para los demás peatones, ciclistas e incluso conductores que tenían que esquivarlos. Empecé a sentir lástima por las personas que no ponían los teléfonos en silencio durante conciertos, clases o conferencias, o que parecían más interesadas en capturar un momento o evento para las redes sociales que disfrutando del momento o evento para sí mismas. Ser más consciente de cómo los demás utilizan la tecnología te puede hacer reconocer estos comportamientos en ti y motivarte a cambiar esos hábitos que no te gustan en los demás.

6. Siente comodidad en la incomodidad. La mayoría de la gente está acostumbrada a estar constantemente estimulada por un dispositivo. Cuando tenemos un momento libre, como cuando tenemos que esperar un tren, un elevador, a un amigo o a una cita, navegamos, miramos e interactuamos descuidadamente con nuestros teléfonos o computadoras. Reprimir este hábito para permitir que tu mente se entretenga puede ser incómodo al principio, haciendo que te sientas aburrida o inútil, o haciendo que te plantees problemas en tu vida que preferirías ignorar. Pero esto es precisamente lo que los expertos en adicción a la tecnología dicen que tenemos que hacer: pasar tiempo con nosotros mismos, en nuestras mentes, soñando despiertos, trabajando nuestros problemas y, lo más importante, aprendiendo a estar cómodos con quienes somos y con cómo nos sentimos. Intenta soportar el aburrimiento o la incomodidad inicial que puede que sientas si no estás con tu dispositivo. A la larga,

esto puede hacerte más feliz y estar más cómoda de lo que hayas estado nunca contigo misma.

7. Cuéntales a tus compañeros, amigos y familiares que vas a desconectar. Para mí fue más fácil desconectar durante mis vacaciones cuando programé una respuesta automática en el correo electrónico. De esta forma me aseguraba de que ni compañeros de trabajo ni pacientes esperarían una respuesta por mi parte. También les expliqué el reto a mis amigos, hijos y familiares para que supieran que si estaba en una cena, caminando o de vacaciones, no estaría disponible por mensaje o correo electrónico, y que podían llamarme solo si se trataba de una urgencia. Dar estos pasos me ayudó mucho a reducir el número de mensajes, llamadas y correos electrónicos innecesarios que recibí durante el mes. Además, cuando estaba con mis compañeros, amigos y familiares, era menos probable que utilizara mi teléfono porque todos ellos sabían que estaba haciendo el reto y hubiera parecido absurdo que lo utilizara delante de ellos. En definitiva, tal y como he dicho en todos los retos que hemos hecho hasta la fecha, compartir la misión del mes con la gente a la que conoces puede ayudarte a asegurar tu éxito en muchos aspectos.

8. Recuerda que los mensajes y los correos electrónicos son bilaterales en el ciberespacio. Si no te gusta que te envíen mensajes o correos electrónicos sobre temas que no son de vital importancia por la noche, o temprano por la mañana o los fines de semana, no hagas eso mismo a tus compañeros, amigos y familiares. Ser consciente de cómo utilizas la tecnología se extiende también a cómo les pides a los demás que utilicen la tecnología. Si estás enviando un mensaje solo para decir «hola» o para hacerle saber a alguien que

estás pensando en él o ella, plantéate una forma de comunicación diferente que pueda transmitir el mensaje de forma más significativa, como una notita escrita o una llamada.

9. Pon el teléfono en modo «no molestar» durante la noche. No tienes por qué despertarte con cada notificación de mensaje, correo y redes sociales a lo largo de la noche. A fin de cuentas, ¿en serio vas a responder? En vez de eso, pon el teléfono en modo «no molestar». Así seguirás recibiendo mensajes, correos electrónicos, llamadas y otras comunicaciones, pero el celular no se iluminará, ni vibrará, ni hará ruidos, ya que todo esto podría despertarte. Si te preocupa perder mensajes o llamadas de emergencia de familiares o del trabajo, programa sus números como «favoritos» en tu celular, lo cual te permitirá recibir sus llamadas y mensajes aunque estés en modo «no molestar».

10. Hazlo para salvar una vida. Yo no decidí caminar sin el celular porque supiera que estaba haciendo algo peligroso. Pero en cuanto empecé, me di cuenta de lo mucho que estaba jugándome la vida casi a diario caminando mientras miraba el celular. Caminar o conducir usando el celular deja cientos de heridos y muertos cada año. Si haces alguna de estas dos cosas, estás poniendo en riesgo tu vida cada día, así como las de otras personas. Además de ser una clara señal de que tienes un problema con la tecnología. Si no haces este reto por ningún otro motivo, hazlo para salvar una vida, que podría ser la tuya.

CAPÍTULO 9

SEPTIEMBRE
Menos azúcar

Mi historia

El azúcar está por todas partes, literal y figuradamente. Actualmente no solo los estadounidenses consumen más dulces que nunca, sino que también estamos bombardeados con las noticias acerca de lo perjudicial que es el azúcar para nuestro corazón, cerebro, cuerpo y salud física, mental y emocional en general. El daño que provoca un exceso de azúcar en la dieta es una cuestión que está constantemente presente. Como médico, nutricionista y experta médica en una cadena de televisión, hablo de ello cada día con mis pacientes, y como mínimo una vez al mes hago una sección al respecto en el programa *GMA*. Aun así, sabía que no podía escribir este libro sin retarme a mí y a miles de personas a reducir su consumo diario de azúcar.

Sin embargo, tengo que reconocer que yo tengo suerte. Para empezar, no soy golosa. En contadas ocasiones tomo azúcar, principalmente porque evito casi todos los hidratos de carbono procesados que lo contienen. Pero a la vez reconozco que tampoco tengo antojos de cosas dulces y casi nunca tomo postre, en parte porque tengo alergias alimentarias que evitan que pueda disfrutar muchos dulces tradicionales. Antes de empezar este mes, si me hubieras pedido que puntuara del 1 al 10 lo bien que me portaba con el azúcar, me hubiera puesto un 8. Siempre que he calculado mi ingesta de azúcar diaria estaba normalmente muy por debajo de los 25 gramos de azúcar añadido, que es la cantidad que la Organización Mundial de la Salud (OMS) recomienda que las mujeres no superen al día. (Los hombres, suertudos, pueden permitirse un poco más de dulce, llegando a 38 gramos al día).

A pesar de que sentía que lo estaba haciendo muy bien con respecto al azúcar, quería ver si podía restringir aún más mi ingesta de azúcar total y añadido, y hacer que mi consumo general tuviera una nota de 10; así de tajante creo que debería ser la necesidad de limitar nuestra ingesta de azúcar para nuestra salud en general. También tenía curiosidad por ver si cortar de tajo el consumo de azúcar afectaría a mis niveles de energía y a esas manchas constantes en la piel que tanto detesto, además de ver si esto podía ayudarme a perder grasa corporal y a bajar la inflamación en el vientre. Decidí marcarme como objetivo mensual asegurarme de estar siempre por debajo de la recomendación de la OMS, de no exceder los 25 gramos de azúcar añadido al día.

¿Qué son los azúcares añadidos? Si miras la envoltura de casi cualquier comida procesada, suelen estar en alguna parte de la lista de ingredientes, escondidos bajo los nombres de sacarosa, fructosa, glucosa, dextrosa, lactosa, maltosa, jarabe de maíz, jarabe de arroz integral y decenas de otras variedades diferentes, junto con fuentes naturales como la fruta, el jugo de fruta, la miel, la miel de maple, el agave, las melazas y los concentrados de jugo de frutas que se añaden para endulzar alimentos y bebidas. Los azúcares añadidos se encuentran en la mayoría de los alimentos procesados, incluso en aquellos que no son dulces de por sí, como la salsa para la pasta, los aderezos para ensaladas, el yogur, los cereales y las barritas proteicas. Estos azúcares añadidos son diferentes de los azúcares naturales que encontramos en los cereales integrales, los lácteos, las legumbres e incluso en las verduras, los cuales no tienen un impacto negativo en la salud y no se tienen en cuenta en las recomendaciones diarias de la OMS.

Antes de este reto, yo consumía la mayoría de mis azúcares añadidos de alimentos como el yogur griego, que puede contener mucho azúcar, así como de condimentos como la cátsup, los aderezos para ensaladas y la miel que chispeo por encima del plátano en rodajas encima de una galleta salada. También sumé a mi recuento de azúcar las copas de vino que me tomaba y el ocasional *affogato*, o helado de vainilla cubierto con un café expreso, que pido en ocasiones especiales si comemos fuera.

La única excepción a mi aparentemente inocente consumo de azúcar (y cuidado porque no es algo pequeño) son las galletas y los *brownies*, especialmente si son caseros. Son mi debilidad, sobre todo desde que a Chloe le gusta prepararlos cuando vuelve a casa. Cada vez que lo hace, y se le da muy bien, me los como impulsiva y compulsivamente sin parar hasta que se acaban. Por este motivo, nunca tengo galletas ni *brownies* en casa cuando ella no está, y la animo a que regale los dulces que prepara a sus amigas que viven en Nueva York o que se los lleve con ella al internado donde estudia. Sin embargo, decidí no preocuparme por la amenaza que suponía tener galletas y *brownies* durante este mes (sabía que me podía controlar si lo intentaba, y como tenía que completar un reto, suponía que sería capaz de mantenerme alejada de la tentación durante treinta días). De hecho, en general estaba convencida de que el reto de este mes sería pan comido.

Primera semana

La increíble influencia del azúcar en los antojos y el autocontrol
Mi nueva misión de este mes estaba clara: leer las etiquetas y contar los gramos de azúcar en todo lo que comía, manteniéndome siempre por debajo de los 25 gramos. Tenía claro el objetivo del mes y la manera de medirlo: no había ninguna ambigüedad, ni tenía que idear la forma de llegar a mis objetivos, algo que sí me costó en el reto del uso consciente de la tecnología. Y como no temía para nada mi posible éxito, la semana empezó bien: no tuve ningún problema para mantenerme por debajo de los 25 gramos diarios. Las cosas estaban yendo a la perfección, hasta el tercer día, cuando fui a una reunión familiar al departamento de mi padre. Estaba disfrutando de su compañía y ni siquiera estaba pensando en el reto cuando mi hijo Alex entró con unas galletas con chispas de chocolate de un conocido pastelero de Nueva York, Jacques Torres.

Si no te has comido nunca una galleta de Jacques Torres, no has experimentado la grandeza de la galleta. Imagínate unos discos deliciosos, gigantes y recién horneados, cada galleta del tamaño de un CD, con ningún ingrediente al que yo pueda ser alérgica. Cuando vi a mi hijo entrar con esa bolsa, mi primer pensamiento fue: «Estoy perdida».

Después de cenar, cuando trajeron las galletas a la mesa, con toda su delicia aromática, me sentí como un perro al que le han dejado un filete en la nariz. En mi subconsciente sentí cómo el reto se me escapaba por detrás del cerebro. Partí un pedazo de una mitad e intenté mordisquearla en vano, pero al cabo de nada, esa mitad se convirtió en una galleta entera. Me sentí como una adicta, completamente impotente delante de mi vicio. Empecé a reírme y a sacudir la cabeza a la vez: este era el tercer día del mes y ya me había zampado mi consumo de azúcar añadido de casi una semana. Y ni siquiera podía echarle la culpa del desliz a una copa de vino o a un tequila; actualmente era demasiado cuidadosa con mi consumo de alcohol como para desaprovechar una de mis siete raciones semanales en una noche en la que estaba intentando comer bien. Mi único consuelo fue que no nos llevamos ninguna galleta a casa, porque si nos las hubiéramos llevado, no hubiera sido capaz de parar.

Conseguí volver temporalmente al buen camino, pero hacia el final de la semana me volví a descarrilar. Chloe había vuelto a casa de la escuela y me convencí para comprarle una tableta enorme de chocolate negro después de leer los resultados de un estudio que decía que la alta concentración de cacao ayuda a la recuperación muscular. Esto fue un claro caso de racionalización: ella no se compra chocolate, ni necesariamente le gusta el chocolate negro. A la vez, sabía que el estudio sobre la recuperación era igual de sólido con alimentos más saludables como el salmón o el yogur natural. Pero quería ese chocolate. Me estaba llamando por mi nombre.

Antes de que llegara a casa, yo ya había abierto la tableta, y a pesar de haberme repetido que solo me comería una onza, me comí la mitad de la tableta, y eso que era más grande de lo normal. Tampoco es que yo fuera una depredadora de chocolate, pero aquí estaba, curiosamente, devorando la tableta como si fuera lo que siempre había anhelado. Se suponía que este mes sería fácil, pero no había pasado ni una semana y ya había consumido más azúcar de la que suelo ingerir en un mes entero. Sabía que el motivo era el efecto de privación que ya había experimentado al principio de otros retos, como el mes sin alcohol y el mes sin carne roja. Pero esta vez la atracción hacia el azúcar era más fuerte y empecé a dudar de si lograría superar esta adicción a los dulces.

Al final de la semana sentía que había fracasado. En vez de completar un cuarto del reto sintiéndome más limpia y más esbelta, como me había pasado después de los retos de hidratación, de comer menos carne y más verdura y del reto de cardio, habían pasado siete días de nada y me sentía más inflamada. Claro que solo me había comido una galleta gigante y la mitad de una tableta enorme de chocolate, pero estos no eran alimentos que yo comiera de forma regular cuando no estaba haciendo el reto del azúcar y, por supuesto, ¡no serían el tipo de alimentos que me catapultarían a la nota de 10 con la que soñaba! Incluso me planteé si debería empezar el reto de cero, simulando que la semana dos era la primera semana. Pero decidí que el fracaso era parte del experimento y lo único que podía hacer era volver al buen camino.

Segunda semana
La adicción secreta al azúcar que puede que desconozcas
La segunda semana estaba dispuesta a volver a mi norma de comer poco azúcar, sin ansiar galletas ni chocolate. Triunfé con mi reto durante la semana laboral y empecé a sentirme mejor, física y mentalmente. «¿Lo ves?, la semana pasada fue solo una aberración rara. ¡Puedo hacerlo!», pensé para mis adentros. Esto fue antes de subirme a un avión el viernes para ir a un torneo de hockey en el que jugaba Chloe en Canadá durante el fin de semana.

Los fines de semana en los que la juventud celebra eventos deportivos no son precisamente conocidos por incluir comida saludable; a menudo están llenos de platos preparados, barritas proteicas procesadas y bebidas deportivas azucaradas, lo cual está bien, con moderación, para atletas de preparatoria de alto rendimiento. Sabiendo esto de antemano, normalmente soy capaz de ir a los partidos, torneos y fiestas informales antes del partido manteniendo mi dieta baja en hidratos y rica en verdura, intentando tener presentes los cambios saludables que hice durante el reto de mayo de comer menos carne y más verdura. Pero en esta ocasión, y desgraciadamente durante el reto del azúcar, no tuve la suerte de poder evitar el azúcar de la noche.

La noche del torneo, después de la cena, Chloe quería helado. Este no es un desencadenante para mí como lo son las galletas y los *brownies*, pero la heladería que sugirió era conocida en todo el mundo por tener el mejor helado casero de este lado del Atlántico. Mientras esperábamos en la fila, tuve la oportunidad de ver docenas de conos y vasitos que parecían exquisitos y noté cómo se me hacía agua la boca. En cuanto llegamos al mostrador, ya no podía aguantar más y pedí un vasito pequeño de galletas y crema con un extra de migas de Oreo. El postre no era una locura, ni en tamaño ni en presencia, pero me sorprendió cuánto lo quería y, en consecuencia, lo disfruté sin tener ni gota de remordimientos. Lo que sentí, en vez de culpabilidad, era incredulidad de que siguiera comiendo azúcar (y no estamos hablando de yogur griego o barritas de cereales, sino ni más ni menos que postres dulces) en un mes en el que se suponía que tenía que hacer exactamente lo contrario.

Hay una explicación que me gustaría dar llegados a este punto: durante un mes normal, cuando no estás intentando completar un reto de bajo consumo de azúcar, no creo que haya nada malo en disfrutar de dulces en sitios especiales o en ocasiones especiales. De hecho, yo animo a mis pacientes, incluso a las que quieren perder peso, a que se den un capricho de forma esporádica y si se les presenta delante; de lo contrario te puedes sentir privada y predisponerte para el fracaso.

En esta ocasión estaba en otro país con mi hija en un sitio conocido internacionalmente por sus postres; no es que estuviéramos en la heladería de al lado de casa un martes por la noche. Además, no me había desviado con todo el equipo para llegar allí, y ni siquiera le había sugerido a Chloe que fuéramos allí: estaba simplemente participando de las actividades del fin de semana y, objetivamente, no debería haber sido un gran problema. Pero en esta ocasión era un gran problema porque me sentía como si ahora fuera incapaz de decir que no al azúcar, un problema con el que nunca antes me había encontrado. No tuve ninguna dificultad para decir no al alcohol una y otra vez durante mi mes sin alcohol, pero esto era una adicción. Y estaba a punto de empeorar.

Al día siguiente, después de volver a Nueva York, Alex trajo a casa una bolsa de galletas con chispas de chocolate de la tienda Tate's Bake Shop. Sin pensarlo dos veces, me comí una galleta entera cuando no hacía ni un minuto que la bolsa había entrado por la puerta de casa. Y luego, como son relativamente pequeñas y finas, decidí que podía comerme dos más.

Y aquí es cuando empecé a sentir físicamente los efectos de haber estado dos semanas consumiendo más azúcar concentrado de lo que como normalmente: me sentía aletargada e inflamada, e incluso tenía un poco de náuseas. Pero lo peor era que quería más dulce. A pesar de sentirme tan mal, tenía ansias de azúcar. Más tarde, esa misma noche, fui a la cocina por más galletas o cualquier cosa que satisficiera esa ansia de dulce que parecía haber desarrollado.

Al final de la semana no solo estaba decepcionada, sino también enojada conmigo misma por fracasar tan miserablemente. En catorce días me había comido más postres (no solo azúcar, sino postres en sí) de lo que me había comido en meses. Empecé a preguntarme si al hacer este reto, estaba desatando la golosa que llevaba escondida dentro. Se estaba convirtiendo en un giro tan extremo de 180 grados que casi tenía ganas de reírme de ello.

Ahora también me doy cuenta de que debería haber explicado a quienes me rodean que estaba haciendo un reto para comer menos azúcar, tal y como hice durante el reto sin alcohol de enero; hubiera hecho que me responsabilizara de mis acciones y también habría disminuido la probabilidad de que Chloe o Alex aparecieran en dos ocasiones con mi postre favorito. Pero la mayor revelación fue lo realmente adictivo que puede ser el azúcar. Como muchas otras personas, yo nunca me había planteado que la dependencia del azúcar pudiera ser tan potente como la adicción a las drogas, al alcohol, al tabaco, al juego o a otros vicios conocidos. En los anuncios, en las películas, en la música y en otras referencias culturales, nuestra sociedad se ríe o incluso celebra los antojos y atascones de azúcar. Pero yo estaba descubriendo que la adicción era muy real, con consecuencias reales. Ya no me sentía tan segura de mí misma cuando empecé la tercera semana.

Tercera semana
Cómo tus fracasos pueden enseñarte tanto como tus triunfos
Ahora estaba empezando a ver un patrón de comportamiento, y me di cuenta de que podía mantener mi dieta baja en azúcar si no me descarrilaba de mi rutina de vida y trabajo. Al empezar la semana, igual que había ocurrido la semana anterior, estaba demasiado ocupada con el programa, las pacientes y mi rutina de gimnasio, sin ningún viaje u ocasión especial que pudiera tentarme en mi decisión de comer poco azúcar. Dicho esto, seguía sin poder deshacerme de lo que parecía ser un nuevo gusto por el dulce. Una noche, mientras trabajaba en una sección del programa *GMA* después de cenar, sentí que empezaba a tener antojo de algo dulce. Intenté distraerme con unas planchas y flexiones, ya que había descubierto que era una fabulosa manera de no picotear por la noche. Pero esta vez no me funcionaron, así que me

autoconvencí para comerme el tentempié saludable «dulce» que normalmente satisface mi deseo de azúcar: rodajas de plátano sobre una galleta salada con miel por encima. Pero me sorprendió lo fuertes y rápidos que me llegaban ahora mis antojos.

Hacia el final de la semana, mi rutina se fue inesperadamente al demonio cuando hice una parada rápida en mi oficina para recoger unos papeles. Inesperadamente, mi enfermera también estaba allí e, inesperadamente, tenía galletas con chispas de chocolate de Tate's, porque la semana anterior yo le había hablado maravillas de ellas. E igual que la semana anterior, no me pude resistir y me comí dos antes de empezar a buscar los documentos por los que había ido a la oficina.

A estas alturas del mes, sabía que había algo que iba realmente mal y tenía que empezar a tomar medidas serias. Le pedí que se llevara las galletas a casa y que no las volviera a traer a la oficina nunca más. Llevamos catorce años trabajando juntas, por lo que ella sabía que mi petición no tenía nada que ver con ella, sino únicamente con mi intención de comer sano. Ya habíamos hecho eso mismo otros años en la época de vacaciones, cuando desalojábamos el consultorio de galletas, pasteles, bombones y otros regalos que suelen mandarnos las pacientes, a lo que, en broma, nos referíamos como «sabotaje». Esa noche, lo único que le pedí es que se llevara el «sabotaje» de mi vista para evitar el futuro previsible. Hacer esta petición tan firme me hizo sentir mejor. También decidí que meditaría cada mañana de la tercera semana y que bebería más agua, dos técnicas que sabía que me ayudarían a estabilizar mi apetito gracias a mis retos previos. Finalmente, sentí que estaba siendo proactiva con el reto y que no solo estaba reaccionando con incredulidad a mis fracasos.

Ese fin de semana viajé a Boston para visitar a mi novio, y la primera noche comimos con amigos en uno de mis restaurantes preferidos de la ciudad. En la mayoría de los restaurantes no me arriesgo a pedir postre porque no me fío de que pueda contener algún ingrediente al que soy alérgica. Pero ya había ido varias veces a este restaurante y sabía que tenían unos pequeñas donas de azúcar y canela a las que seguro no era alérgica. En mi cabeza ya había hecho la misma racionalización que hice en la heladería en Canadá: estaba saliendo con amigos a mi restaurante preferido en un viaje de fin de semana, y disfrutar de una minidona era una parte intrínseca e inevitable de la experiencia. Por suerte, solo me comí una, pero eso no era lo más importante ahora, sino la sensación de fracaso que se aproximaba a la velocidad de la luz.

Sabía que cuando llegara el final del mes tendría que mirarme al espejo y decirme que había fracasado en el reto de ingerir menos azúcar. Este era mi primer fracaso hasta el momento y, aunque no era agradable, también sabía que estaba aprendiendo más que si hubiera triunfado. Por ejemplo, no me habría dado cuenta de lo potentes que son las adicciones al azúcar y de lo fuertes que son los antojos de azúcar, y no hubiera llegado a desarrollar empatía hacia las pacientes que sufren este tipo de antojos a todas horas. Nunca hubiera descubierto los efectos físicos que puede causar un consumo excesivo de azúcar añadido, haciéndome sentir aletargada, irritable, increíblemente inflamada y con náuseas, y aun así quería más.

Me acordé de mi arrogancia al principio del mes y me di cuenta de lo equivocada que estaba. Cualquiera puede ser adicto al azúcar y yo siempre lo había sido, lo que ocurría era que, simplemente, en el pasado no era consciente de cuánto azúcar consumía. Había pensado, erróneamente, que podía controlar los antojos de azúcar, pero ahora estaba descubriendo que esta adicción puede ser abrumadora, si no paralizante. Por estos motivos me propuse seguir comiendo menos azúcar en el siguiente mes y decidí que, dejando a un lado los sentimientos de fracaso, tenía que intentar acabar la última semana del mes sin ningún desliz.

Cuarta semana
Cómo deshacerte de la golosa que llevas dentro
y darle una patada definitiva al azúcar
Puedes volver a poner la misma canción de las últimas semanas, porque esta semana sonaría igual. A pesar de mi nueva decisión, tuve un desliz a mitad de semana cuando una paciente trajo chocolate negro a la oficina. Como me lo había dado bajo los auspicios de que era saludable, así es también como lo vi yo: un capricho bueno del que no comí demasiado. Me comí la mitad de la barrita.

Después me sentí atormentada por la decepción y las dudas. Esta era la última semana y yo estaba determinada a no dejar que nada se interpusiera en mi camino al éxito. Y, sin embargo, ahí estaba yo, incapaz de controlar mis impulsos y devorando postres como si fueran col kale. Por suerte, este fue mi único desliz de la semana.

Pero a medida que el mes se acercaba a su fin, sabía que había fracasado totalmente en ese reto, aunque había conseguido aprender más cosas sobre mí que en cualquier otro mes. Esto corroboró lo que realmente es importante de este libro: la autoexperimentación. Experimentando, aprendí que soy igual de golosa que el resto de las personas, que nunca antes había sido consciente de ello, pero que sí tenía ese impulso latente, alimentando un círculo vicioso de antojos y consumo que a la larga se convierte en una adicción. Llegada la última semana, me sentía impotente ante el azúcar: si me ofrecían una galleta o chocolate, tenía que comérmelo, con independencia de mi grado de determinación, compromiso o voluntad. Y aunque un vasito pequeñito de helado o una pequeña dona de azúcar puedan parecer inofensivos, ahora también sé que una dosis concentrada de azúcar añadido a cualquier escala puede despertar a la golosa que llevo dentro y provocar antojos que no puedo controlar.

También descubrí que mi táctica frente a los dulces tenía más éxito si la enfocaba como un todo o nada. Esta estrategia había sido clave, al fin y al cabo, en mi mes sin alcohol; si me hubiera permitido beber solo una copa de vino o dos por semana, creo que al final me hubiera dado permiso para tomarme más si quisiera. De forma parecida, al principio del mes, había cometido el error de suponer que podía simplemente mordisquear una galleta o comerme solo una onza de chocolate. Pero aunque otras personas puedan ser capaces de hacerlo, yo no puedo; así que, o bien tenía que evitar por completo todos los dulces, o bien aceptar la posibilidad de que comería más de lo que esperaba. Hay personas que logran cumplir la norma de los tres mordiscos, con la que disfrutan solo de unos mordiscos de un alimento antes de dejarlo, pero yo aprendí que eso no lo puedo hacer con el postre, a pesar de lo que pueda decirme a mí misma.

Y tal vez lo más importante es que aprendí lo que se siente cuando fracasas. Nunca antes me había estrellado tanto en un reto hasta la fecha, pero hacerlo me enseñó dos lecciones valiosas. Primero, aprendí a perdonarme: fracasar en algo no me convertía en un fracaso; yo seguía siendo yo y seguía siendo maravillosa en todos los aspectos que me hacen ser yo (¡aquí solo faltaba una música de fondo motivadora!). Segundo, como había fracasado pero lo seguía intentando, empezando cada semana con una nueva determinación, había aprendido a perseverar. Y aprender a perseverar me permitió continuar mi reto del azúcar durante el mes de octubre, aplicando todas las lecciones que había aprendido en septiembre para tener más posibilidades de triunfar. A veces necesitas un poco más de tiempo para descubrir las mejores maneras de enfocar un reto. Esto lo aprendí en agosto cuando tuve dificultades para encontrar diferentes maneras de usar mi teléfono de una forma más consciente. Y tienes que cometer errores primero para aprender cómo evitarlos antes de adoptar un nuevo hábito de salud.

Durante los treinta días siguientes, solo consumí una cucharada de un postre, y esto fue porque mi hija me suplicó que probara algo después de que me hubiera acompañado en un viaje a Europa. Esto suponía menos azúcar añadido de lo que había consumido en años. Finalmente, había completado el fiasco del azúcar que había esperado lograr el mes anterior. En consecuencia, pude responder a las preguntas que esperaba: mi piel estaba menos roja, tenía más energía, estaba menos inflamada y perdí grasa corporal. Pero lo más importante de todo es que había hecho desaparecer la golosa que vive en mí.

SEPTIEMBRE: MENOS AZÚCAR
Los fundamentos científicos que hay detrás de consumir menos azúcar

Reducir la cantidad de azúcar añadido que ingieres tiene tantos beneficios para tu cerebro y para tu cuerpo que enumerarlos nos ocuparía un libro entero. Y si te interesa el tema, ya se han escrito libros al respecto, una y otra vez. Pero dejar el azúcar tiene algunos beneficios sorprendentes que mucha gente no conoce, junto con ventajas que a mí me parecieron interesantes en mi aventura de descubrir una manera más saludable de interactuar con la adicción número uno en Estados Unidos.

El azúcar puede ser tan adictivo como las drogas ilícitas
Aunque muchos se preguntan si la comida puede ser realmente adictiva, los estudios acerca de cómo afecta el azúcar al cerebro no varían en sus conclusiones. Estudio tras estudio demuestran que el azúcar puede tener el mismo efecto en el cerebro que muchas drogas ilícitas, activando las mismas áreas del cerebro y provocando un ciclo similar de subidas, bajadas, ansias, atascones y abstinencia.

La doctora Nicole Avena, que ha liderado la mayor parte de las principales investigaciones acerca de la adicción al azúcar, afirma que comer cosas dulces estimula el sistema de recompensa del cerebro, que también se activa con las drogas, el sexo y el amor, lo cual desencadena una liberación de dopamina que crea sentimientos de placer y felicidad. Y de forma similar a las drogas, el azúcar también puede hiperactivar este sistema de recompensa, causando un fuerte deseo y una pérdida del control. Cuanto más azúcar consumes, más azúcar quieres y necesitas para tener el mismo subidón de dopamina, igual que ocurre con las drogas. Con el tiempo, tus ansias se intensifican y si no consumes azúcar, no te sientes feliz; aunque llegados a este punto necesitas tanto azúcar para sentirte feliz que tienes que comerte una bolsa entera de galletas de Tate's para obtener la misma respuesta de dopamina que solías recibir con una sola galleta. Por todos estos motivos, las investigaciones de la doctora Avena han demostrado que las ratas prefieren comer galletas Oreo que cocaína si se les da a elegir. Así de adictivo es el azúcar.

Ingieres muchísima más azúcar de lo que crees
Tres cuartas partes de los alimentos envasados que hay en este momento en los estantes del supermercado, incluyendo artículos salados, contienen azúcar añadido. Lo más probable es que si te

estás comiendo algo que viene en un envase, embalaje, envoltura, botella o caja, contenga azúcar añadido. Por eso el estadounidense medio consume 82 gramos de azúcar al día (57 gramos más del máximo recomendado para las mujeres por la OMS), llegando a un total de 30 kilos de azúcar añadido por persona al año. Hay muchos alimentos que nunca sospecharías que contienen azúcar añadido, como el yogur, el sushi, la salsa de tomate, el pan, las mantequillas de frutos secos, los aderezos para ensaladas, la avena de preparación instantánea, los cereales, el embutido, la granola y las barritas proteicas. Si eres escéptica, echa un vistazo a las etiquetas donde aparecen los valores nutricionales de tus alimentos envasados preferidos. Seguramente te sorprenderá la cantidad de azúcar que hay en una sola ración.

El azúcar puede hacerte envejecer y destrozarte la piel
Si los beneficios sobre la salud por sí solos no te convencen para bajar el consumo de azúcar, tal vez te convenza el espejo. Mientras que todo el mundo sabe que pasar demasiado tiempo en el sol puede provocar decoloración y aparición de pequeñas arrugas, poca gente se da cuenta de que comer demasiado azúcar puede producir los mismos efectos. Esto se debe a que el azúcar se une al colágeno y a otras proteínas de la piel, lo que hace que las células se endurezcan y sean menos elásticas. Con el tiempo, esto crea la aparición de pequeñas arrugas, manchas y flacidez, ya que el exceso de azúcar a la larga daña el colágeno y la elastina de las células. Comer demasiados dulces también puede causar acné, al debilitar nuestra respuesta inmunitaria y estimular la testosterona, lo cual dilata los poros y estimula la producción de aceite. Por no hablar de que el azúcar se asocia con la inflamación crónica y el aumento de peso. Ambas cosas pueden destrozar la salud cutánea.

El azúcar sabotea tu inteligencia
Tu cerebro necesita azúcar para subsistir; esto es bioquímica pura. Pero si ingieres demasiada, como hacemos la mayoría de nosotros, esto ralentizará tus procesos mentales y te restará capacidad para aprender nuevos conocimientos y recordar acontecimientos. De hecho, un estudio de 2012 realizado en animales, llevado a cabo por investigadores de la Universidad de California en Los Ángeles, descubrió que si se mantiene durante seis semanas una dieta con un alto porcentaje de azúcar (es decir, lo que come un estadounidense medio), se obstaculiza la función cognitiva. Los investigadores también han hallado una conexión entre el consumo de azúcar y las enfermedades cognitivas como el alzhéimer y la demencia. Hay doctores que incluso se refieren al alzhéimer como una «diabetes de tipo 3», o un problema de salud producido en parte por un elevado nivel de azúcar en sangre y la consiguiente resistencia a la insulina.

No ahogues tus problemas con helado,
porque las cosas empeorarán
Puede que el remedio común para una ruptura amorosa o un mal día en el trabajo sea tomar un envase de helado y una cuchara, pero ingerir este tipo de azúcar añadido no te hará sentir más que ansiedad, mal humor e incluso depresión. Aunque sí es verdad que el azúcar presente en un helado o en una golosina puede provocar la liberación de dopamina (que estimula el buen humor), algo parecido a lo que pasa cuando bebes alcohol, estos buenos sentimientos acaban sofocándose, ya que este subidón de felicidad acabará convirtiéndose en letargia, irritabilidad, fatiga y confusión mental. Los investigadores han desvelado que consumir demasiado azúcar puede contribuir a una depresión clínica.

*El azúcar puede destrozarte los dientes
y hacer que tengas mal aliento*
Seguramente ya sabes que los alimentos dulces pueden provocar la aparición de caries. Pero esto no es lo único que los dulces pueden hacerle a tu salud bucal. El azúcar es una causa directa de la enfermedad gingival, ya que te aumenta la acidez en la boca y alimenta las bacterias malas que te atacan los dientes y las encías. Estas bacterias malas también pueden causarte un aliento fétido, y se multiplican tan rápido que no hay cantidad posible de chicle o de pasta de dientes que pueda contrarrestar tu boca maloliente. Y por si esto no te sorprende lo suficiente, este excedente de bacterias malas también puede escaparse hacia tu flujo sanguíneo, aumentando el riesgo de que contraigas alguna enfermedad coronaria, demencia o artritis reumatoide, entre otras enfermedades graves.

*El azúcar aumenta el riesgo de enfermedades
coronarias, cáncer y otras patologías crónicas*
Numerosos estudios demuestran que la gente que ingiere más azúcar en forma de alimentos o bebidas tiene una mayor incidencia asociada de ataques al corazón y enfermedades coronarias que quienes consumen menos. De hecho, un informe de 2018 sobre un estudio de la Asociación Estadounidense del Corazón desveló que las personas que beben 0.70 litros o más de bebidas azucaradas al día tienen el doble de riesgo de morir de una enfermedad coronaria que quienes beben menos de 30 mililitros a diario. Existen pruebas concluyentes que también conectan el consumo de azúcar con un riesgo elevado de contraer diabetes de tipo 2 y enfermedad hepática grasa. Esta relación se basa tanto en la asociación como en la causalidad (el santo grial para la ciencia y la medicina), lo que significa que cuanto más azúcar comes, más au-

mentan, indiscutible e inevitablemente, tus posibilidades de contraer alguna de estas afecciones.

Por lo que respecta al cáncer, aunque los investigadores aún no han sido capaces de conectar de forma concluyente el consumo de azúcar y el aumento del riesgo de contraer la enfermedad, las pruebas existentes son suficientes para que cualquier persona se replantee comerse una bolsa entera de galletas. Un estudio de nueve años de duración publicado en 2017 en la revista científica británica *Nature Communications* demuestra que hay una conexión entre el consumo de glucosa y la progresión del cáncer, con lo que el azúcar podría ayudar a alimentar literalmente a las células del cáncer, haciendo que se multipliquen y que lo hagan aún más rápido. Los científicos también dicen que el azúcar aumenta el riesgo de tener sobrepeso y obesidad, y ambas situaciones pueden aumentar exponencialmente el riesgo de cáncer.

SEPTIEMBRE: MENOS AZÚCAR
Tu historia

Yo aprendí por las malas que no es fácil reducir el azúcar de la dieta. Los antojos de azúcar son auténticos e intensos, algo que muchos restaurantes y fabricantes alimentarios ya saben. Por eso se puede encontrar azúcar en tres cuartas partes de todos los alimentos envasados y en la mayoría de las comidas preparadas y de los acompañamientos que encontrarás en restaurantes, supermercados, cadenas de comida rápida y tiendas de comida preparada. Esta lista no excluye artículos aparentemente «saludables» como las ensaladas, los licuados, los vasitos de quinoa y los tazones de azaí; todos ellos contienen excesivas cantidades de edulcorantes añadidos, según demuestran los estudios. Aun así, reducir tu ingesta de azúcares añadidos no es totalmente imposible; simplemente tienes que aprender un par de trucos. Aquí tienes los diez que fueron más útiles para mí en los dos meses en total que intenté reducir mi ingesta de azúcares añadidos.

1. INVIERTE UN POCO DE TIEMPO EN LA PREPARACIÓN. Este mes será mucho más difícil si tu cocina alberga galletas, pasteles, golosinas, helado o cualquier otro tipo de postres en general. Pero también te resultará casi imposible si también tienes la casa llena de comida procesada con un alto contenido de azúcar, con artículos como cereales, barritas de granola, yogur con sabor de frutas, aderezos comerciales para las ensaladas y otros alimentos que contengan tanto azúcar como los postres tradicionales. Antes de empezar, hazte un favor y dona tus alimentos azucarados a algún centro para indigentes. Si tu pareja o tus hijos se oponen a tu «limpieza», diles que ellos pueden seguir comiendo dulces fuera de casa, pero que durante treinta días no pueden traer nada a casa.

    En cuanto hayas convertido tu cocina en un espacio seguro, haz lo mismo con tu oficina, tu espacio de trabajo, tu coche y tu bolsa. Si tienes guardadas reservas de golosinas o barritas proteicas dulces en estos sitios, regálalos o dónalos. Cuantas menos tentaciones tengas en tu casa y en tus espacios de trabajo, más posibilidades tendrás de triunfar.

2. DÍSELO A TODO EL MUNDO. Si pudiera volver a empezar mi primer mes con poco azúcar, lo primero que haría sería decirle a todo el mundo que estoy haciendo un reto para reducir el consumo de azúcar. Esto hubiera hecho que me responsabilizara de mis actos y que fuera menos probable que mis amigos, familiares, compañeros de trabajo y pacientes me

ofrecieran irresistibles galletas, chocolates y otros postres. No esperes el momento adecuado, ni a que te pongan el azúcar delante: cuéntaselo a tus seres más queridos y próximos antes de que empiece el mes, para que te puedan ayudar a vencer la tentación antes de que la tentación te venza a ti de repente.

3. APRENDE A LEER LAS ETIQUETAS. Si hay algo relativamente fácil en este reto, es que las etiquetas con los valores nutricionales en las envolturas de los alimentos y bebidas hacen que entender tu ingesta de azúcares añadidos sea pan comido. Desde finales de 2018, la Administración de Alimentos y Medicamentos de Estados Unidos (FDA, por sus siglas en inglés) obliga a que la mayoría de los alimentos vendidos en bolsas, cajas y envolturas incluyan cuántos gramos de azúcar añadido contienen en una línea aparte y designada específicamente para esto. Simplemente fíjate en la etiqueta nutricional hasta que veas «azúcares añadidos» una línea por debajo de «azúcares totales». Si no ves esta información, fíjate en los «azúcares» bajo los «hidratos de carbono». Esto te indica cuántos gramos de azúcar tiene en total un producto, sumando los azúcares naturales y los añadidos. A menos que tu comida contenga principalmente fruta entera, verduras y cereales (siempre que sean integrales), la línea de los azúcares puede ser un buen indicador de cuántos gramos de azúcar añadido hay en esa comida o bebida.

4. CONTABILIZA 25 GRAMOS (O 38 PARA LOS HOMBRES) COMO PUEDAS. A lo largo del mes, yo fui muy consciente del número 25, la cantidad máxima diaria de gramos de azúcar que la OMS recomienda a las mujeres (el máximo para los hombres son 38 gramos). Los días en los que no tenía ningún desliz con

las galletas, el chocolate, el helado o las donas me mantenía por debajo de esa cifra. Aunque a mí me pareció fácil llevar el recuento de azúcar añadido en mi cabeza, si no estás acostumbrada a analizar cuánto azúcar comes a diario (y mucha gente no lo está), lleva un registro de tu ingesta de azúcar añadido en la aplicación de notas en el celular o en una libreta que lleves encima. También hay aplicaciones de celular que pueden registrar el azúcar añadido por ti. Prueba con Fooducate, que te da la cantidad de azúcar añadido en más de 250 000 productos del supermercado, o Wholesome, que puede registrar tu consumo total de azúcar y avisarte cuando hayas tomado demasiado. Simplemente acuérdate de entrar con exactitud el tamaño de tu ración, algo que mucha gente subestima.

5. Elige alimentos no procesados para que te sea más fácil lograrlo. Los alimentos integrales y no procesados como las verduras frescas, la fruta entera de la sección de frutas y verduras, el marisco fresco, el pollo y la ternera, las legumbres, los cereales que te cocines tú misma y los lácteos naturales sin nada añadido no contienen azúcares añadidos. Esto significa que no tienes que preocuparte de leer etiquetas o registrar gramos de azúcar cuando eliges alimentos integrales y no procesados. Sin embargo, duda de todo lo que compres en una caja, bolsa, embalaje o envoltura: muchas carnes de charcutería, lácteos con sabores añadidos, cereales en caja o en bolsa, y productos congelados o envasados que puede que parezcan hechos básicamente de vegetales o fruta puede que aún alberguen azúcares escondidos. Lee la lista de ingredientes y analiza la etiqueta si no estás segura.

6. Ten algún plan alternativo para la golosa que llevas dentro. Otra cosa que desearía haber hecho antes de iniciar mi mes

con menos azúcar habría sido encontrar sustitutos para los postres en cenas familiares y otras ocasiones especiales. Si hubiera tenido a la mano una alternativa con poco azúcar para utilizar de postre, como fresas frescas con vinagre balsámico, me lo hubiera llevado conmigo a la cena familiar en casa de mi padre donde tuve mi primer desliz. De esta forma, habría podido seguir disfrutando de un antojo y no me hubiera sentido como si me estuviera privando de algo, y a la vez no hubiera acumulado ni un solo gramo de azúcar añadido en mi cómputo diario.

Otras alternativas con poco azúcar son el yogur natural con plumillas de chocolate (estos pedacitos crujientes saben a chocolate, pero no contienen azúcares añadidos); uvas o plátanos congelados; macedonia; barritas proteicas sin azúcares añadidos; manzana al horno o pera cocida con frutos secos tostados; y el café o té de después de comer con miel y canela. Si eres de esas personas a las que les tientan más los dulces salados, como los *pretzels* untados en chocolate o el pastel de nueces pecanas, prueba las palomitas hechas con aceite de oliva y canela, o las verduras caramelizadas con jengibre o nuez moscada.

7. ENTIENDE QUE SE NECESITA TIEMPO PARA VOLVER A ENTRENAR LAS PAPILAS GUSTATIVAS. Si consumes mucho azúcar procesado a diario, reducir tu ingesta a 25 (o 38) gramos diarios te resultará difícil al principio. Pero los estudios demuestran que puedes volver a entrenar tus papilas gustativas en cuestión de semanas. Esto significa que si eres persistente con lo de reducir el azúcar lentamente, a mitad de mes puede que empieces a notar que las cosas dulces saben demasiado dulces, o que el café ya te va bien con un solo sobre de azúcar en vez de dos. A este respecto, los estudios demuestran

que a los niños les pueden empezar a gustar comidas que pensaban que no les gustaban en un primer bocado. Los científicos dicen que los adultos podemos adaptarnos de una forma similar, empezando a disfrutar de alimentos como el yogur, los cereales, el aderezo de ensaladas y las salsas sin edulcorar después de comerlos solo tres o cuatro veces.

8. APUNTA A COSAS ASEQUIBLES. Las bebidas azucaradas como los refrescos, los cafés sofisticados, los batidos y las bebidas isotónicas son las fuentes más concentradas (es decir, peores) de azúcar añadido que puedes consumir. Las bebidas azucaradas no solo contienen cantidades ridículas de azúcares añadidos (con un café con leche mediano puedes alcanzar fácilmente tu ingesta máxima diaria, mientras que un licuado pequeño puede doblar ese límite diario), sino que carecen de las grasas, las proteínas o la fibra necesarias para ralentizar el azúcar y evitar que se precipite directamente a tu flujo sanguíneo, causándote un pico de insulina que te llevará de cabeza a la letargia, al mal humor, a un mayor apetito y al aumento de peso. La solución: abandona las bebidas azucaradas tan pronto como sea posible. Esto hará más por reducir tus antojos que cualquier otro cambio. Además, actualmente hay cientos de opciones que harán que dejar las bebidas dulces te sea más fácil que nunca. Piensa en un agua mineral con sabor y sin azúcar en vez de un refresco, un capuchino sin azúcar o un expreso de alta calidad en vez de cualquier bebida sofisticada con café y montones de azúcar, o una pieza de fruta real en vez de un licuado de fruta.

9. TÓMATELO EN SERIO. La adicción al azúcar es algo real y puede tener consecuencias devastadoras en la salud física,

mental y emocional. Ojalá yo hubiera entendido lo poderosa que puede ser la dependencia del azúcar cuando empecé el mes, viendo el azúcar con los mismos ojos que veía el alcohol durante mi mes sin alcohol. En cambio, empecé el mes pensando que podía comerme una galleta hoy, otra mañana, porque, al fin y al cabo, sabía que era algo que los niños comían; las sirven en las escuelas y no son drogas en sí. Pero esta racionalización fue mi perdición, ya que comer, aunque fuera un poquito, de algo dulce provocaba un círculo vicioso de dopamina y dependencia, y de recompensa y antojo, que hace que el azúcar sea tan adictivo como las drogas. Mi mejor consejo: concibe el azúcar como una droga o toxina, no como un ingrediente inocente, y percíbelo como algo que afectará dramáticamente tu aspecto, cómo te sientes, y lo hará en cuestión de minutos.

10. NO TENGAS MIEDO DE REINICIAR SI FRACASAS. Incluso si empiezas el mes con las mejores intenciones, puede que pronto te encuentres buscando si queda alguna galleta en la bolsa o si queda un poco de helado al final de un envase. Si te pasa, no te tortures. Es difícil dejar la droga del azúcar, especialmente si tú, como la mayoría de los estadounidenses, llevas años consumiéndolo en exceso.

    Pero tampoco te des por vencida. Llevar este reto hasta el final, lo mejor que puedas, comporta enormes beneficios. Ahora tienes la oportunidad de intentar liberarte del ciclo de antojos y de pérdida de control que a nadie le gusta y que tiene un efecto perjudicial en cada parte de tu cuerpo, cerebro, dieta, piel y sueño. Incluso intentar mantener este reto te da la oportunidad de aprender qué alimentos de tu dieta diaria contienen más azúcares añadidos, y puedes tratar de volver a entrenar tus papilas gustativas para que puedas perder un poco de la dependencia que tienes de la droga dulce.

Liberarte del azúcar es una sensación increíble que puede cambiarte la vida, no solo tu aspecto y cómo te sientes. No dejes que uno, dos o veinte fracasos se interpongan en tu camino para intentar alcanzar la meta. Y recuerda, tal como aprendí yo, que no debes tener miedo a fracasar: seguramente te enseñará más de ti misma que una docena de triunfos.

CAPÍTULO 10

OCTUBRE
Estiramientos

Mi historia

A estas alturas del año, estaba bastante satisfecha con mis esfuerzos en los retos hasta la fecha. Continuaba meditando, bebía más agua, comía menos carne, caminaba siempre que podía y hacía sesiones de cardio regularmente. También seguía siendo muy consciente de mi uso diario del teléfono y de mi consumo semanal de alcohol, y estaba decidida a alcanzar el éxito este mes con el reto de menos azúcar. Y aunque no las hacía cada mañana, las flexiones y las planchas estaban totalmente integradas en mi rutina semanal.

Pero me di cuenta de que no había hecho nada que mejorara mi recuperación y relajación muscular, que era cada vez más importante, ya que quería mantenerme activa conforme me hacía mayor. Al margen de mi edad, como médico, también sabía que la recuperación muscular y la relajación eran de vital importancia, especialmente para aquellas personas que no son activas, ya que un estilo de vida sedentario puede llevarte a tener más problemas fisiológicos que hacer ejercicio de forma moderada.

Y así es como llegué a la conclusión de que los estiramientos serían mi reto mensual. Además, esta actividad también era fácil de hacer en cualquier sitio, en cualquier momento, sin necesidad de ir a ningún gimnasio ni necesitar ningunas instalaciones especiales, y sería algo beneficioso para todo el mundo, desde atletas de élite y fiesteros de fin de semana, hasta teleadictos, personas adictas al trabajo y cualquier otro tipo de gente. Finalmente, a nivel personal, no había hecho estiramientos en serio desde que practicaba deportes de competencia en la preparatoria, y llegué a la conclusión de que, igual que en los retos anteriores, me podría beneficiar tomar una dosis del antídoto que a menudo recomendaba a mis pacientes.

Uno de los motivos por los que antes de este mes no había hecho estiramientos es porque, de forma natural, ya soy muy flexible. Puedo doblarme hasta bajar el torso y poner las manos planas en el suelo, y también puedo hacer que la parte exterior de mis muslos y rodillas toque plana en el suelo cuando me siento en posición de mariposa. Incluso puedo hacer un split. Y aunque nunca haya tenido una falta de flexibilidad, como médico sé que cuando mis pacientes destacan en una faceta de su salud o de su forma física, a menudo asumen que nunca tendrán que analizar o modificar su comportamiento en esa faceta. Pero en medicina, asumir el triunfo no es nunca una prueba científica del éxito. Incluso los comportamientos aparentemente saludables tienen que analizarse para asegurarse de que el paciente está realmente haciendo todo lo que puede para mantener o mejorar su bienestar en ese aspecto.

Hace unos años participé en una clase de estiramientos mientras me hospedaba en Canyon Ranch, un resort de salud en Lenox, Massachusetts. La clase duró solo treinta minutos, pero en ese tiempo estiré todos y cada uno de los músculos, de los pies a la cabeza, utilizando en ocasiones un rodillo de espuma o una cinta de yoga para profundizar en el estiramiento. Aprendí mucho durante esa clase, como el hecho de que no hay una relación directa entre tu flexibilidad y tu necesidad de estirar. Es decir, puedes ser flexible por naturaleza y sentirte laxa y suelta, pero aun así sigues teniendo músculos, articulaciones y ligamentos que habría que estirar.

Durante esa clase también descubrí que no necesitas hacer ejercicio con regularidad o ni siquiera entrenar para tener contracturas o dolores musculares. Podemos tener dolores por estar sentados en un escritorio, por estar de pie durante demasiado tiempo, por conducir durante horas o por hacer cualquier actividad rutinaria una y otra vez, como cargar con niños o con bolsas del súper pesadas. Finalmente, también podemos tener dolores musculares por estar demasiado inactivos. En definitiva, nuestro cuerpo, hagamos lo que hagamos, necesita estiramientos.

Aunque yo no hacía estiramientos con regularidad, me sentía bien cuando sí los hacía. Al convertirlo en un reto, esperaba enamorarme de los beneficios de estirar a diario, tanto que lo convertiría en una parte de mi rutina regular de ahora en adelante. Además, a menudo tengo contracturas después del gimnasio, así que tenía curiosidad por saber si estirar con regularidad haría desaparecer un poco esas molestias. Aunque no necesariamente me molestaba sentir las contracturas (pues significaban que mis entrenamientos estaban funcionando), me preguntaba si sentirme renovada, me ayudaría a poder entrenar con más fuerza más a menudo y con más eficiencia. Finalmente, tengo una postura corporal horrible, así que tenía la esperanza de soltar la tensión de mi espalda, hombros y cuello, y ser capaz de poder tener el torso más erguido y sentirme menos rígida y encorvada.

Una cosa que tenía clara antes de empezar el mes es que quería una rutina de estiramientos que me trabajara el cuerpo entero, especialmente el cuello, los hombros, la espalda, los glúteos, los isquiotibiales, los cuádriceps y los tobillos, y que a la vez no requiriera más de cinco minutos. Así que creé una rutina diaria de estiramientos que empezaba haciendo círculos con la cabeza, unos cuantos en cada dirección, seguidos de unos ejercicios de amplitud de movimiento para el cuello, haciendo que la oreja me tocara el hombro, que la barbilla tocara el pecho y que la parte inferior de la cabeza tocara la parte superior de la espalda. Luego haría círculos con los brazos, seguidos por un abrazo de oso en el que me agarraba la parte trasera de los hombros. Luego estiraría la espalda a tres niveles, inclinándome hacia delante y hacia atrás, hacia los dos lados, y girando el torso en ambas direcciones. Para estirar glúteos, caderas e isquiotibiales me doblaría hacia delante y tocaría el suelo, luego mantendría la postura de la paloma (un ejercicio de yoga para abrir las caderas) y haría un estiramiento a horcajadas, extendiendo las piernas para formar un triángulo mientras me inclinaba hacia delante. También quería utilizar un rodillo de espuma para masajearme la columna vertebral desde la parte superior de la espalda hasta el sacro, aplicando presión en cualquier punto dolorido, pasándomelo después por los glúteos, los isquiotibiales, las bandas iliotibiales y las pantorrillas. Finalmente, terminaría haciendo círculos con los tobillos.

Antes de empezar el mes puse a prueba mi rutina, y no tardé más de tres minutos en total. Estaba lista para empezar.

Primera semana
Hacer estiramientos a diario puede transformar tu energía
El 1 de octubre me desperté, e igual que al inicio de mi mes de flexiones y planchas, casi olvidé que estaba haciendo el reto de estiramientos. No fue una mañana ajetreada, pero lo de hacer es-

tiramientos llevaba demasiado tiempo lejos de mi campo de acción, y no estaba nerviosa ni ansiosa por llevar a cabo este reto, a diferencia de los meses en que realicé los retos de cardio, de meditación e incluso el de comer menos carne y más verdura.

Pero tan pronto como entré en la regadera, el agua caliente deslizándose por mis músculos me hizo recordar mi plan para sentirme más flexible y ágil. Decidí hacer los estiramientos en cuanto saliera de la regadera, cuando mis músculos ya estuvieran calientes y receptivos. En el suelo de mi habitación, acabé la rutina en un poco más de tres minutos, concentrándome en respirar hondo para relajarme en cada estiramiento y llevar más energía y oxígeno a mis músculos y extremidades. La duración era similar a mi ronda inicial de flexiones y planchas, pero esto requería mucho menos esfuerzo y me aportaba mucho más disfrute.

Después de hacerlo me sentí vigorizada y revitalizada, lo que me sorprendió, ya que no había hecho ninguna actividad que me bombeara la sangre, me acelerara el corazón o me hiciera sudar. La sensación era curiosamente satisfactoria: estaba más calmada mental y emocionalmente, pero físicamente me sentía energizada, como si todos mis músculos se hubieran activado y despertado y estuvieran listos para moverse con más suavidad durante el día.

A la mañana siguiente me desperté con ganas de estirar (quería experimentar la misma sensación que había tenido el día anterior) y completé otra vez la rutina justo después de mi baño matutino. El tercer día hice los estiramientos por la noche, cuando volví a casa después de trabajar. No es que se me olvidara hacerlos por la mañana, pero tenía curiosidad por saber cómo reaccionaría mi cuerpo después de un día entero de actividades. Estaba en lo cierto al pensar que habría una diferencia: en comparación con los estiramientos de la mañana, cuando mi cuerpo estaba más fresco, por la noche me sentí como si estuviera desenredando una liga elástica retorcida y anudada, trabajando la tensión y el estrés del día. Y aunque solo tardé tres minutos, esa rutina también me ayudó a prepararme para acostarme, mental y físicamente, y me permitió relajarme más rápido después de haber pasado todo el día fuera trabajando mis habituales catorce horas.

Durante la primera semana hice los estiramientos cada día, salvo dos. En ambas ocasiones me distraje por la mañana y luego no había manera de encontrar la motivación al llegar a casa por la noche. Me consolé a mí misma diciéndome que había estirado en la clase de SoulCycle (¡cardio!) uno de los días que no había estirado. Las clases siempre acaban con unos estiramientos de tres minutos en la bicicleta. El instructor de la clase es quien guía estos estiramientos, y son opcionales, así que muchos participantes se van, pero yo siempre me quedo porque pienso que ya que he pagado la clase, debería aprovechar todo lo que viene con ella.

También doblé la duración de mi rutina durante el fin de semana adrede, estirando durante más de seis minutos ambos días. Al principio tenía la sensación de que esto me parecería una obligación, pero en la realidad fue una experiencia agradable, pasando de un ejercicio al otro a un ritmo tranquilo, manteniendo las posturas durante más tiempo y consiguiendo estiramientos más profundos.

Al final de la semana me di cuenta de que estaba disfrutando enormemente de esa experiencia. Nunca antes había hecho estiramientos de forma regular y no tenía ni idea de lo energizante y gratificante que era. Y lo que es más, mi postura también había mejorado un poco: tenía la espalda más recta y los hombros relajados y no caídos hacia delante. Si hubiera llegado a saber que hacer estiramientos podría corregir incluso un pequeño porcentaje de mi constante postura encorvada, habría empezado a hacerlo hace muchos años. Curiosamente, también me sentía más ligera, como si me resultará más fácil mover los músculos porque estaban menos tensos y la sangre fluía mejor.

La única traba era que, a diferencia de los últimos meses (con retos como el de menos azúcar, más pasos, hidratación e incluso uso consciente de la tecnología), hacer estiramientos era bastante fácil de olvidar. Como solo se tardaban tres minutos, no requería ningún esfuerzo físico y no tenía importantes beneficios para la salud como el cardio, la hidratación, dar más pasos y los retos de los otros meses, el reto de los estiramientos era difícil de priorizar. Pero, vaya, ya estaba viendo los beneficios después de solo una semana. Y si se tardaba tan poco tiempo y no requería esfuerzo, ¿por qué no lo estaba priorizando?

Segunda semana
Cómo los estiramientos pueden mejorar tus entrenamientos
Decidí hacer que los estiramientos formaran parte de mi ritual diario después del baño de la mañana. Durante los retos de meditación, hidratación y flexiones y planchas, había aprendido que integrar una actividad como parte de tu rutina matutina podía ayudarte a convertirla en un nuevo hábito. Y aunque me encantó esa sesión de estiramientos que hice la primera semana después del trabajo, no logré repetirla: siempre me sentía demasiado cansada cuando llegaba a casa y no podía hacer otra cosa que caer rendida en la cama.

Teniendo esto en mente, logré cumplir cinco mañanas durante mi segunda semana. Los dos días que me salté los estiramientos, lo compensé haciendo una clase de SoulCycle y quedándome a estirar. Aunque antes lo había hecho solo para sacarle el máximo provecho a la clase, ahora estaba motivada y quería asegurarme de que estiraba cada día de alguna forma, y quería ver también si podía aprender ejercicios nuevos para incorporar a mi rutina.

Al final de la semana sentía como si el flujo sanguíneo que circulaba por mi cuerpo hubiera mejorado. Esto ya no era un concepto vago, sino que mis músculos estaban cualitativamente menos tensos y más distendidos de lo que podía recordar, lo cual era especialmente revelador, ya que, para empezar, yo no había estado tensa o rígida. Pero ahora me sentía más ágil y hábil, y mi postura seguía mejorando incluso más que la semana anterior. Podía hasta notar la diferencia cuando estaba simplemente caminando... Y me gustaba la sensación.

En el gimnasio también empezó a ocurrir algo increíble durante la segunda semana: me sentía notablemente menos dolorida durante mis entrenamientos. Por consiguiente, notaba que podía levantar pesos más pesados y hacer más repeticiones. Esto me hizo soltar una risita una noche cuando salía del gimnasio después de una sesión especialmente agotadora. Supongo que hacía siglos que los yoguis tenían razón: hacer estiramientos es tan importante como hacer ejercicio para tu salud física y mental, y sin embargo era mucho más fácil que cualquier otra cosa de las que hacía en el gimnasio para intentar sentirme mejor y tener un mejor aspecto.

Tercera semana
Haz estiramientos por la mañana para mantener una mejor postura durante el día
Empecé la semana con el pie izquierdo, ya que me perdí dos días consecutivos de estiramientos nada más empezar. El motivo era simple: no seguí mi rutina matutina típica de despertarme, tomarme un café, bañarme y hacer estiramientos. Ninguna de las dos

mañanas tenía que ir al programa *GMA*, lo que significaba que tenía más tiempo para hacer otras cosas y menos ímpetu para estirar nada más empezar el día. En cuanto me di cuenta de que no había hecho mi rutina de tres minutos, ya me tenía que ir a mi consultorio; el mismo destino que evitaba que hiciera flexiones y planchas unos meses antes. Durante lo que quedaba del segundo día empecé a extrañar los positivos beneficios a los que ahora ya me había acostumbrado, especialmente la sensación de moverme con más gracia y agilidad en una postura erguida.

Pero después de volver a mis estiramientos matutinos, me di cuenta de que no solo caminaba más recta, sino que mi postura también había mejorado visiblemente al sentarme. Esto era algo destacable porque ni siquiera estaba intentando mantener mis hombros hacia atrás o la columna recta. Alentada por esta mejora, empecé a hacer estiramientos mientras estaba sentada en mi escritorio en el consultorio, haciendo círculos con el cuello, tocándome el pecho con la barbilla y cruzando un brazo cada vez por delante de mi cuerpo.

Al final de la semana me sentía más llena de energía y flexible, e incluso menos adolorida que en la segunda semana. Para mí, esto tenía sentido desde un punto de vista musculoesquelético: en vez de solo contraer mis músculos, algo que todos hacemos cada vez que nos movemos o practicamos ejercicio, los estaba alargando. Me sentía como si finalmente estuviera desenrollando un cable telefónico que había estado atado durante años; mis músculos, de repente, eran libres de moverse como yo quisiera, ya que se estiraban aún más y se volvían más elásticos sin ningún nudo o constricciones pegajosas que me frenaran. Y desde luego me ayudó mucho el hecho de seguir bebiendo más agua y seguir haciendo un mínimo de ejercicio aeróbico.

Cuando iba al gimnasio a levantar pesas, seguía siendo capaz de utilizar pesas aún más pesadas y hacer aún más repeticiones, y mi rango de movimiento también era mejor cuando utilizaba pesas libres y máquinas. Me podía acercar más al pecho la barra de la polea, por ejemplo, o podía tocar con el pecho en el suelo con menos esfuerzo cuando hacía flexiones, y podía bajar aún más el cuerpo cuando hacía sentadillas. Me sentía más fuerte, más recta y más firme, en mayor medida que durante el reto de flexiones y planchas.

Para alguien que nunca había estirado con regularidad antes y nunca había pensado que lo necesitaba, estos beneficios eran prometedores, sobre todo porque eran relativamente fáciles de hacer y compatibles con mis horarios. Recuérdamelo: ¿por qué no empecé a hacer estiramientos hace años?

Cuarta semana
Cómo un nuevo hábito fácil me llevó a grandes cambios físicos y mentales
A estas alturas, cada mañana tenía ganas de hacer estiramientos; nunca lo veía como una obligación o algo que tuviera que hacer durante X días más. Físicamente también me sentía mejor. Aunque cuando empecé a hacer estiramientos no me preocupaba por la intensidad muscular o las molestias (lo tomaba como la confirmación de que estaba focalizándome en los músculos o ligamentos tensos), estas sensaciones ya casi habían desaparecido por completo al llegar a la última semana. Mi cuerpo se había acostumbrado a hacer estiramientos en una progresión física positiva, como si hubiera trabajado todas las torceduras, molestias y puntos de tensión.

Esto empezó a dar resultados también en la cama (¡no seas malpensada!). Empecé a notar que cuando me metía en la cama por la noche, no tenía ese dolor intenso que normalmente se me asentaba por todo el cuerpo como un sedimento en cuanto me colocaba en posición horizontal, después de haber estado de pie o sentada todo el día. En vez de eso, sentía que mis músculos estaban frescos cuando me acostaba, sin ninguna molestia, sin rastro de punzadas. Y aunque nunca me había despertado con calambres o rígida, ahora me sentía elástica cuando salía de la cama por las mañanas; y lo único que había cambiado era hacer estiramientos con regularidad.

Seguía sintiéndome cada vez más ligera y flexible durante el día, mientras que mi postura, sorprendentemente, seguía mejorando. Ya no tenía que recordarme a mí misma que tenía que echar los hombros hacia atrás o apretar el vientre, sino que se había convertido en algo instintivo. También podía percibir la mejora en el gimnasio siempre que me veía reflejada en el espejo. Esto era algo significativo, ya que siempre que hacía ejercicio solía estar demasiado sudada y cansada como para intentar levantar la cabeza. Pero ahí estaba ahora, con un cuerpo que parecía estar diez veces más recto que cuando empezó el mes, sin ni siquiera esforzarme. La mañana siguiente me vi en el programa *GMA* y tuve la misma reacción: mi postura en el foro era increíble, y mira que siempre intento sentarme con la espalda recta.

Los beneficios de los estiramientos no eran solo físicos. Saber que mi postura era mejor y que mi cuerpo se movía con más gracilidad reforzó la seguridad en mí misma. También me obligaba a separarme del celular y de la laptop durante unos minutos al día, lo cual no solo me hacía sentir mejor después de mi reto del uso consciente de la tecnología, sino que también me hacía sentir que realmente me estaba cuidando. Y si bien el hecho de hacer estiramientos en sí era algo indudablemente relajante, la relajación me duraba casi todo el día. Era algo parecido a lo que sentía después de recibir un buen masaje, me dejaba la mente y el cuerpo en un estado zen durante horas. Sin tener ninguna tensión física en los músculos me sentía como si tuviera menos tensiones en la vida, a nivel mental y emocional.

Al final del mes me di cuenta de que había sido tonta por ignorar los estiramientos por el simple hecho de ser flexible; era casi como si ignorara mi ingesta de azúcar porque daba por supuesto que yo no era golosa (lo cual descubrí en septiembre que no era verdad). Dedicar unos minutos cada día a relajar los músculos y a trabajar el rango de movimiento de mi cuerpo estaba teniendo un impacto considerable en cómo me movía, en la opinión que tenía de mí misma y en cómo era capaz de gestionar el estrés; no se me ocurría ningún otro reto con el que pudiera sacar un mayor margen de beneficio. Al fin y al cabo, seguramente este mes había pasado más tiempo esperando elevadores que estirando.

Desde una perspectiva médica, el reto confirmó lo que yo sabía sobre mis pacientes y había aprendido durante mi reto de reducir el consumo de azúcar: incluso si das por supuesto que lo haces genial en un aspecto de tu salud y bienestar, aun así puedes beneficiarte si analizas tu comportamiento y observas cómo lo podrías mejorar. ¡Esto, para mí, fue una gran epifanía! Si hubiera seguido suponiendo que no necesitaba hacer estiramientos, nunca habría llegado a obtener todos estos asombrosos beneficios, incluyendo una mejor postura y la habilidad de entrenar consistentemente duro y con más eficiencia, dos objetivos que llevo años persiguiendo.

También aprendí otra lección al final del mes: no ignores los cambios en cuestiones de salud y bienestar que te parezcan fáciles o indeterminados en teoría. A veces, los cambios más pequeños y sencillos son los que pueden tener unos efectos más intensos.

OCTUBRE: ESTIRAMIENTOS
Los fundamentos científicos que hay detrás de los estiramientos

La mayoría de los estadounidenses no hacen estiramientos, a pesar de que se haya demostrado exhaustivamente en estudios científicos que hacerlos es muy beneficioso para nuestra salud en general. Según los estudios, estirar es fundamental para ayudar a los músculos a mantenerse fuertes y saludables, sin importar cuánto ejercicio hagas o incluso si haces ejercicio o no. Pero esta actividad, cuando se practica regularmente, también puede mejorar la calidad de vida de forma sorprendente. Aquí te he detallado cómo hacer estiramientos puede transformar tu salud, aunque solo le dediques unos pocos minutos al día.

Cuándo y cómo estiras es importante
Los estiramientos han evolucionado enormemente desde aquellas clases de educación física en las que el profesor de gimnasia te pedía que te tocaras los dedos de los pies. Este tipo de estiramientos se llaman «estiramientos estáticos» y consisten en adoptar una posición y aguantarla con la mano, en el suelo, o con la ayuda de una cinta o de un compañero. En cambio, cuando practicas «estiramientos dinámicos», mueves los brazos, las piernas, el torso o el cuello para activar, alargar y estirar los músculos. Algunos ejemplos de ello serían los balanceos de piernas, las estocadas, las torsiones del torso y levantar las rodillas. También hay otros tipos de estiramientos, pero algunos de ellos incluyen protocolos más complicados o no los recomiendan los profesionales especializados en medicina deportiva.

Actualmente, la mayoría de los expertos, incluidos los del Consejo Estadounidense del Ejercicio, recomiendan los estiramientos dinámicos siempre que tus músculos estén fríos, para aumentar el riego sanguíneo y la movilidad, y los estiramientos estáticos después de un calentamiento o de un entrenamiento para relajar los músculos y fomentar la flexibilidad. Si no haces ejercicio, practicar estiramientos tanto dinámicos como estáticos puede ayudarte a llevar el flujo sanguíneo esencial a músculos desnutridos, a activar partes del cuerpo que no se usan regularmente, a mejorar la movilidad y el rango de movimiento, y a ayudar a alargar y relajar los músculos que están tensos por haber estado demasiado tiempo sentada o con escasa actividad.

Estirar fortalece los músculos y evita lesiones
Estar sentada todo el día, tal y como hacen la mayoría de los estadounidenses, es terrible para tu cuerpo, en parte porque tensa y debilita los músculos, haciendo que les resulte imposible extenderse completamente. Salir a correr, ir al gimnasio o jugar un partido de futbol durante el fin de semana no revertirá necesariamente el daño, porque los músculos tensos se lesionan fácilmente. En cambio, hacer estiramientos ayuda a mantener los músculos largos y fuertes, contrarrestando los perjudiciales efectos de estar sentada.

Aunque a veces se haya acusado a los estiramientos de ser la causa de una lesión, esto se debe a que la mayoría de la gente estira de forma incorrecta. Hacer estiramientos estáticos antes de un entrenamiento o cuando tu cuerpo aún no está caliente puede dañar músculos, tendones y ligamentos. Los estiramientos dinámicos, por su parte, ayudan a prevenir lesiones, estimulando el flujo de sangre, oxígeno y nutrientes hacia los músculos para que el cuerpo pueda moverse y rendir mejor.

*Ganar flexibilidad puede transformar tu postura
y mejorar tu aspecto*
Hacer estiramientos también evita las lesiones, al mejorar tu postura y ayudar a tu cuerpo a soportar mejor la columna vertebral y todos los músculos en movimiento. Pero este no es el único motivo por el cual deberíamos intentar tener una postura más recta de pie y sentados: los estudios demuestran que la mala postura es una de las principales causas del dolor lumbar, que afecta a la mayoría de los estadounidenses y que puede interferir en la digestión, causando problemas nerviosos duraderos, afectando a tu respiración y haciendo que sea más fácil que te caigas.

No adoptar una postura erguida cuando estás de pie, como yo sé por experiencia propia, también afecta a tu estado de ánimo y a tu actitud. Pruébalo tú misma: ¿te sientes más segura de ti misma o fuerte cuando te sientas y estás de pie con la espalda recta, con los hombros echados hacia atrás, con el vientre hacia dentro y las caderas hacia atrás? Los estudios demuestran que una buena postura tiene un efecto significativo en tu seguridad y en tu nivel de energía, al reducir el estrés y las emociones negativas, además de que nos hace más productivos y atentos.

*Estirar puede estimular tu estado de ánimo
más que los cocteles o las galletas*
Resulta que, según ha demostrado la ciencia, estirar provoca que tu cerebro libere dopamina, la sustancia química que te hace sentir bien y que también aportan las drogas, el alcohol y el azúcar. Pero a diferencia de estos vicios poco saludables, hacer estiramientos no provoca una enorme descarga, ni alimenta un círculo vicioso de antojo y abstinencia. Al fin y al cabo, nadie ha perdido nunca un trabajo, ha estropeado una relación, ha ganado peso o se ha destrozado la salud o la vida por haber hecho estiramientos.

Los beneficios que tiene un buen estiramiento en el estado de ánimo no se limitan a un *shot* rápido de dopamina. Los estudios demuestran que hacer estiramientos de forma regular ayuda a reducir el estrés, a aliviar la ansiedad, e incluso a reducir la depresión de una forma similar a la que el yoga, la meditación y otras actividades que conectan cuerpo y mente pueden mejorar nuestra salud mental y emocional. Aparte de sus efectos en la postura, hacer estiramientos también ha demostrado que ayuda a aumentar la energía y la autoestima en general.

Los rodillos de espuma convierten unos simples estiramientos en un automasaje
La mayoría de la gente no piensa en los rodillos de espuma cuando se plantea hacer estiramientos, pero esto es justo para lo que están diseñados estos cilindros económicos y ligeros. Más concretamente, los rodillos de espuma te permiten practicar algo llamado liberación miofascial, un tipo de automasaje que te ayuda a reducir la tensión, la rigidez y la formación de puntos de activación, o nudos que se desarrollan en los músculos y tendones.

Según el Consejo Estadounidense del Ejercicio, los rodillos de espuma te ayudan a disolver adhesiones que se forman entre los músculos debido a la inactividad, a una mala postura, a pasar demasiadas horas sentado o a realizar movimientos repetitivos como correr, ir en bici o levantar pesas. Si no se tratan, estas adhesiones acortan los músculos, restringiendo tu habilidad de moverte a la vez que crean dolorosos nudos o puntos de activación, entre tejidos y tendones. La mejor manera de liberar estos puntos de activación es a través de masajes, bien realizados por un fisioterapeuta o bien por uno mismo, masajeando unos minutos el nudo con un rodillo de espuma. Y, obviamente, ¡el rodillo de espuma es mucho más barato que un masajista!

Además, se ha demostrado que utilizar un rodillo de espuma de forma regular ayuda a reducir la inflamación, aumentar el flujo sanguíneo y provocar sensaciones de calma y relajación. Los estudios también demuestran que, con el tiempo, masajearte con un rodillo de espuma también puede mejorar el rendimiento durante el ejercicio físico, ayudándote a entrenar con más potencia, más fuerza y durante más tiempo.

Hacer estiramientos te ayuda a prevenir enfermedades coronarias, diabetes, cáncer y otras patologías
Los beneficios de hacer estiramientos van mucho más allá de los músculos, ligamentos y tendones. Tal vez uno de sus efectos más profundos en la salud en general sea su capacidad de hacer que las arterias sean más elásticas, al mejorar el flujo sanguíneo, evitar el endurecimiento y reducir el riesgo de padecer enfermedades coronarias, según indican las investigaciones. Los estudios también demuestran que hacer estiramientos se asocia a una presión arterial más baja, menos colesterol LDL y una menor cantidad de azúcar en sangre; todos estos factores pueden mejorar la salud cardiovascular y ayudarte a reducir el riesgo de contraer otras enfermedades crónicas como la diabetes o la demencia. Hacer estiramientos puede que incluso tenga un impacto en el cáncer. Un estudio de 2018 en animales, publicado en la revista *Scientific Reports*, desveló que hacer estiramientos se asociaba a una reducción de los tumores cancerígenos, que los investigadores asocian al hecho de que la actividad ayuda a mejorar la función inmunitaria y reducir la inflamación. (¡Que conste que no estoy sugiriendo tratar el cáncer única y exclusivamente con estiramientos!)

Los estudios también demuestran que estirar ayuda a las personas con artritis o dolor crónico a conservar mejor su flexibilidad y rango de movimiento, restringiendo el dolor de las articulaciones. Si actualmente tienes algún tipo de dolor o lesión musculoesquelética, puede que hacer estiramientos te resulte molesto al principio, pero estas molestias disminuirán cuando te relajes en cada estiramiento y acabarán desapareciendo por completo cuando hagas estiramientos regularmente. Habla con un doctor especializado en medicina deportiva, con un fisioterapeuta o con un quiropráctico antes de emprender cualquier rutina de estiramientos para asegurarte de que no incluyes ningún ejercicio que pudiera empeorar tu problema específico.

Estira durante el día para dormir mejor por la noche
Si ya has leído todos estos beneficios de hacer estiramientos, probablemente no te sorprenderá saber que una actividad que ha demostrado aumentar el flujo sanguíneo y estimular el estado de ánimo, a la vez que reduce la presión arterial, el dolor, la tensión y el estrés, puede ayudarte también a dormir mejor. Los especialistas dicen que estirar antes de acostarte acelera la capacidad del cuerpo de quedarse dormido a la vez que mejora la calidad del sueño durante la noche. Asimismo, hacer estiramientos por la mañana también puede mejorar el sueño al estimular tu energía, tu estado de ánimo y tu positividad a lo largo del día, permitiéndote gestionar mejor el estrés que no te deja dormir por la noche. Al margen de cuando los hagas, los estiramientos también mejoran tu postura y mitigan la tensión muscular y el dolor articular, reduciendo la posibilidad de que te quedes despierta por culpa de un dolor de espalda, del dolor muscular o de una sensación punzante en la rodilla.

Concibe los estiramientos como el ejercicio físico o comer saludable: los resultados no son inmediatos
Hacer estiramientos no es como una pastilla mágica que elimina tu dolor de espalda o aumenta tu autoconfianza y tu felicidad por los siglos de los siglos. Igual que ocurre con el ejercicio o con la dieta, los beneficios de los estiramientos llegan cuando los practicas de forma regular y durante un tiempo. En resumen, no tires la toalla por que no te sientas diferente después de un día o dos. Cuanto más tiempo lleves haciendo estiramientos y cuanto más regular seas, mayores serán los resultados que verás.

OCTUBRE: ESTIRAMIENTOS
Tu historia

Hacer estiramientos no te cuesta esfuerzo, sudor ni sacrificios, y solo necesitas unos pocos minutos al día para producir grandes resultados. A pesar de estas ventajas, somos pocos los que hacemos estiramientos con regularidad; simplemente no forma parte de la rutina del estadounidense medio. Aquí tienes diez maneras de cambiarlo y convertir los estiramientos en un hábito diario capaz de transformar tu salud y felicidad.

1. NUNCA ESTIRES UN MÚSCULO EN FRÍO. Puede que esto te parezca algo muy básico, pero no parece frenar a todas esas personas que veo en el gimnasio haciendo todas esas posturas enrevesadas sin más para estirar antes de entrenar. Lo cierto es que este tipo de estiramientos estáticos, o estirar un músculo hasta una posición fija antes de hacer ejercicio o incluso empezar el día sin más, aumenta el riesgo de tirones y desgarres, y reduce la capacidad de tu cuerpo de rendir bien. Si quieres

estirar antes de ir al gimnasio, de ir a caminar o de empezar el día, haz antes estiramientos dinámicos como estocadas caminando, balanceos de piernas y círculos con el cuello para llevar sangre y oxígeno a los músculos que están fríos.

2. CREA UNA RUTINA DE ESTIRAMIENTOS COMPLETA. La mejor rutina empieza con estiramientos dinámicos antes de progresar a los estiramientos estáticos y trabaja todo el cuerpo entero de pies a cabeza, no solo esos músculos que sientes que están tensos. Muchas veces son esos músculos, tendones y ligamentos que no sentimos los que necesitan estirarse con más urgencia, ya que jalan otros músculos y crean tensión en esos lugares. Recuerda también que si estiras tu lado izquierdo, también tienes que estirar el derecho, y viceversa, al margen de si tienes tensión en ambos lados o no. Trabajar solo un lado puede crear o empeorar los desequilibrios y las asimetrías musculares.

3. PLANTÉATE IR A UNA CLASE O INVESTIGAR POR INTERNET PARA DESCUBRIR NUEVOS ESTIRAMIENTOS. Yo aprendí una barbaridad haciendo una clase de treinta minutos en el resort de Canyon Ranch. Si esto de hacer estiramientos es nuevo para ti, plantéate aprender nuevos ejercicios y técnicas yendo a una clase que incluya estiramientos, como el yoga, el taichí o el pilates. ¿No eres miembro de ningún gimnasio? Busca en internet fuentes fiables como la del Consejo Estadounidense del Ejercicio, que ofrece videos que ilustran cómo hacer estiramientos tanto dinámicos como estáticos.

4. AGUANTA UN ESTIRAMIENTO ESTÁTICO, PERO NO HIPEREXTIENDAS O HAGAS REBOTES. Según el Colegio Estadounidense de Medicina Deportiva (ACSM, por sus siglas en inglés), obtendrás más beneficios si aguantas los estiramientos estáticos durante un minuto, tanto si estás en la misma posición duran-

te sesenta segundos consecutivos como si la divides en tres intervalos de veinte segundos. Sea como sea, nunca aguantes un estiramiento que te resulte doloroso ni intentes llegar tan lejos que te provoque molestias, ya que ambas cosas podrían crear inflamación y dar lugar a una lesión. Finalmente, no hagas rebotes ni intentes forzar para superar el rango natural de movimiento de tu cuerpo durante un estiramiento estático, ya que esto podría provocarte una lesión o dolor muscular.

5. INVIERTE EN UN RODILLO DE ESPUMA. Los veinte dólares que me gasté en un rodillo de espuma fueron una de las mejores inversiones que he hecho para mi salud muscular. Y es que los rodillos de espuma te permiten darte masajes por el cuerpo siempre que lo necesites, sin tener que pagar una sesión en un spa o con un fisioterapeuta deportivo. Los rodillos de espuma ayudan a liberar tensión muscular, rigidez y puntos de activación de una forma que la mayoría de las rutinas completas de estiramientos dinámicos y estáticos no son capaces de lograr. Por todos estos motivos, yo guardo mi rodillo de espuma en mi ropero para acordarme de utilizarlo cada vez que me visto.

6. CONVIERTE LOS ESTIRAMIENTOS EN UN HÁBITO ELIGIENDO UN MOMENTO ESPECÍFICO DEL DÍA Y SIENDO CONSTANTE. Como los estiramientos son tan fáciles de hacer, también son muy fáciles de aplazar, hasta que llega el final del día y ya es demasiado tarde. Durante la primera semana del mes, experimenta para encontrar un hueco en tu horario en el que te vaya bien estirar cada día. A mí me va mejor hacerlo temprano por la mañana, que es cuando es menos probable que me distraiga o esté preocupada por problemas de trabajo o personales; también es cuando me baño, lo cual me calien-

ta de forma natural el cuerpo para que los estiramientos sean más seguros y profundos.

Si haces ejercicio o vas al gimnasio la mayoría de los días entre semana, puede que te parezca más conveniente estirar después de hacer deporte. Si no eres una persona madrugadora o te cuesta dormirte, puede que lo más beneficioso para ti sea estirar justo antes de acostarte. Si optas por unos estiramientos de noche, simplemente asegúrate de que sea algo que puedas mantener por lo menos cinco días por semana, no solo los fines de semana o las noches que no sales hasta tarde o que no te distraen tu pareja o tus hijos.

7. DALE UN RESPIRO A LA MODA. Uno de los motivos por los que te recomiendo hacer estiramientos justo al levantarte, antes de acostarte o después de un entrenamiento es porque seguramente ya andarás en ropa interior, pijama o ropa deportiva. Todas estas opciones son acertadas para una rutina de estiramientos completa. De lo contrario, te arriesgas a hacer un estiramiento de todo el cuerpo en traje, falda o jeans; ninguna de estas opciones te resultará cómoda, pero además será contraproducente. Si el único momento del día que encuentras para hacer estiramientos con regularidad es en el trabajo, plantéate guardar unos shorts o unos pants en tu oficina.

8. NO PASA NADA SI HACES ESTIRAMIENTOS DE MÁS. Hacer estiramientos sienta bien, y cuantos más hagas durante este mes, mejor te sentirás. Yo descubrí que quería hacer estiramientos a mitad del día mientras estaba sentada en mi escritorio. Seguía estirando la mayoría de las mañanas, pero estos arrebatos adicionales eran una fuente extra de energía y relajación durante el día. Puede que te parezca más fácil incorporar algunos estiramientos mientras estás en la fila

del supermercado, esperando un elevador o esperando para recoger a los niños después del colegio. Aunque no deberías depender de los estiramientos espontáneos, sino de una rutina regular, hacer estiramientos durante el día aumentará tu flexibilidad, tu rango de movimiento, tu fuerza muscular y tu energía, y te pondrá de mejor humor.

9. ACUÉRDATE DE RESPIRAR Y ¡RELAJA LA CARA! Siempre que nos sentimos incómodos, nuestro instinto natural hace que nos aguantemos la respiración. Pero hacerlo solo aumenta la incomodidad y la ansiedad, evitando que el oxígeno llegue al cuerpo cuando más lo necesita. Por este motivo, cuando estés estirando, acuérdate de exhalar para entrar en una postura, lo cual te ayudará a contrarrestar cualquier molestia que puedas sentir mientras te permites hacer un estiramiento más profundo.

Acuérdate también de no fruncir la cara cuando hagas estiramientos. Este es un truco que aprendí como ginecóloga-obstetra. Cuando le dices a una mujer que está en un parto que relaje la cara durante las contracciones, de repente relaja el cuerpo entero, lo cual alivia el dolor y le ayuda a dar a luz con más rapidez y facilidad. Lo mismo pasa cuando haces estiramientos: relajar la cara te relajará el cuerpo entero, permitiéndote estirar más profundamente y con más comodidad.

10. COMBATE EL ABURRIMIENTO DE ESTIRAR CON UNA VISUALIZACIÓN. Tal vez la mayor traba para convertir los estiramientos en un hábito diario es que a la mayoría de nosotras nos aburren fácilmente. Pero en vez de encender la tele o hacer estiramientos delante del teléfono, intenta utilizar esos valiosos minutos para desconectar totalmente y permitir que la mente y el cuerpo se relajen por completo. Si te das cuenta

de que estás apresurándote para acabar la rutina, prueba a hacer una visualización: cada vez que estires, intenta pensar que estás haciendo que cada músculo sea más largo y más flexible. Los estudios demuestran que practicar este tipo de visualización pueda ayudarte a alcanzar resultados de una forma más rápida y satisfactoria.

CAPÍTULO 11

NOVIEMBRE
Dormir

Mi historia

Durante los últimos dos meses me había retado a mejorar aspectos de mi salud (mi consumo de azúcar y los estiramientos) en los que erróneamente pensaba que lo hacía casi a la perfección. Más adelante descubrí cosas nuevas de mí y maneras de mejorar cómo abordaba ambos hábitos para que pudieran ayudarme a transformar mi salud y felicidad. Así que en noviembre, emocionada por las cosas inesperadas que había descubierto, decidí hacer lo mismo, centrándome en otro aspecto en el que daba por supuesto que era casi perfecta: dormir.

Siempre he dormido muy bien. Durante la universidad y la especialidad, era capaz de apoyar la cabeza encima de la mesa, literalmente, sin importar lo que sucediera a mi alrededor, y echar una siesta, despertándome cuando lo necesitaba, como si tuviera un reloj interno incorporado. Y si no, pregúntaselo a mi buen amigo y compañero de clase, Richard, ¡al que le impactaba esta habilidad! Cuando años después estaba de guardia y trabajaba en turnos de noche, era la envidia del resto de los médicos, ya que era capaz de dormirme en cualquier parte, en cualquier momento y casi a demanda. Nunca he tenido problemas para conciliar el sueño o dormir de un jalón, y casi nunca me siento cansada durante el día. Al contrario, mis niveles de energía son altísimos. Finalmente, estoy orgullosa de mí misma por tener un ciclo uniforme de sueño-vigilia, lo que significa que me despierto y me acuesto casi a la misma hora cada día (un hábito recomendado por los expertos para una higiene del sueño óptima).

Pero en los últimos años, mi vida se ha ido ajetreando, y desde que estoy trabajando en el programa de televisión, sé que mi nuevo horario y el hecho de tener que levantarme a las cinco de la mañana me ha pasado factura en el sueño. Si me lo hubieran preguntado antes de hacer el programa, hubiera dicho que dormía una media de por lo menos ocho horas cada noche, salvo cuando pasaba toda la noche despierta con alguna paciente que estaba dando a luz. Sin embargo, antes del reto de este mes, hubiera dicho que dormía una media de unas siete horas al día. No estaba nada mal, pero era menos de lo que tenía por costumbre. Tenía curiosidad por saber si intentando recuperar esos treinta a sesenta minutos de más notaría alguna diferencia en mi energía, apetito, entrenamientos o agudeza mental. Además, yo siempre he visto el sueño como uno de los bienes más valiosos de la vida, y ahora que mis propios hijos han crecido, no me gustaría poner en peligro mis horas de sueño por nadie, a no ser que se trate de algo absolutamente imperativo para mi trabajo.

Al plantearme el sueño como mi misión mensual, sabía que era un reto que llegaría a muchos de mis espectadores y lectores. Según los Centros para el Control y la Prevención de Enfermedades (CDC), uno de cada tres estadounidenses está clínicamente falto de sueño, y esto es algo que veo en mi consultorio constantemente. También sabía que dormir más era algo más fácil de decir que de hacer, y cuando me planteé cómo diseñar el reto, me propuse tratar de dormir al menos veinte minutos más cada noche; cada persona es única, así que pensé que esto sería ideal para mí. «Cuanto más, mejor», pensé, pero no quería ponerme un reto demasiado ambicioso o irreal para mi horario actual. Además, di por supuesto que ya estaba en un punto de partida saludable y que realmente no necesitaba dormir más. Pero no sabes cuánto me equivocaba.

Primera semana
Dormir mal una sola noche puede afectar tu estado
de ánimo y tus niveles de energía
El primer día del mes estuve extremadamente ocupada, con el programa por la mañana, pacientes durante el día y una cena con amigos por la noche, en la que me tomé dos copas de vino, una cantidad de alcohol que no había tomado apenas desde mi reto sin alcohol (desde entonces he intentado beber una única ración de alcohol cuando salgo) y que no favorece precisamente unos hábitos de sueño saludables. Aun así logré acostarme a las 21:45 horas y despertarme a las 5:15 horas de la mañana siguiente, habiendo dormido siete horas y media (treinta minutos más de lo que duermo normalmente).

La noche siguiente, un viernes, mi novio vino a pasar el fin de semana para celebrar su cumpleaños. Cenamos de maravilla y nos quedamos de fiesta hasta mucho más tarde de lo que me quedaría normalmente, pese al hecho de que tenía que aparecer en el programa *GMA* del sábado por la mañana. El resultado fue una noche muy divertida, pero pocas horas de sueño, solo seis, lo cual hizo que me sintiera agotada al día siguiente. Después del programa hice unos estiramientos para intentar revigorizarme, luego dormí una siesta de cuarenta y cinco minutos, previendo que esa noche volveríamos a salir hasta tarde, lo cual pasó, como era de suponer.

Aunque el domingo por la mañana no tenía programa, habitualmente me cuesta mucho dormir más allá de las seis, porque tengo siempre el despertador interno activado. Esto significaba otra noche durmiendo solo seis horas y, por consiguiente, un día de sentirme cansada, lenta y mentalmente agotada. Irónicamente, esto supuso una revelación increíble: si me sentía tan mal después de dos noches durmiendo una hora menos de lo normal, ¿en qué medida me sentiría mejor después de dos noches durmiendo una hora más?

El domingo por la noche registré unas sorprendentes ocho horas y veinte minutos en la cama, acostándome lo más pronto que pude adrede, aunque mi cuerpo no necesitaba que nadie lo convenciera, ya que estaba muy cansada. Ya sé que no se puede recuperar nunca el sueño perdido, pero me desperté sintiéndome estupendamente fresca a la mañana siguiente.

Después de los eventos del fin de semana, empecé a preguntarme cómo podría arreglármelas para que el reto de este mes fuera más efectivo. Entonces caí en la cuenta: ¿por qué estaba apuntando en un papel cuántas horas dormía cada noche cuando seguro que había una aplicación que lo podía hacer por mí? Investigué un poco por internet y me decidí por una aplicación gratuita para teléfonos inteligentes llamada Sleep Cycle, que controla tu tiempo total de sueño basándose en los sonidos y movimientos que haces durante la noche, a la vez que te aporta interesantes estadísticas como el total de sueño regular comparado con el tiempo de sueño profundo. Desde mi reto de dar más pasos, sabía que utilizar una aplicación podía ayudarme a responsabilizarme de mis progresos a la vez que me mantendría la moral alta si registraba resultados positivos.

Esa noche encendí la aplicación y puse el celular al lado de la cama en modo «no molestar». A la mañana siguiente, cuando abrí la aplicación, me sorprendió ver que había dormido siete horas y treinta y siete minutos; creía que no habría registrado más de siete horas. Hasta ese momento, siempre había calculado mi tiempo de sueño haciendo cálculos aproximados de la hora a la que me acostaba y de cuándo me despertaba. Pero ahora tenía una manera de registrar el sueño de forma más precisa, y esto me entusiasmaba.

La última noche de la semana no tenía planes, así que decidí aprovechar esa noche tranquila. Hice algunas flexiones y planchas, junto con unos pocos estiramientos, para evitar navegar por las redes sociales sin pensar (¿te das cuenta de que estoy combinando tres retos mensuales a la vez?), y luego, equipada con mi nueva habilidad de recolectar datos específicos, registré ocho horas y veinticinco minutos de sueño, acostándome a propósito tan pronto como pude.

Al final de la semana, después de tres noches consecutivas durmiendo por lo menos treinta minutos más que mi media, empezaba a sentirme mejor que antes de que empezara el mes. Me di cuenta de que acabar la semana con tiempo de descanso me había permitido centrarme en hacer un esfuerzo consciente para dormir más en vez de dejar que sucediera por casualidad. La aplicación también hizo que esperara con impaciencia que llegara la próxima semana para ver cuántas horas de sueño podía registrar de forma precisa, con exactitud y fidelidad.

Segunda semana
Descubrir cuántas horas de sueño necesitas realmente
Durante casi toda la segunda semana, intenté acostarme lo más temprano que pude. No me gusta perder el tiempo por la noche,

pero como todo el mundo, me puedo distraer con ciertas actividades mientras intento relajarme (aunque desde mi reto del uso consciente de la tecnología he intentado ser mucho más cuidadosa al respecto, aún me pasa en ocasiones que acabo haciendo compras por internet o veo alguna serie en Netflix o hago videollamadas con mi novio o con alguno de mis hijos). Pero esa semana apliqué la misma disciplina que tengo para ir al gimnasio para ir a dormir. Me inventé el divertido reto de ver cuántos minutos de sueño podía añadir acostándome antes de que se me desviara la atención con actividades que en realidad son ladrones de tiempo. Algunas de esas noches no me sentía cansada, pero me forzaba a acostarme y seguía siendo capaz de quedarme dormida bien rápido.

Lo que reforzó mi propósito de dormir más esa semana fue que no tenía ningún compromiso de trabajo, lo cual es poco común, pero se agradece. Tampoco tuve que viajar, ni había partidos de hockey, ni planes sociales para el fin de semana, lo cual fue en parte algo casual, aunque en cuanto me di cuenta de ello, decidí no hacer planes a propósito para poder centrarme en mis horas de sueño.

Tres noches de esa semana registré entre quince y treinta minutos más de sueño de lo normal. El resto de la semana me mantuve o superé la marca de las ocho horas, con una noche de ocho horas y treinta minutos, y una extraordinaria noche, el sábado, de nueve horas y diecinueve minutos. La mañana después de esta lujosa cantidad de sueño no me sentía aturdida. Estaba magníficamente relajada, como si estuviera de vacaciones. Seguía bebiendo más agua antes de acostarme y me alegraba ver que el aumento de hidratación no me estaba haciendo despertar más de una vez por noche para ir al baño, ni estaba afectando negativamente a mi tiempo total en la cama.

Varios factores parecían indicarme que tenía que descubrir cuántas horas de sueño necesitaba. Los días en que dormía ocho horas o más estaba notablemente más enérgica que los días normales para mí en los que dormía siete horas. También noté que tenía menos hambre, ¡perfecto!, estaba más positiva y tenía la mente más despierta a lo largo del día. Incluso me dio la impresión de que mi piel empezaba a tener un aspecto ligeramente más saludable. Revisando los datos en mi teléfono, me di cuenta de que esta era la conclusión: cuando dormía ocho horas, me sentía mejor que cuando dormía siete o siete horas y media, minuto arriba, minuto abajo. Si estos resultados se mantenían a lo largo del mes, tendría un nuevo reto: descubrir qué tenía que cambiar para asegurarme de que dormía ocho horas el máximo de noches a la semana.

Pero para el resto del mes, sabía que si quería seguir durmiendo ocho horas, tenía que poner ímpetu en seguir acostándome más temprano en vez de intentar dormir hasta más tarde la mañana siguiente. Con el programa *GMA*, realmente no puedo cambiar ni un poco mi hora de levantarme: normalmente es a las cinco, o máximo hasta las 5:20, aunque puede ser tan temprano como las 4:20 horas. Incluso si no tengo que estar en el estudio de grabación por la mañana, me sigo despertando a la misma hora de forma instintiva, un hábito que quiero conservar, ya que sé que acostarse y despertarse de manera regular a la misma hora es fundamental para tener un sueño saludable en general. En resumen, si quería garantizarme ocho horas de sueño, necesitaba estar en la cama entre las nueve y nueve y media de la noche.

Estos descubrimientos y revelaciones eran totalmente inequívocos. A diferencia de mi mes consumiendo menos azúcar, aquí no había ninguna lucha. No me parecía como si tuviera que hacer un gran cambio para lograr grandes resultados.

Mientras tanto, había descubierto que me encantaba utilizar la aplicación. La tecnología estaba logrando que me responsabilizara de mis hábitos de sueño a la vez que me aportaba un componente científico que me entusiasmaba. Fácil de utilizar, la aplicación convirtió el reto en un juego emocionante: sabiendo que mi teléfono registraba cada minuto, quería ver lo temprano que podía meterme en la cama para empezar el día siguiente con una sensación de logro al ver mis resultados. Otro beneficio inesperado es que la aplicación también evitaba que utilizara el teléfono por la noche porque sabía que dejaría de registrar mis resultados si lo tomaba para ver un mensaje o un correo electrónico.

Tercera semana
Cómo estresarte menos para dormir más
La tercera semana tuvo un inicio accidentado. Aunque yo pensaba que había acertado con la solución para dormir más (simplemente tenía que acostarme más temprano), no había descubierto exactamente una estrategia para lograrlo cuando tenía planes sociales. Mi novio había vuelto para pasar el fin de semana y teníamos planes para ir a cenar, pero no quería sugerirles a mis amigos que quedáramos a las cinco o las seis de la tarde para que yo pudiera acostarme a las ocho y media. Así que no nos acostamos hasta pasadas las once todas las noches, y aunque no tuviera que ir al programa, me seguía despertando a las seis de la mañana debido a mi reloj interno.

Sin embargo, mis horas de sueño no estaban siendo tan desastrosas como lo habían sido la primera semana del mes: seguía durmiendo una media de casi siete horas y media cuando él estaba en mi casa, con la excepción del domingo, cuando registré menos de siete horas de sueño después de acostarme tarde y que sonara la alarma el lunes a las cuatro y media de la mañana porque tenía que ir más temprano de lo habitual al programa *GMA*.

La noche después de que él se fuera dormí diez horas. Me metí en la cama antes de las ocho, lo cual tuvo menos que ver con el reto y más con el hecho de que simplemente estaba agotada. Pero dormir tantas horas resultó ser una bendición, porque al día siguiente, Chloe, Alex y yo quedamos a las diez y media de la noche para conducir hasta Boston y pasar allí el día de Acción de Gracias, que celebrábamos al día siguiente. No llegamos a Massachusetts hasta las dos y cuarto de la madrugada, y cuando me metí en la cama al cuarto para las tres, ni me molesté en encender la aplicación. A pesar de acostarnos tarde esa noche, me levanté a las 7:45 horas de la mañana, cinco horas más tarde, incapaz de dormir demasiado pasadas las seis de la mañana.

Rodeada de amigos y familiares, me lo pasé en grande el día de Acción de Gracias, pero tan pronto como cayó la tarde, empecé a notar que mi depósito estaba vacío. Estaba hambrienta y no solo porque fuera un día festivo. Comí más impulsivamente de lo que comería normalmente en un día de Acción de Gracias, me acosté temprano y normalmente diez horas y veinte minutos.

A pesar de haber alcanzado mi punto más bajo de sueño con una noche de solo cinco horas, no me desanimé por ello. Seguía sintiéndome positiva acerca del reto y sabía que mi media estaba por encima de las siete horas. Además, sabía que la vida real, en algún momento, se interpondría en el camino de mis horas de sueño, sin importar lo comprometida que estuviera con acostarme más temprano. Así que me prometí a mí misma que siempre que pudiera controlar mi noche, estaría en la cama lo más temprano posible.

Aunque no me preocupara demasiado perderme una noche de sueño de forma puntual, ahora me daba cuenta de que, comparado con el inicio del mes, era menos tolerante si tenía que subsistir con menos horas de sueño. Me había acostumbrado a la sensación de estar más aguda y vivaz, a la vez que menos hambrienta y malhumorada, y los efectos de una noche de siete horas de sueño (lo que solía ser mi estándar) eran actualmente un estado negativo que quería evitar. Esto también se debía, en parte, a que cuando no dormía lo suficiente, los pequeños problemas de la vida me parecían mucho más grandes. De momento, el mes estaba siendo bastante estresante, igual que lo es para muchas personas cuando llegan las fiestas, pero después de algunas noches en las que podía dormir más, el estrés me parecía más gestionable. Esto no era porque mis problemas desaparecieran de repente o las soluciones se manifestaran por arte de magia. Al final de esas tres semanas, pude reconocer el patrón: cuanto más descansaba, menos estresada me sentía, lo que me ayudaba a evitar que los problemas se convirtieran en completas catástrofes. Aunque intentaba dormir más, también priorizaba continuar despertándome temprano cuando podía para asegurarme de que meditaba, algo que ya sabía que era esencial para mantener mis niveles de estrés a raya.

Cuarta semana

Cómo dormir más puede ayudarte a perder peso,
parecer más joven y sentirte más feliz

La última semana del mes por fin descifré el enigma para tener vida social y poder dormir todo lo necesario. Era una semana muy ajetreada entre el trabajo, las salidas sociales, las secciones del programa *GMA* temprano por la mañana, proyectos independientes de última hora y partidos de hockey de Chloe el fin de semana. A principios de semana decidí que lo podría hacer todo si simplemente utilizaba mi tiempo de forma estratégica, priorizando llegar a casa temprano para acostarme. Las noches en las que tenía eventos o cenas después del trabajo intentaba a propósito retirarme a una hora adecuada en vez de permitirme alargarme, y de vuelta a casa empezaba a prepararme para acostarme, manteniéndome alejada del teléfono y haciendo los pequeños hábitos que le hacían saber a mi cuerpo y a mi cerebro que era hora de dormir.

Las noches que me fui directa a casa después del trabajo seguía estando ocupada con la preparación del programa *GMA* y otros proyectos, pero seguía siendo consciente de que tenía que acabar lo que fuera que tuviera que hacer de forma efectiva y eficiente para poder acostarme. Esto no requirió ninguna disciplina estricta por mi parte. En vez de eso, sentía como si hiciera una carrera chiflada para vencer el reloj. Aunque a menudo no me sentía cansada cuando entraba en la cama, seguía quedándome dormida rápidamente, en parte porque llevaba todo el mes entrenándome para acostarme cada vez más temprano.

Para acabar el mes, registré seis noches consecutivas de ocho horas de sueño. Mi único resbalón de siete horas pasó a principios de la semana, cuando aún no había dominado el arte de irme de un evento sin alargarme.

Me sentía genial. Con esto no quiero decir que estuviera dando saltos de alegría como una niña de cinco años. Sino que me sentía más serena y apacible, y a la vez más enérgica y más aguda mentalmente, el mismo tipo de resultados que había visto durante mi reto de meditación. Era más productiva, eficiente, efectiva y —un adjetivo nuevo para el mes— notablemente más feliz. Con más horas de sueño, mi visión sobre mí misma y sobre la vida en general había mejorado. También me sentía más sociable. Aunque a veces me tomaba las salidas de trabajo y sociales como obligaciones cuando estaba ocupada o me encontraba en un momento especialmente estresante, a pesar de tener que lidiar con ambas cosas durante la cuarta semana, quería salir, ver a mis amigos y compañeros de trabajo, y dar lo mejor de mí.

Además no solo me motivaba a ser más social, sino que también me daba el tiempo, la energía y la capacidad emocional para hacer las cosas que quería hacer, como asegurarme de que daba los pasos diarios necesarios y hacía entrenamientos aeróbicos, flexiones y planchas. Cada día de la cuarta semana medité durante veinte minutos, ya que sabía que mis niveles de estrés estaban altos, intenté beber más agua, comer más verdura y menos carne, y reducir el azúcar. Sabía que todos estos hábitos me ayudarían a sentirme mejor sin importar lo que se me presentara en el camino.

También experimenté una notable caída de mis niveles de hambre, aún más que en las semanas anteriores. Esto no era un efecto placebo. A principios de mes había empezado a llevar un registro de mi dieta, anotando exactamente cuándo y cuánto comía en una aplicación de alimentación que me recomendó una amiga. Repasando los datos durante la cuarta semana, me quedé sorprendida al ver cuánto tiempo pasaba sin comer entre comidas, a menudo pasaba horas sin ingerir nada, también sin darme cuenta de ello. Normalmente, si me despierto a las cinco de la mañana, cuando llegan las diez y media ya me estoy muriendo de hambre. Pero esa semana llegaban las diez y media y aún no había tenido ninguna sensación de hambre.

El último día del mes, Lisa, mi maquillista del programa *GMA*, me hizo un gran cumplido: me dijo que estaba radiante. Era algo de lo que yo también me había dado cuenta. A principios de semana, por primera vez después de meses, decidí no ponerme base de maquillaje para ir al consultorio, lo cual hago habitualmente para cubrir la rosácea. Pero durante la cuarta semana, sentía que no necesitaba maquillaje porque no veía esa ligera irritación y enrojecimiento que normalmente me aparece en las mejillas. No puedo atribuirle todos los méritos de esto a las horas de sueño (al fin y al cabo, la asociación no demuestra la causa), pero dormir más es lo único que había hecho diferente en las últimas semanas.

Además, utilizar la aplicación del sueño me había ayudado enormemente. A estas alturas ya se había convertido en un hábito lo de encenderla antes de acostarme y no tocar el teléfono durante toda la noche. Me sentía responsable de mis propios datos y motivada para ver resultados positivos. Al final del mes lo había logrado: mi media de sueño durante el mes, o desde que había empezado a utilizar la aplicación a la mitad de la primera semana, era de ocho horas y trece minutos (entre media hora y una hora entera más de sueño de lo que era habitual en mí antes de hacer este reto). Esto era una inversión de muy poco tiempo para lograr más energía, menos estrés, mejor apetito, mejor salud cutánea y una mejor vida social. Cuando pensé en lo mucho más productiva y eficiente que era durmiendo una hora de más, pasar esos sesenta minutos extra en la cama no me suponía ninguna pérdida de tiempo.

NOVIEMBRE: DORMIR
Los fundamentos científicos
que hay detrás del sueño

No dormir lo suficiente puede matarte, literalmente. Aunque esto pueda sonar alarmista, muchos de nosotros no nos damos cuenta de que dormir una cantidad de horas inferior a lo óptimo de manera regular tiene efectos profundos en nuestra salud física, mental y emocional. Incluso si piensas que lo estás llevando bien durmiendo seis horas y no necesitas ni un minuto más de sueño, te garantizo, tal y como demuestra la ciencia, que no estás funcionando tan bien como piensas. Aquí tienes por qué la ciencia dice que necesitamos dormir más de lo que pensamos.

No llevas tan bien como crees lo de dormir seis horas
Uno de los mayores mitos acerca del bienestar es que algunas personas pueden dormir seis horas o menos cada noche y seguir funcionando bien y estar saludables. Al contrario, todas y cada una de las principales organizaciones médicas de Estados Unidos dice que necesitamos dormir por lo menos siete horas al día; dormir menos de esa cantidad de horas aumenta el riesgo de un mal rendimiento mental, así como el riesgo de hipertensión, diabetes, enfermedades coronarias, obesidad, cáncer, ictus y mortalidad por cualquier causa, según los Centros para el Control y la Prevención de Enfermedades (CDC). Tener una falta de sueño crónica puede incluso aumentar el riesgo de depresión y provocar la pérdida permanente de neuronas.

La única excepción a la norma de las siete horas es un 1 % de la población al que la ciencia califica de individuos de poco dormir (*short-sleepers*), o personas con una posible variación genética que les permite resistir los efectos perjudiciales de la falta de sueño clínica; sin duda, este no es mi caso. Al contrario, el 99 % de nosotros necesitamos dormir por lo menos siete horas, si no ocho o más, para funcionar óptimamente. Un estudio de 2003 publicado en la revista *Sleep* descubrió que quienes dormían seis horas tenían un rendimiento tan bajo en los exámenes cognitivos como quienes no dormían para nada en dos días seguidos. Su tiempo de respuesta era similar al de aquellas personas con una cantidad de alcohol en sangre del 0.1 %, o literalmente borrachas. Pero lo que es peor es que todas aquellas personas que dormían seis horas pensaban que estaban bien.

Aquí tienes otra forma de verlo: Daniel Gartenberg, experto en sueño, compara las personas que duermen seis horas con un pez en una pecera. No saben que están en una pecera hasta que los sacas de allí y los liberas en el mar. De forma similar, las personas faltas de sueño no tienen ni idea de que están faltas de sueño hasta que empiezan a dormir más.

Necesitas dormir más de lo que crees
Todos hemos oído alguna vez que la cantidad ideal de horas que hay que dormir son ocho, y los estudios demuestran que la gente, de media, suele funcionar mejor cuando duerme esa cantidad de horas. Pero la cantidad de sueño que necesita cada uno es, en gran parte, algo personal, ya que los estudios demuestran que nuestras necesidades de sueño vienen determinadas en parte por nuestros genes, junto con las exigencias de nuestro estilo de vida y nuestro entorno. Puede que algunas personas necesiten nueve horas, mientras que otras funcionen perfectamente con solo siete horas y media. El secreto es encontrar tu número mágico de horas de sueño y luego mantenerlo. Pero el problema, según los investigadores, es que la mayoría de nosotros calculamos que dormimos 30 minutos o más de los que realmente dormimos. Esto significa que si supones que estás durmiendo siete horas, puede que realmente no estés llegando al mínimo de seis horas.

Dormir más puede hacerte considerablemente más inteligente
Dormir ocho horas puede mejorar tu inteligencia, tu concentración y tu capacidad de resolver problemas. Todos los estudios sugieren que dormir bien tiene profundos efectos en diferentes regiones del cerebro, potenciando la concentración, el razonamiento y la habilidad de concebir nuevas ideas e información. En

cambio, la falta de sueño crónica puede afectar a la inteligencia, haciendo que el cerebro se encoja e incluso causando la pérdida de neuronas en la sustancia gris, según un estudio publicado en 2014 en la revista *Journal of Neuroscience*. Algunos estudios demuestran que se obtienen unos resultados un 60 % peores en las pruebas cognitivas después de solo cinco noches consecutivas de dormir seis horas o menos. Y lo que es peor, las personas que no duermen lo suficiente tienen dificultades para aprender y recordar información, porque el cerebro codifica lo que vemos y aprendemos cada día durante las horas nocturnas. Si no dormimos lo suficiente, el cerebro no puede retener la información o recordarla de forma precisa.

El trastorno del sueño no diagnosticado que puede causar la muerte

Si tienes un cansancio excesivo o sufres dolores de cabeza frecuentes, sudores nocturnos u otros síntomas, puede que no necesites el reto de dormir más tanto como ir al médico. Los trastornos del sueño son algo común, y aunque el insomnio, el síndrome de las piernas inquietas y la narcolepsia son reconocidos fácilmente tanto por pacientes como por médicos, casi un 80 % de las personas con apnea del sueño no tienen ni idea de que presentan un problema que puede ser mortal. Los casos en mujeres son más difíciles de diagnosticar que en los hombres.

Los síntomas incluyen ronquidos fuertes, respiraciones entrecortadas y ser incapaz de respirar bien mientras se duerme. Pero no hace falta que ronques como un oso para tener apnea del sueño.

> Como las mujeres no pueden roncar tan fuerte como los hombres debido a que sus conductos respiratorios son más pequeños, especialmente las pacientes mayores de cincuenta años, edad en la que este problema es más común, es más probable que tengan síntomas como somnolencia durante el día, dolores de cabeza, insomnio y sudores nocturnos. Algunos de estos síntomas también son signos de la menopausia, por lo cual es importante ir al médico para que pueda hacer un diagnóstico diferencial. Si tienes síntomas o te preocupan tus hábitos de sueño, visita a tu médico. Si no se trata, la apnea del sueño puede aumentar el riesgo de sufrir un ataque al corazón, ictus, diabetes y otros problemas de salud.

Dormir es igual de importante que hacer dieta para perder peso
La cantidad de horas de sueño es tan importante como lo que comes cuando quieres perder peso, según los investigadores. Los estudios demuestran que dormir menos de siete horas al día puede impedir que tu cuerpo queme grasa. Un estudio de 2010 de la Universidad de Chicago descubrió que las personas que dormían menos perdían un 55 % menos de grasa que aquellas que seguían la misma dieta pero dormían ocho horas al día.

La falta de sueño también provoca que nuestro metabolismo vaya más lento, hasta tal punto que los científicos incluso tienen un término para referirse a ello: aturdimiento metabólico. Lo que pasa, según los investigadores, es que solo después de cuatro noches durmiendo poco, tu cuerpo empieza a tener dificultades para procesar la insulina, ya que su habilidad para deshacerse de la hormona que almacena la grasa cae hasta un 30 %. Esto significa que tu cuerpo no puede depurar la grasa de tu flujo sanguíneo con tanta rapidez, haciendo que acumules más grasa en tus células.

No dormir lo suficiente también tiene un impacto en tus hormonas y hace que tu cuerpo produzca menos leptina, la hormona que necesitamos para sentirnos llenos. A la vez, la falta de sueño favorece que el cuerpo aumente la producción de hormona del hambre, la grelina, junto con nuestra hormona del estrés, el cortisol, siendo ambas importantes potenciadoras de la sensación de apetito y de los antojos de comida. Según la fuerza de voluntad que tengas, estas hormonas son enormemente influyentes y hacen que incluso las personas más disciplinadas y responsables pierdan el control ante la comida.

Un estudio de la Universidad de California, en Los Ángeles, publicado en 2017, demuestra que dormir seis horas o menos limita la actividad cerebral asociada a la toma de decisiones, lo cual puede producir un efecto en nuestro juicio similar a lo que nos pasa cuando estamos borrachos. Sin un lóbulo frontal completamente activo y una mayor actividad en el centro de recompensas del cerebro, no podemos tomar buenas decisiones respecto a la comida u otros vicios. Por eso será mucho más probable que caigamos en la tentación de consumir comida frita, hidratos de carbono procesados o dulces cuando no hemos dormido lo suficiente.

No dormir lo suficiente te destrozará la piel
Si no duermes lo suficiente, se te notará en la cara, literalmente. La falta de sueño aumenta la producción de cortisol, que tiene un efecto en tu piel parecido al que tiene en tu peso. Un exceso de cortisol empeora la inflamación cutánea y cualquier trastorno asociado, como el acné, la psoriasis, el eccema y mi propio problema, la rosácea. Demasiado cortisol también descompone el colágeno y el ácido hialurónico, que ayudan a tu piel a permane-

cer tersa y elástica y, parafraseando a mi maquillista del programa, te hacen estar radiante. No tener suficiente cantidad de alguna de estas proteínas puede provocar un aumento de las arrugas y las líneas de expresión.

También necesitamos suficientes horas de sueño, sobre todo sueño de ondas lentas, para producir la hormona del crecimiento humano, fundamental para reparar todo tipo de células dañadas, incluidas las células cutáneas. No tener suficientes hormonas de crecimiento también puede acelerar el proceso de envejecimiento en todo el cuerpo y en la cara. Nuestros cuerpos también utilizan las horas en las que estamos dormidos para reequilibrar la humedad de nuestras células cutáneas. Por eso no dormir lo suficiente puede dar lugar a sequedad cutánea, ojeras y bolsas debajo de los ojos, que con el tiempo pueden convertirse en marcas faciales permanentes.

Dormir puede hacerte más feliz y más sexi
Todo el mundo sabe que dormir mal una noche puede hacer que estés de mal humor. Pero el efecto del sueño en el estado de ánimo va más allá de estos síntomas superficiales de irritabilidad. De hecho, en un estudio de 2017 realizado por investigadores de la Facultad de Economía de Oxford se descubrió que el único factor más importante para vivir bien (más importante que el dinero, el sexo o incluso tener una extensa red de apoyo) es dormir. Poder dormir lo suficiente no solo aumenta los sentimientos de euforia y positividad, sino que también potencia la autoestima y limita la rabia, la hostilidad y la tristeza, según demuestran los estudios. Cuando has descansado bien, también es más probable que reacciones adecuadamente a las situaciones, gestiones bien el estrés y encuentres soluciones a los problemas, a diferencia de cuando tienes que rendir con pocas horas de sueño.

Tal y como vi de primera mano durante mi reto de dormir más, también es más probable que queramos ser sociables cuando registramos regularmente ocho horas de sueño. Este efecto se deriva, en parte, de una mayor positividad, pero un estudio de 2016 publicado en la revista *Journal of Psychophysiology* también demuestra que dormir más nos hace más empáticos. En cambio, la falta de sueño evita que las personas tengan un buen entendimiento social con los demás y puede provocar posibles comportamientos que no reconozcamos como nuestros porque simplemente estamos demasiado cansados. ¡Ay, mamá!

La falta de sueño también puede pasar factura en las relaciones románticas tanto dentro como fuera de la cama. Para empezar, la falta de sueño mata incluso el impulso sexual más saludable, según demuestran los estudios, en parte porque el cuerpo produce la testosterona, la hormona sexual, durante la noche. Pero, además, la falta de sueño también agota la energía y la autoestima, aumentando los sentimientos de tensión y hostilidad, y todo ello puede trasladarse a la cama.

Los estudios también demuestran que las parejas no se llevan tan bien cuando uno de ellos duerme menos de siete horas: es más probable que utilicen palabras negativas, que empiecen discusiones sin ningún motivo y que tomen decisiones irreflexivas que puedan interferir en el bienestar de la pareja. Por si todo esto no fuera lo suficientemente malo, la falta de sueño puede incluso hacer que seas menos atractiva para tu pareja y para los demás, según demuestran las investigaciones. Un estudio de 2017 publicado en la revista *Royal Society Open Science Journal* desveló que la gente catalogaba como menos deseables a aquellas personas que estaban faltas de sueño que a las que dormían lo suficiente.

*Los cambios hormonales pueden significar
que necesitas dormir más*
El estrógeno y la progesterona ayudan a inducir el sueño, y es por eso por lo que los cambios hormonales como el embarazo, la perimenopausia, la menopausia e incluso los trastornos en el ciclo menstrual femenino pueden alterar el sueño. Cuando los niveles de estrógeno y progesterona disminuyen durante la perimenopausia o la menopausia, por ejemplo, la caída hormonal puede evitar que las mujeres se duerman y provocar que se despierten en mitad de la noche, produciendo sofocos, especialmente durante la primera mitad de su ciclo de sueño. Los niveles hormonales fluctuantes durante el embarazo y el posparto también pueden provocar trastornos del sueño, que pueden aumentar el riesgo de depresión posparto.

Aunque estos problemas sean habituales, no tienes por qué aceptar los trastornos del sueño de tipo hormonal como una parte intrínseca como mujer. Si sospechas que los desequilibrios o cambios hormonales te están alterando el sueño, habla con tu médico o ginecóloga. Puede que te recomiende una terapia de sustitución hormonal, junto con técnicas probadas para la inducción del sueño, como la terapia de relajación, respiraciones lentas y visualizaciones guiadas. También puedes avanzar por tu cuenta para limitar las interrupciones del sueño causadas por cambios hormonales: haz ejercicio de forma regular, practica meditación, yoga u otras actividades para reducir el estrés, y lleva una dieta saludable que te ayude a limitar los desequilibrios hormonales. Sea como sea, la respuesta a cualquier problema relacionado con el sueño no es que te receten pastillas para dormir a largo plazo o de por vida, ya que esto solo pone un parche a un problema mayor y al final causa más problemas de los que resuelve.

NOVIEMBRE: DORMIR
Tu historia

Conocer los secretos para dormir más no solo hará que triunfes en este reto mensual, sino que también puede transformar tu salud y tu felicidad. Dormir es parecido a hacer dieta: puedes encontrar consejos por todas partes y muchas maneras correctas de hacerlo bien, pero lo que funciona para los demás puede que no te funcione a ti. Sin embargo, hay algunos consejos y trucos universales que pueden ayudar a cualquiera a dormir más horas y más profundamente. Aquí tienes algunos, junto con lo que me pareció más útil, para asegurarte de que duermes ocho horas cada noche.

1. PIENSA EN LAS HORAS DE SUEÑO COMO ALGO INNEGOCIABLE. Cuando surgen de repente trabajo, actividades sociales, cuestiones familiares o salidas divertidas, lo primero que solemos sacrificar es nuestro sueño, ya que la mayoría pensamos que podemos acostarnos más tarde, despertarnos más temprano, o simplemente perdernos el sueño de una noche para poder hacer lo que tenemos o queremos hacer. Pero esta actitud, concebir el sueño como una variable fluctuante, es el motivo por el cual tantos estadounidenses están faltos de sueño. ¡Realmente el sueño tiene una mala publicidad! ¡Pensamos que es un lujo cuando en realidad es una necesidad médica! Así que este mes prioriza el sueño haciendo que tus horas de dormir sean innegociables. Si tienes que trabajar o quieres ver a tus amigos o pasar tiempo con tu familia, recorta horas de otro aspecto de tu agenda (como las horas de televisión o de uso de las redes sociales) para cumplir estas exigencias. Además, incorpora por lo menos

treinta minutos de tiempo de relajación antes de acostarte, en los que no trabajes, no utilices tecnología y no tengas actividades sociales, para relajarte y estar preparada para dormir tan pronto como entres en la cama.

2. CREA UN HORARIO DE SUEÑO REGULAR. Acostarte y despertarte a la misma hora cada día es una de las maneras más efectivas de establecer una rutina de sueño saludable. Un patrón habitual al acostarte te preparará el cuerpo para dormir de una forma similar a como las comidas habitúan a tu cuerpo a alimentarse: si cenas a las siete de la tarde cada día, por ejemplo, sabes que tendrás hambre a esta hora casi cada tarde. De la misma forma, un ciclo constante de sueño-vigilia sincroniza el ritmo cardiaco de tu cuerpo con esas horas, ayudándote a dormirte más rápido, a despertarte con más facilidad y a evitar las interrupciones de media noche. Suele ser fácil establecer un horario rutinario de sueño durante la semana laboral; la clave está en acostarte y despertarte también a la misma hora durante los fines de semana. Si acabas quedándote despierta hasta más tarde, los expertos recomiendan que te despiertes a la misma hora a la mañana siguiente y que hagas una siesta durante el día en vez de dormir hasta tarde los fines de semana.

3. REDISEÑA EL ENTORNO DONDE DUERMES. Yo no me había dado cuenta hasta que fui mayor de la suma importancia que tiene el entorno donde duermes a diario en la calidad del sueño. Después de años leyendo recomendaciones de que las habitaciones deberían estar a oscuras, tener una temperatura fresca y ser tranquilas, finalmente puse cortinas oscuras en mi habitación hace poco y ahora siempre me aseguro de bajar el termostato a 15.5 grados centígrados (los estudios demuestran que la temperatura óptima para inducir el

sueño es de 15 a 20 grados). Ambos cambios han marcado una gran diferencia en la calidad de mi sueño y por ello sugiero a cualquiera que le interese priorizar el sueño que también haga estos cambios.

Aunque yo no tengo problemas de ruido en casa, si tú no puedes evitar los ruidos de otras habitaciones, de vecinos cercanos o de calles ajetreadas, o si viajas a menudo, plantéate utilizar una fuente de ruido blanco como un ventilador, una máquina de ruido blanco o una aplicación de ruido blanco en el teléfono. Los estudios demuestran que el ruido blanco cubre las interferencias en frecuencias audibles que evitan que nos quedemos dormidos y nos permite mantener el sueño.

4. REPLANTÉATE CON QUIÉN DUERMES Y CON QUIÉN DEJAS DE DORMIR. Hay muchos estudios que demuestran que no dormimos bien cuando hay otra persona en la cama, especialmente si esa persona produce ronquidos fuertes. Si tu pareja o cónyuge no te deja dormir, anímalo a que vaya al médico para solucionar sus problemas de ronquidos y luego plantéate dormir en habitaciones separadas. Este fenómeno conocido como «divorcio de sueño», que es cuando las parejas duermen en habitaciones separadas, pasa en un 25 % de todos los matrimonios estadounidenses, y su resultado es una mejor calidad del sueño. Al mismo tiempo, algunos estudios demuestran que las mujeres pueden dormir más profundamente cuando comparten la cama con alguien a quien quieren o que les aporta sentimientos de confort y seguridad. Otro estudio reciente descubrió que las mujeres duermen más profundamente con sus perros que con sus parejas humanas, ya que es más probable que estos últimos les molesten a mitad de la noche. En mi caso, sé que cuan-

do mi perro *Mason* de 4 kilos comparte la cama conmigo, se queda enrollado como un pastelito de canela a mi lado y yo duermo de maravilla.

5. ESTABLECE UNA RUTINA ANTES DE DORMIR. Hacer lo mismo cada noche antes de acostarte creará una rutina que preparará a tu cuerpo física y mentalmente para dormir. De esta forma, tu cuerpo y tu cerebro saben que cuando apagas las luces, te lavas la cara, te cepillas los dientes, enciendes una vela y finalmente entras en la cama para leer tu libro favorito, en este orden, es hora de acostarse. Para un sueño óptimo, evita comer o beber grandes cantidades de comida o bebida antes de acostarte, ya que ambas cosas pueden interferir en el sueño, y asegúrate de evitar la cafeína, el alcohol o el ejercicio de noche, ya que todo ello puede impedir un buen descanso.

6. UTILIZA UNA APLICACIÓN. Utilizar una aplicación para llevar un registro de mi sueño fue una decisión muy sabia. La aplicación no solo me ayudaba a registrar mi sueño de forma precisa, sino que también hacía que me responsabilizara de mi reto, me motivaba a trabajarlo más y le daba un toque de competitividad divertida al mes. Con la aplicación quería meterme en la cama lo antes posible para poder ver los resultados positivos al día siguiente, y siempre que los lograba, esto me animaba a seguir.

Una aplicación también puede resultarte útil para darte una visión precisa de tus hábitos de sueño actuales: según los expertos de la Universidad de California-Berkeley y de otras universidades, la mayoría de los estadounidenses sobrestima las horas que duerme. Muchas aplicaciones para controlar el sueño son gratuitas y ofrecen también otros beneficios, como meditaciones guiadas para ayudarte a dormir e incluso historias para ir a la cama que han demostrado científicamente inducir el sueño en adultos. Elijas lo que elijas, asegúrate de poner el celular en modo «no molestar» por la noche, si es que tu aplicación no lo hace automáticamente por ti, y así no te despertarás con pings, dings y otros ruiditos.

7. No te sientas culpable. A nadie le dará un ataque al corazón si decides irte a la cama y aún hay platos en el fregadero, correos electrónicos sin responder u otras tareas en tu lista. Aunque encargarte de tareas estresantes y prepararte para la mañana siguiente por adelantado puede ayudarte a dormir con la mente más despejada, muchas noches simplemente no serás capaz de hacer todo lo que quieres hacer antes de acostarte. Y no pasa nada. Priorizar el sueño es más importante para tu salud y bienestar que tener la cocina más limpia del mundo. Recuerda también que si duermes bien por la noche, serás más productiva y eficiente al día siguiente, haciendo que todas estas pequeñas tareas sean mucho más fáciles de lograr.

8. Controla lo que puedas, cuando puedas. Por mucho que lo intentes, no serás capaz de controlar la hora a la que te acuestas cada noche de la semana durante el resto de tu vida. Hijos enfermos, exigencias laborales repentinas, emergencias familiares y ocasiones especiales como los viajes durante las vacaciones pueden interferir en nuestras rutinas de sueño, y es normal. Pero en vez de estresarte por no haber dormido lo suficiente durante una o dos noches, intenta aceptarlo, haz lo que puedas para dormir bien en esas situaciones y luego prométete que continuarás priorizando tu sueño cuando recuperes el control de tu agenda. Porque, de lo contrario, si acortas tus horas de sueño las

noches que sí puedes controlar tu horario de dormir, cuando llegue lo inesperado, caerás en una espiral de sueño de la que puede que tardes días o semanas en recuperarte.

9. ABANDONA LAS AYUDAS PARA DORMIR QUE NO SEAN NATURALES. Como médico, la única vez que he recetado ayudas para dormir ha sido para un uso a corto plazo, cuando mis pacientes están de viaje o afrontando un periodo de mucho estrés. Hay que saber que estos medicamentos impiden una buena calidad del sueño, ya que te dejan sedada, pero no te permiten descansar bien, e interfieren en tu habilidad de quedarte dormida de forma natural con el paso del tiempo. Si tienes dificultades para dormir, habla con tu médico acerca de otras maneras de abordar el problema. También puedes plantearte alternativas naturales como suplementos de melatonina; infusiones de manzanilla o lavanda; o suplementos que contengan valeriana, magnesio o glicina, ya que los estudios demuestran que todas estas opciones inducen el sueño.

10. ¿NO ESTÁS CANSADA? DURANTE EL DÍA, EJERCICIO, PRODUCTIVIDAD Y LUZ DEL SOL. Si tienes problemas para dormir, puede que no tengas ningún trastorno del sueño, sino que simplemente no estés gastando suficiente energía ni realices suficiente esfuerzo durante el día. Los estudios demuestran que el ejercicio es una de las maneras más efectivas de ayudarte a dormir. Si actualmente no haces ejercicio, haz sesiones de ejercicios por la mañana o por la tarde antes de tratar tus dificultades para dormir con cualquier otro remedio.

Otro factor que puede producir insomnio por la noche es no haberse sentido útil o productiva durante el día. Para poner remedio a esto, intenta asumir más responsabilidades en el trabajo, comprométete con un nuevo proyecto o una nueva clase, búscate un pasatiempo o haz más planes con amigos o familiares.

No ver la luz del sol durante el día también puede producir insomnio por la noche, así que asegúrate de salir al exterior cada día, preferentemente por la mañana, para ayudarte a poner a cero tu reloj corporal interno.

CAPÍTULO
12

DICIEMBRE
Reír

MI HISTORIA

Durante casi un año entero, me he propuesto retos principalmente serios, diseñados para realizar mejoras ambiciosas en mi salud y en mi vida en general. Algunos fueron difíciles de llevar a cabo (te hablo a ti, septiembre con menos azúcar), y muchos fueron importantes desafíos, como evitar el alcohol para reducir el riesgo de cáncer de mama, beber más agua para evitar las piedras en el riñón y hacer más ejercicio aeróbico para reducir al máximo la probabilidad de contraer cualquier enfermedad crónica. Aunque quedé enormemente satisfecha con lo que había logrado en los meses anteriores, sabía que me faltaba algo, un aspecto importante en mi salud y bienestar en general que aún tenía que alcanzar.

Mis retos hasta el momento habían reflejado mi personalidad. Soy una persona a quien le encantan los objetivos y alcanzar metas cuantificables (aquellas que tienen estadísticas que pueda aplicar o de las que pueda derivar mi progreso). No es algo de lo que me sienta orgullosa, pero no soy el tipo de persona que mezcla trabajo con placer; sin duda trabajo mucho, pero me divierto poco.

Por ejemplo, durante los cuatro años de universidad trabajé de mesera tres noches por semana en uno de los sitios más atractivos de Nueva York. Y mientras el resto de la gente de mi edad se divertía y se lo estaba pasando bien en un entorno diseñado únicamente para el goce y el disfrute, yo trabajaba, ganaba dinero y me lo tomaba todo muy en serio.

Si observamos lo que he hecho desde la universidad hasta casi la madurez, aún sigo sin hacer cosas simplemente para divertirme. Como médico y científica, me gusta cuantificar mi comportamiento, y es casi imposible cuantificar la diversión como se puede cuantificar un entrenamiento de una hora o ver a veinte pacientes al día en mi consultorio.

No se trata solo de mi personalidad: las profesiones que elegí son, por naturaleza, bastante serias también. Como médico, tengo muy poco margen para las tonterías y las diversión en el trabajo. Cuando veo a mis pacientes o reviso los resultados de los análisis, tengo que estar concentrada al 120 %, pues hay vidas de personas en juego. Y lo mismo me pasa siendo la especialista médica del programa *GMA*: millones de personas me están escuchando dándoles consejos de salud, así que tengo que asegurarme de que cada palabra sea la correcta.

Dicho esto, a pesar de ser una persona seria y tomarme en serio lo que hago, intento no tomarme a mí demasiado en serio. Creo que es esencial ser capaz de reírte de ti misma. Sin esta habilidad, ¿cómo puedes afrontar los errores que cometes, las dificultades que surgen sin motivo alguno y las desgracias tanto críticas como triviales que le ocurren a todo el mundo? Además, si no puedes contar contigo misma como una fuente de entretenimiento, ¿con quién puedes contar?

En los últimos años he aprendido a aceptar más mis errores y desgracias y, en consecuencia, mis propios defectos y vulnerabilidades. Después del suicidio de mi exmarido, me di cuenta de que no existía la vida perfecta, sino que solo existía la vida real. La tragedia me hizo querer aceptar mi vida real y quien soy, con todas y cada una de mis imperfecciones.

Actualmente, les digo a mis hijos y mis pacientes que la vida es demasiado corta como para no aprender a aceptarnos tal y como somos. Si realmente deseas quererte (y ser capaz de querer a quienes te rodean), tienes que aceptar tus errores e imperfecciones de la misma manera que aceptas tus fortalezas y triunfos. Me gusta ponerme estándares altos cada día, pero también creo que no puedes ser realmente feliz y estar saludable si no eres capaz de perdonarte a ti y a los demás. Y si son ellos quienes no pueden perdonarte a ti, entonces no se merecen tenerte en sus vidas. De lo contrario, obsesionarte con tus errores e imperfecciones (y con los que ves en los demás) te acabará consumiendo, pasándote una gran factura en tu salud física, mental y emocional.

Aunque he aprendido a reírme de mí misma, no se me ha dado tan bien encontrar formas de relajarme y de no tomarme tan en serio. Por eso casi nunca pierdo el tiempo. Aunque eso no parezca gran cosa, para mí implica que he perdido esa valiosa capacidad infantil de disfrutar de las pequeñas cosas de la vida. Y para mí, eso es importante; es algo que quiero cambiar con urgencia.

Así que para el mes de diciembre decidí que mi misión fuera reírme más y redescubrir ese disfrute innato e infantil que todos llevamos dentro. Aunque hay muchas maneras de desbloquearse y vivir una vida más desenfadada (encontrar un canal de YouTube divertido que te guste, pasar más tiempo con familiares y amigos que te hagan reír, ver comedias o series), yo elegí una forma muy particular de perder el tiempo que encontré, casualmente, en mi ropero. No se trata de lo que necesitas o deberías hacer para conseguir reírte en la vida, sino que al compartir mi historia en concreto, espero ayudarte a descubrir que hay más maneras de encontrar la informalidad que nos pueden hacer más felices y sentirnos mejor.

A mi hija Chloe siempre le han gustado muy poco las cosas que normalmente se asocian a las niñas. Cuando era pequeña prefería jugar hockey sobre hielo que jugar con muñecas y no le interesaba para nada el maquillaje, los vestidos u otras cosas que normalmente encantaban a las niñas. Por estos motivos, no me sorprendió demasiado cuando a los cuatro años le importó un bledo que le regalaran una brillante tiara de princesa de plástico en una fiesta de cumpleaños. Pero lo que fue sorprendente fue que esa pequeña corona infantil acabara en mi ropero. Hasta la fecha, no tengo ni idea de por qué estaba allí.

Cuando descubrí por primera vez la misteriosa corona dentro de mi ropero, decidí que era una señal, y que tenía que hacer algo al respecto. A partir de ese momento empecé a ponerme la corona siempre que quería divertir a mis hijos, a veces incluso salía a saludar a sus amigos con esa cosa absurda en la cabeza. Esto me hacía morirme de risa. Imagíname, una mujer adulta saludando a niños y niñas, llevando una tiara de juguete sin ningún otro motivo aparte del hecho de que yo era la reina de mi casa, a quien los niños tenían que saludar cuando entraban en mi reino. A mis propios hijos les parecía divertidísimo, y hacían bromas con sus amigos de que tenían dos opciones: me podían llamar Jen o Reina Jen, ya que doctora Ashton no era una opción.

Aunque ahora mis hijos eran ya mayores y no vivían conmigo todo el tiempo, la corona se había quedado en mi ropero y llevaba allí quince años. No se había perdido nunca, ni se había roto. Siempre estaba allí entre mis vestidos de la tele, mis zapatos de marca, mis jeans, la ropa de deporte, los uniformes médicos y el resto de la ropa adulta y seria que tenía. Cuando veo la tiara allí, me hace sonreír. Me la sigo poniendo varias veces al año, normalmente cuando mis hijos están en casa, o a veces incluso cuando hago videollamadas con alguna amiga cercana o con mi novio.

Cuando empecé a pensar en cómo diseñar un reto de un mes para reírme más, de inmediato me vino a la cabeza la tiara. Decidí que me la pondría unos minutos cada día, en diferentes momentos y circunstancias, e intentaría hacerme reír a mí y a los demás. Que empiece la diversión.

Primera semana
La fórmula de los cinco minutos para sentirte feliz todo el día
Los primeros días del mes fueron extremadamente ajetreados, tanto que olvidé el reto por completo. ¿Cómo podía pasarme esto? Llevaba todo el año esperando a que llegara un reto más desenfadado, y era el más fácil hasta el momento; no tenía que hacer planchas, ni ejercicio aeróbico, ni forzarme a beber o a no beber algo, a comer o no comer ciertos alimentos. ¿Estaba realmente tan tensa y preocupada que no podía encontrar cinco minutos para ponerme esa tontería en la cabeza y reírme? «Por Dios —pensé—, necesito un poco de diversión, ahora más que nunca.»

Al cuarto día me puse la tiara en la bolsa antes de salir para ir al programa *GMA*. En cuanto llego al estudio de grabación, normalmente tengo unos treinta minutos en maquillaje antes de que me peinen. Así que mientras estaba sentada en la sala de maquillaje, me puse la tiara en la cabeza mientras hablaba con una de las productoras. Ya le había contado a ella y a otros productores lo del reto para que no se sorprendieran, y esta productora en particular también tiene dos hijos, así que nada parecía perturbarla. De hecho, hablamos de temas importantes como siempre mientras yo llevaba la tiara, lo que me hizo reírme solo de pensar en la imagen que estaríamos proyectando, teniendo una conversación tan seria mientras yo llevaba una tiara de juguete en la cabeza.

Mientras hablaba con la productora, el antiguo director de comunicaciones de la Casa Blanca y presentador de la cadena ABC y del programa *GMA*, George Stephanopoulos, pasó por allí y echó un vistazo a la sala en la que nosotras estábamos hablando. A pesar de que yo tuviera una tiara en la cabeza, George me dio los buenos días inclinando la cabeza, igual de serio y concentrado que siempre, sin inmutarse. Empecé a reírme en voz alta, simplemente imaginándome lo que le debió de pasar a George por la cabeza cuando, justo unos minutos antes de entrar al aire, vio a la respetable experta médica con una tiara en la cabeza. Cuando me la quité, pensé: «¡Vaya, realmente esto funciona! ¡Me estoy riendo!». George y yo no hemos llegado a hablar nunca del incidente, pero me imagino que le provoqué unas risas a él también; o por lo menos, hice que se preguntara qué demonios le pasaba a una de sus compañeras de trabajo.

Al día siguiente me la puse para ir de un laboratorio al otro en mi consultorio. Nadie me vio aparte de mi equipo, que se murieron de la risa cuando me vieron con la bata de médico y adornada con esa deslumbrante tiara. Incluso me dejé la tiara puesta mientras hablaba por teléfono con pacientes para repasar los resultados de sus análisis de sangre. Esto tuvo un efecto impresionante, ya que redujo considerablemente el estrés que siento cuando hago estas llamadas. Aunque nunca me pondría una tiara ni ninguna otra tontería delante de las pacientes (nunca querría menospreciar la gravedad de sus preocupaciones de salud), el simple hecho de llevarla puesta me ayudaba a contrarrestar todas las preocupaciones y la solemnidad que siento a menudo en el trabajo.

Los dos últimos días de la semana me puse la tiara cuando estaba en casa mientras hacía videollamadas con Chloe y con mi novio. Ninguno de los dos se mostró especialmente escandalizado (ya me habían visto antes con la corona), pero se empezaron a reír. No necesitaba ponérmela durante mucho tiempo, ni tampoco lo quería, ya que me parecía que podía parecerles desconsiderado a las personas con las que hablaba. Pero solo teniendo la corona en la cabeza durante unos minutos me sentía más liviana, como si estuviera haciendo un breve paréntesis de toda la seriedad que hay en mi vida.

Al final de la semana no podía creer lo que la corona estaba logrando: con solo llevarla durante cinco o diez minutos me sentía mucho más ligera y animada durante lo que quedaba de día. Y el motivo no era que quienes me rodeaban se murieran de la risa cuando me vieran con la tiara. Aunque mis compañeros de trabajo y mis hijos se reían de la corona, la alegría que yo sentía se debía a mi propio disfrute de tener una tiara de un dólar en la cabeza.

¿Por qué me hacía tan feliz llevar una corona barata en la cabeza? Me di cuenta de que la tiara me permitía romper de repente con la monotonía y la gravedad de la vida. Piénsalo bien: pasamos la mayor parte de nuestros días trabajando, o preocupándonos por el dinero, o haciendo tareas, intentando ser mejores y mejorando nuestras relaciones, a la vez que procuramos comportarnos bien y rendir al máximo. En general, esto convierte nuestras vidas en algo parecido a un bocadillo de seriedad: estamos continuamente presionados entre lo que tenemos que hacer y lo que sabemos que deberíamos hacer. Pero con la tiara en la cabeza era capaz de apartar ese pan metafórico y moverme con más soltura por dentro. Cuando llevaba la corona, no pensaba en lo que tenía que hacer o en lo que debería estar haciendo; en vez de ello podía ignorar por un momento lo que se esperaba de mí o lo que era adecuado en ese momento y centrarme solamente en mi disfrute. Cuando tenía la corona en la cabeza, el estrés se me escapaba por los poros de la piel y la felicidad llegaba a toda prisa.

A finales de semana también empecé a pensar en otros sitios en los que pudiera llevar la corona. ¿La podía usar en público? Pero ¿y si alguien me reconocía y daba por supuesto que tenía un brote psicótico? Decidí que me la podía poner en el coche de camino al consultorio en Nueva Jersey o incluso en uno de los partidos de hockey de mi hija, aunque solo de pensarlo me sentía un poco incómoda.

Segunda semana
Encontrar maneras de sentir alegría sin importar
dónde estás o qué estás haciendo
En la segunda semana decidí ver qué pasaba si sacaba la corona del ropero y la guardaba en algún lugar a la vista donde la pudiera ver cada vez que entrara y saliera de mi departamento. La isla de la cocina parecía ser el sitio más visible, así que la dejé allí, esperando que al ser un sitio por el que pasaba mucho, me animaría a ponérmela más. El truco funcionó: no solo la tomé más veces esa semana, sino que el simple hecho de ver esa diadema brillante entre mis utensilios de cocina también me hacía reír cada vez que pasaba por delante de ella.

Al empezar la semana me puse la corona una mañana a las cinco mientras me preparaba para ir al programa *GMA*. Yendo con prisas, con el café en la mano y vistiéndome, me vi reflejada de refilón en una de las ventanas de mi departamento y empecé a reírme yo sola: aquí estaba, una mujer hecha y derecha con una tiara antes del amanecer, mientras me preparaba para llegar a un trabajo muy serio en un canal de televisión nacional como experta médica. Esto hizo que mis risas casi se doblaran, lo que no creo que me hubiera pasado nunca antes tan temprano por la mañana. La corona me aportaba ese *shot* de informalidad que necesitaba, y cuando llegué al programa esa mañana, me sentía como si tuviera un secreto. Tenía ganas de susurrarles a mis compañeros de trabajo: «Si me hubieras visto hace media hora, ¡te hubieras muerto de la risa!». Durante las horas siguientes tuve un plus de diversión por dentro cada vez que pensaba en mi mañana.

Al día siguiente, finalmente lo hice y me puse la tiara en público, o en semipúblico, más bien dicho. Me la puse mientras conducía hacia mi consultorio en Nueva Jersey. En cuanto me puse detrás del volante, empecé a soltar carcajadas, anticipando la reacción de alguien mirándome dos veces y dándose cuenta de que una rubia bien peinada que conducía un sedán llevaba una tiara infantil y barata. Pero, sorprendentemente, nadie pareció darse cuenta de ello. ¿Realmente la gente estaba tan preocupada, rígida, o era tan insulsa? El hecho de darme cuenta de ello me hizo reírme aún más, ya que pensé que realmente podía hacer lo que quisiera conduciendo con la tiara y que nadie se daría cuenta.

Al día siguiente no me puse la diadema hasta la noche, mientras me cepillaba los dientes antes de acostarme. También llevaba mi conjunto de invierno para dormir, una pijama de cuadros de franela que parecía un peluche de lo suave y agradable que es. Cuando me vi en el espejo con la combinación de la pijama y la tiara, me veía tan chistosa como para morirse de la risa. Si solo me hubieras visto de cuello para arriba, hubieras jurado que llevaba algún tipo de camisón sexi. Pero en vez de esto, estaba vestida como si fuera a aparecer en un anuncio de ropa para leñadores, excepto que llevaba una corona infantil.

Más adelante en esa semana, me puse la tiara para sacar a pasear al perro, *Mason*. Esto no era tan arriesgado como parece: lo sacaba a pasear en una terraza exterior privada, donde nadie me podía ver. Pero el hecho de llevar la corona mientras hacía una tarea tan ordinaria y cotidiana me hizo reír.

Ese fin de semana me puse la diadema dentro del departamento, tanto el sábado como el domingo. A estas alturas ya sabía cómo reaccionaría poniéndome la corona en la cabeza: las risas estaban aseguradas. Pero ese fin de semana empecé a cuestionarme cómo reaccionarían los desconocidos y cómo me haría sentir eso a mí, si es que algún día lograba reunir valor para ponérmela en público, en otro lugar que no fuera en el relativo anonimato de mi coche. La idea de ponerme la tiara por las calles de Nueva York me cohibía, no estaba segura de tener las agallas necesarias. ¿Y si alguien me reconocía?

Cuando hablé con Chloe sobre mis preocupaciones por salir en público con la diadema, me dijo que si este fuera su reto, llevaría la tiara puesta a todas partes, al gimnasio, a la cafetería, en clase, incluso para caminar por la calle. De repente sentí como si estuviera dentro de un libro de caricaturas del doctor Seuss: ¿me la pondría en un tren de pasajeros? ¿Bajo un aguacero? ¿En una rama y en un coche? ¿A oscuras, sin medida? Solo pensar en la corona ya me divertía.

También me di cuenta de que cuando me ponía la tiara, aunque solo fuera durante unos minutos, me subía el ánimo de inmediato. Como mínimo, verla en la cocina me hacía reír. Sin embargo, solo me había puesto la diadema cuando estaba en un estado neutral o positivo. ¿Me funcionaría igual de bien cuando estuviera triste o extremadamente estresada? ¿Realmente podría utilizar la tiara para que me ayudara a liberar la ansiedad o en momentos terribles? Tal vez debería llevarme la tierra conmigo a todas partes, igual que hago con las bandas elásticas para hacer ejercicio (en la bolsa, en el coche, en el consultorio, cuando viajo) para poder tener una manera rápida de contactar con la alegría sin importar dónde estoy, de una forma similar a cuando hago ejercicio con las bandas elásticas siempre que quiero.

Un amigo me regaló una vez una camiseta en la que decía «Tranqui, deja que Jennifer lo resuelva», con una imagen de una corona debajo de la frase. Había muchas imágenes que podrían haber transmitido el mismo sentido de fuerza interior (una capa de supermujer, una lanza, un escudo o un par de manos aplaudiendo). Pero estaba empezando a entender que la imagen de una corona se conectaba conmigo porque era totalmente la antítesis de quien soy yo. Al igual que mi hija, yo no soy una chica demasiado femenina a quien le gustan las cosas brillantes, los vestidos elegantes o los corsés de princesa que irían en conjunto con una corona. Yo prefiero los jeans y las mallas, ir con el pelo recogido en una cola y sin maquillaje en la cara, excepto cuando salgo en tele. Rematar este *look* con una corona era una contradicción extremadamente cómica, pero no necesariamente falsa, ya que a menudo tengo la sensación de que lo puedo hacer todo.

Tercera semana
Cómo aprender a ser tu mejor amiga
En la tercera semana de diciembre estuve increíblemente ocupada, como lo estoy casi siempre cuando llegan las fiestas. Entre las pacientes, el programa, los planes de viaje y otras locuras festivas, no tenía ni un minuto para relajarme, pero tener la tiara en la isla de la cocina me ayudaba a rememorar el espíritu navideño. Asimismo, cada vez que la veía por allí se reducían mis niveles de estrés.

Como la corona estaba siempre allí, empecé a ponérmela más dentro de casa, usándola un total de dos mañanas esa semana mientras me preparaba el café. Aunque ya había hecho antes la rutina de la mañana con la diadema en la cabeza, me seguía pareciendo que la situación era divertidísima. Empecé a plantearme si debería empezar cada día con la tiara, ya que era claramente capaz de mejorar mucho mi estado de ánimo. Y lo único que tenía que hacer era ponerme esa tontería en la cabeza durante cinco minutos.

También me puse la diadema dos veces por la noche durante la semana, ambas veces mientras preparaba las secciones del programa. Esto era una experiencia completamente distinta, ya que la corona tenía un efecto sorprendentemente calmante por las noches, cortando de inmediato el estrés de un día frenético con un toque de placer en estado puro. Me gustaba acabar el día así, con un tono más liviano y positivo, y empecé a plantearme si también debería ponerme la tiara cada noche, simplemente para revertir la ansiedad que se desarrolla inevitablemente durante cualquier jornada laboral.

Ese fin de semana me fui a Hawái de vacaciones y, claro está, tenía que llevarme la tiara conmigo. Incluso me puse la corona en el taxi de camino al aeropuerto, sintiéndome todo el tiempo como Carrie en *Sexo en la ciudad*, riéndome de mí misma mientras Nueva York daba vueltas a mi alrededor. Nadie me vio aparte de mis hijos y el conductor del taxi, quien, curiosamente, no me miró raro para nada. Pero no me importó, pues ahora me interesaba más pasármelo bien yo que provocar risas a los demás.

De hecho, me di cuenta de que durante este mes me había estado riendo principalmente yo sola, lo que no era para nada frecuente. Normalmente no nos reímos a solas, sino que casi siempre lo hacemos cuando estamos en compañía o por algo que hace otra gente, tanto si estás con amigos como si estás leyendo un libro gracioso o viendo una serie divertida o una comedia. Piensa en todas las veces que te has muerto de la risa, y apuesto a que estabas, o bien con alguien o con un grupo de amigos, o bien viendo una peli o una serie.

Pero durante mi reto de reír, me reía yo sola, de mí. En otras palabras, por voluntad propia. En algunas ocasiones era solo una risita tonta; en otras se trataba casi de una histeria en la que me reía a más no poder. Fuera como fuera, me di cuenta de que me estaba convirtiendo en mi mejor amiga, capaz de estimularme y hacerme reír siempre que quería o lo necesitaba. Ahora, incluso solo con pensar en la tiara no podía evitar reírme. En resumen, esto significaba que este mes me había reído más yo sola que en los últimos diez años juntos.

Al final de la semana me seguía planteando si me llegaría a poner alguna vez la diadema en público. Un día estuve a punto, ya que la tomé para ir a una reunión en la cadena de televisión. Al final, me di cuenta de que no estaba preparada para ello, aunque quería estarlo con todas mis fuerzas. Una vez vi a un corredor del maratón de Nueva York disfrazado de tiburón, y aún me río ahora si pienso en ello. Pero también quería asegurarme de que si me ponía la tiara en público, lo hacía a mi manera, dentro de mi zona de confort.

Cuarta semana
Qué pasa cuando empiezas a ver el mundo con ojos de niña
Acabé el año con una semana gloriosa en Hawái con mis hijos. Esto tuvo un efecto interesante en el reto del mes: aunque llevara puesta la tiara en la habitación del hotel la mayoría de los días de esa semana, no me provocó las mismas risas profundas que me

generaba cuando me la ponía en casa en una de las ciudades más ajetreadas del mundo mientras cumplía con la responsabilidad de mis trabajos superserios.

En Hawái, todo era tan fácil y relajado que no necesitaba la liberación cómica que me aportaba la corona. Y lo más importante, yo ya me sentía como una reina en Hawái, como si estuviera levitando en el paraíso; cuando me ponía la tiara, solo se reforzaban los sentimientos de realeza en vez de realzar el contraste con mi vida neoyorquina como doctora, colaboradora de televisión y madre. En otras palabras, mientras estábamos de vacaciones en Hawái, la corona parecía un complemento adecuado para mi pelo en vez de una tontería absurda.

Esto solo corroboró la gran importancia que tenía la corona para mí en la vida real. Si me sentía normal llevando esta diadema infantil y barata durante las vacaciones, pero me parecía algo cómico en la ciudad, tendría que ponérmela más a menudo en casa para darle a mi vida el toque de humor y la emoción que obviamente necesitaba.

A finales de semana me hice una corona de orquídeas hawaianas en una clase que ofrecían en el hotel. Cuando me puse esa maravilla en la cabeza, pensé inmediatamente en la tiara de plástico que me esperaba en la habitación. ¡Qué diferencia había entre las dos coronas! Con mi nueva corona de orquídeas me sentía como una auténtica reina de la isla; con mi brillante diadema de plástico me sentía como una princesa juguetona que guardaba un secreto divertidísimo. Ambas piezas tenían su lugar y su propósito, y me di cuenta de que ambas me aportaban una valiosa sensación de autoestima y confort de la que todo el mundo, incluso yo, podía beneficiarse.

Durante la semana me seguí planteando si tendría las agallas suficientes para ponerme la corona en público. De momento ahí estaba, de vacaciones en un sitio exótico con mis hijos, y ambos me animaban a ponerme la tiara en público. Pero simplemente no era capaz de hacerlo. Estaba aprendiendo algo de mí misma y de mis barreras personales, una revelación que no me hubiera esperado nunca de este reto. Pero estaba contenta de tener la oportunidad de entender mejor mis zonas de confort.

Abstenerme de ponerme la corona en público no mermaba ninguno de sus beneficios. En ese sentido, me di cuenta en esa última semana de que me estaba riendo más en general de lo que me había reído antes; y no solo cuando llevaba la diadema puesta, sino en todas las ocasiones y con todas las cosas. Estaba sola con mis hijos en Hawái, sin tener cerca a mis compañeros con los que podía disfrutar del humor adulto. Pero la corona me había abierto al mundo de las risas y a pasármelo bien conmigo misma. Reír, como cualquier otro comportamiento, se aprende y hay que ejercitarlo, así que cuanto más lo hagas, más lo harás.

Ponerme la tiara también había conseguido algo totalmente increíble: me hizo vivir en el momento presente. En Hawái me di cuenta de que estaba más concentrada en lo que estaba haciendo en el momento en que lo hacía, lo cual no había pasado nunca antes. Ponerme una tiara de juguete en la cabeza de forma regular durante cuatro semanas me había forzado a salir de mi mundo adulto y dejar de pensar en lo que tenía que hacer después, en qué secciones tenía que prepararme, en qué pacientes o problemas personales necesitaban mi atención, en qué tareas tenía que tachar de mi lista mental infinita. Con la corona puesta, todo lo que podía pensar era en esa tontería que llevaba en la cabeza y qué podría hacer o qué haría mientras la llevaba puesta. Comprometerme con la tiara casi a diario de forma regular en mi vida cotidiana me hacía estar más en el momento presente que cuando no llevaba la corona.

Tal vez una de las mayores revelaciones de la semana, y del mes, me llegó cuando estaba montando a caballo en Hawái. Durante el paseo empecé a hablar con el vaquero sobre Disney World, ya que Disney es también la empresa matriz de la cadena de noticias ABC. El vaquero no había estado nunca allí, y yo solo había ido por primera y única vez cuando ya era adulta. En ese viaje, le conté, me di cuenta de que Disney World era más apropiado para adultos que para niños, pues los niños no necesitan ninguna ayuda para encontrar la alegría y las risas de la vida que Disney ofrece; la mayoría de los niños pueden encontrar ambas cosas en casa, construyendo un simple fuerte con cobijas, jugando en la casita del árbol o yendo al parque. Pero como adultos, perdemos esa habilidad que tienen los niños de encontrar la diversión y las risas en casi todas las cosas. Y por eso una visita a Disney World puede ser fundamental para ayudar a los adultos a redescubrir la alegría que todos llevamos dentro.

Mientras le estaba contando todo esto al vaquero, me di cuenta de que la corona había hecho para mí lo mismo que Disney había hecho hacía todos esos años: ponerme la tiara me había ayudado a ver las cosas como una niña, abriendo los ojos más a la alegría y a las risas, mirara donde mirara. Aunque no me esperaba para nada que este reto tuviera un efecto tan enorme, me di cuenta de que esta era una de las lecciones más valiosas que había aprendido en todo el año. Sin alegría y sin risas, ¿cómo se podía ser feliz, o estar saludable? ¿Y qué significaba estar saludable si no podías experimentar adecuadamente toda la vida y la vitalidad que estos retos se esfuerzan tanto en potenciar?

DICIEMBRE: REÍR
Los fundamentos científicos que hay detrás de aprender a reír más

Seguro que has oído esta máxima muchas veces antes: la risa es la mejor medicina. Resulta que este dicho se basa en gran parte en argumentos científicos. La idea de que el humor puede ayudar a evitar y tratar algunas enfermedades se ha estudiado de forma extensiva entre la comunidad médica desde la década de 1960. Desde entonces, los investigadores han descubierto lo beneficiosa que puede ser una buena carcajada para tu salud física, mental y emocional en general. Aunque puede que no te sorprenda que la risa pueda ayudarte a reducir el estrés, te sorprendería saber cuánto puede reducir la ansiedad y la tensión, además del resto de los increíbles beneficios que tiene el aprender a reírse más.

Reírse es una de las maneras más rápidas y efectivas de combatir el estrés
El humor puede hacer que te sientas feliz al instante y te permite olvidar temporalmente todo lo relativo a tu trabajo y tus problemas económicos y personales durante un instante. Pero el poder de la alegría y la diversión va más allá de un alivio temporal del estrés. Los estudios demuestran que la risa disminuye los niveles de adrenalina y de la hormona del estrés, el cortisol, vinculada a casi todos los problemas de salud, incluidos el aumento de peso, el envejecimiento de la piel, la diabetes, el alzhéimer, el cáncer y las enfermedades coronarias. De hecho, reírse puede reducir tanto el estrés que incluso anticipar una buena carcajada ha demostrado que reduce el cortisol, según concluyen los estudios.

Las risas no solo frenan lo malo, sino que también estimulan tu metabolismo para que produzca más sustancias químicas buenas, como las endorfinas, las mismas hormonas que se segregan con el ejercicio y que te ayudan a sentirte más serena después de una buena sesión de sudor. Además, el humor estimula el cerebro para que cree más dopamina, la potente sustancia química del placer que activan también el azúcar, el alcohol, las drogas y otros liberadores del estrés que tienen efectos perjudiciales que reírse no tiene.

Cuando nos reímos, también le damos a nuestro cuerpo un buen alivio físico contra el estrés, ya que la alegría ayuda a relajar los músculos, bajar la presión arterial y aumentar la absorción de oxígeno. Por estos motivos, los estudios demuestran que el humor puede reducir los niveles de ansiedad incluso más que el ejercicio, según un estudio de 2003 realizado en estudiantes universitarios, que se publicó en la revista *Journal of Leisure Research*.

Ríete más para sentir menos dolor y curarte más rápido
La comedia es una de las maneras más antiguas del mundo de distraer a la gente para que no sienta dolor; por eso algunos médicos utilizan el humor en pacientes durante la cirugía antes de inyectarles anestesia. Pero resulta que hay argumentos científicos detrás de esta antigua práctica: el *shot* de endorfinas que recibes cuando te ríes y haces ejercicio también ayuda a reducir el dolor de una forma muy potente. Un estudio de 1996 publicado en la revista *Journal of Applied Social Psychology* descubrió que los pacientes de hospital que ven películas divertidas necesitan que les receten menos analgésicos que quienes ven otros tipos de programas de televisión. De forma similar, un estudio publicado en 2011 en la revista científica *Proceedings of the Royal Society* descubrió que las personas podían soportar durante más tiempo la incomodidad del agua fría cuando estaban riéndose que cuando no; su tolerancia al dolor duraba veinte minutos más después de que se

hubiera acabado su sesión de humor. Incluso los Centros para el Tratamiento del Cáncer en Estados Unidos recomiendan la risoterapia como potente paliativo para pacientes que sufren intensos dolores causados por enfermedades crónicas.

Reírse quema calorías, tonifica los músculos abdominales y te hace estar más en forma
Piensa en la risa como un rápido ejercicio aeróbico, capaz de ayudar a tu cuerpo a quemar calorías, tonificar los músculos abdominales, aumentar el flujo de sangre y oxígeno, bajar la presión arterial y el colesterol malo (LDL), e incluso aumentar la fuerza cardiovascular en general, según indican los estudios. Un grupo de investigadores de la Universidad de Stanford afirma que reírse cien veces en un día es el equivalente a un entrenamiento aeróbico de diez minutos para tu cuerpo y tu cerebro. No, no puedes intercambiar una serie cómica por un entrenamiento en el gimnasio (el ejercicio cardiaco sigue teniendo beneficios únicos e increíbles), pero añadir más humor a tu rutina diaria te puede ayudar a estar en forma y esbelta. Y aunque la quema metabólica de la risa no revertirá el efecto de que te comas toda una bandeja de dulces en Navidad, podrás quemar hasta cincuenta calorías en diez minutos de carcajadas y risas tontas.

Reírte te ayudará a vivir una vida más larga y saludable
Los estudios demuestran que reírse tiene unos efectos loables en el sistema inmunitario, ya que estimula la actividad de las células inmunitarias y de los anticuerpos que ayudan a combatir las infecciones. En concreto, las investigaciones demuestran que disfrutar de una comedia puede aumentar la producción de células T en el cuerpo (las células del sistema inmunológico más importantes que combaten enfermedades y que atacan a patógenos de todo tipo) y

de células asesinas naturales, que atacan a los virus y a las células tumorales. Los estudios también han descubierto que la alegría puede provocar que tu cuerpo produzca más inmunoglobulina A, un anticuerpo que te ayuda a protegerte de problemas en las vías respiratorias altas. Además, la capacidad del humor de reducir el estrés y favorecer un estado de ánimo positivo también le hace un favor a nuestro sistema inmunológico, al combatir la ansiedad, la tensión, la rabia, la depresión y la infelicidad en general, que han demostrado hacernos más propensos a contraer enfermedades.

Utiliza la risa como una terapia para liberar emociones ocultas y mejorar el estado de ánimo
Seguramente ya sabes que el humor te puede hacer feliz, al menos temporalmente, pero la habilidad de la risa de transformar tu estado de ánimo es más fuerte que una alegría temporal. Estudio tras estudio se demuestra que reír de forma regular no solo suaviza la ansiedad, la rabia, la tristeza y otras emociones negativas, sino que también mejora la autoestima y la seguridad en una misma, la conexión social con los demás y la diversión general en la vida que duran más que los pocos segundos que se tarda en darte una buena carcajada. De hecho, los expertos de la Clínica Mayo afirman que reírse es tan efectivo para levantar el ánimo que se puede utilizar para prevenir e incluso ayudar a tratar la depresión.

Y esto no es todo: seguramente una de las formas más interesantes en las que la risa puede mejorar la salud psicológica es ayudándonos a liberar emociones ocultas. Cuando nos reímos, nuestras inhibiciones se reducen temporalmente, permitiendo que las emociones reprimidas salgan a la superficie. Este es el motivo por el que algunas personas pueden sentir tristeza o pena después de reír un rato.

Reírte te hace más simpática, exitosa y atractiva para los demás
Aprender a reírte más no solo es bueno para tu salud, sino que también puede mejorar tu vida profesional, interpersonal y de pareja. Cuando haces reír a alguien o te ríes de una broma que ha hecho otra persona, esto crea un vínculo compartido que establece una sensación de entendimiento y unidad con una persona o un grupo de personas. Los estudios también demuestran que nos gustan más las personas que nos hacen reír o, a la inversa, que se ríen de nuestras bromas.

Por estos motivos, el humor no solo te hace más simpática, sino que también puede hacer que mejoren tus relaciones profesionales con jefes, compañeros de trabajo, clientes y posibles clientes. Se ha demostrado que la risa es una manera efectiva de romper el hielo y es una herramienta para establecer contactos, y según demuestran los estudios, el humor aumenta la confianza profesional, la productividad, la creatividad y la moral del equipo entre los trabajadores.

La risa puede incluso hacerte más atractiva para los demás, física y mentalmente. Los estudios demuestran que tanto hombres como mujeres encuentran más atractivos a los desconocidos que se ríen o que les hacen reír que a los que no tienen un sentido del humor demasiado agudo. Los psicólogos también dicen que la risa puede ayudar a las parejas a resolver mejor sus problemas relacionales y que puede fomentar vínculos y matrimonios más exitosos y duraderos.

Reírte mejora la memoria y te hace más inteligente
Puede que te cueste creer que algo tan sencillo como unas buenas risas pueda potenciar tu función cerebral, pero esta es la sorprendente conclusión a la que han llegado varios estudios muy intere-

santes. En concreto, una investigación de 2014 que llevaron a cabo investigadores de la Universidad Loma Linda, en California, descubrió que el humor mejora la memoria, junto con el aprendizaje y el reconocimiento visual, en parte porque disminuye la cantidad de cortisol, que puede dañar las células cerebrales. Un estudio de 2010 de investigadores de la Universidad de Western Ontario descubrió que las personas que veían series de televisión cómicas en vez de las noticias o *reality shows* obtenían mejores resultados en las pruebas cognitivas después de visionar estos contenidos audiovisuales. Y esto no es todo: se ha demostrado que el humor activa áreas del cerebro que son esenciales para la creatividad y la resolución de problemas.

DICIEMBRE: REÍR
Tu historia

En el mundo actual, lleno de muchísimas hostilidades, un aumento de las tensiones y más división de la que hemos visto en décadas, creo que necesitamos reírnos más que nunca. Aunque no sea necesario que te pongas a diario algo muy tonto y brillante en la cabeza, obtendrás increíbles beneficios mentales, emocionales e incluso físicos si te esfuerzas por incluir más risas en tu vida, de la forma que puedas. Aquí tienes diez maneras de hacer tuyo el reto de la risa de este mes y de aportar más alegría y diversión a tu vida, para lograr una versión de ti más saludable y feliz.

1. DESCUBRE NUEVAS FORMAS DE REÍR A DIARIO. El objetivo del reto de este mes es reírte tanto como puedas, cuando sea y de la forma que puedas. Antes de que empiece el mes, dedica el tiempo necesario a pensar en qué te hace reír y cómo pue-

des incorporar más tiempo de risas en tu vida. No tienes por qué ponerte una tiara tonta, una capa o algún otro objeto para triunfar en el reto de este mes. En vez de eso, plantéate leer cómics por la mañana, ver más películas o series divertidas, o encontrar algún humorista por internet a quien puedas escuchar de forma regular. O cómprate entradas para ir a ver algún espectáculo cómico, sigue alguna cuenta en Twitter o Instagram que te haga reír, o incluso puedes asistir a clases virtuales o presenciales de meditación o yoga de la risa. Este es el momento de explorar tu lado más divertido.

2. ENCUENTRA UN CATALIZADOR DEL HUMOR, SI SE TE ANTOJA. Si quieres intentar utilizar un elemento tangible como mi tiara para que te ayude a reírte más este mes, no te preocupes, porque esto no te impedirá avanzar. Si tienes hijos, hurga en sus cajas de juguetes para encontrar alguna tontería como un tutú, una pistola con balas de plástico o algún peluche divertido que pueda hacerte reír con solo verlo. Si no tienes hijos, haz una visita al bazar más cercano que tengas o piensa en tu último disfraz de Halloween o carnaval para encontrar una capa, una máscara, alguna joya barata, unos lentes, una nariz de mentira, un accesorio de pelo, un gorro o cualquier otro objeto que te haga reír. No te preocupes si tu catalizador del humor no te hace reír en voz alta (aunque sería ideal). Si tu catalizador te hace sentir bien, ya está haciendo su función. Ahora mantenlo en algún lugar visible y utilízalo siempre que puedas.

3. OLVÍDATE DE LAS NORMAS O DE LAS CUOTAS DIARIAS. El objetivo de este mes es reírte más, no forzarte a hacer cosas que no quieres. No pienses en cuánto deberías reírte o con qué frecuencia, o si estás triunfando con el reto de este mes. Si te

vas recordando que tienes que aportar a diario más informalidad y alegría a tu vida, ya estarás logrando el reto de este mes.

4. Recurre a las risas cuando estés estresada, triste, enojada o sumergida en la vida diaria. Yo descubrí durante este mes que la tiara era lo que mejor me funcionaba (o aquello con lo que cosechaba mis mayores carcajadas) cuando me sentía estresada, estaba seria o simplemente estaba haciendo algo sin ninguna gracia, como prepararme para ir a trabajar o sacar al perro a pasear. La yuxtaposición de reírte en voz alta cuando estás deprimida, preocupada o simplemente afrontando la «vida real» es lo que más puede cambiarte el ánimo y aportarte enormes beneficios físicos y emocionales. Inténtalo poniendo una película divertida, mirando las publicaciones de la gente graciosa que sigues por Instagram, o tomando un libro que sabes que te hará reír cuando estés estresada o triste.

5. Intenta hacer reír a los demás. Una de las mayores fuentes de diversión y la consiguiente satisfacción para mí durante el mes de la risa fue utilizar la tiara para intentar que tanto mis hijos como mis amigos y compañeros de trabajo se rieran. Durante el reto pasa tiempo con amigos y familiares que te hagan reír o con los que te guste hacer bromas, juega o ve películas divertidas y series que te encanten.

6. Recuerda que estás haciendo algo fundamental para tu salud. Si eres una persona como yo, meticulosa, adicta a los objetivos y no muy afín a las tonterías, puede que te cueste abordar el foco incuantificable del reto de este mes. Aunque para muchas personas pueda ser fácil entender los beneficios inmediatos de abstenerse del alcohol, de dar más pasos o de buscar un momento para hacer ejercicio aeróbi-

co, marcarte el objetivo de reír más no es algo cuantificable y tu progreso o tus resultados no serán calculables. Pero reírte, tal y como nos muestran los estudios, es absolutamente fundamental para nuestra salud física y emocional en general. Y, normalmente, las personas más serias que puede que se muestren más contrarias al reto de reír son justamente aquellas a las que más beneficiará el hecho de centrarse durante un mes entero en no tomarse la vida tan en serio.

7. DIVIÉRTETE CON NIÑOS. No hay nada como estar rodeada de niños y de su sentido natural de asombro para ayudarte a sonreír y a reírte. Si tienes hijos, pasa más tiempo con ellos en su entorno favorito, ya sea el parque, una fiesta o un parque temático. Si no tienes hijos, plantéate ir a un parque de atracciones con amigos, a un desfile, a una obra de teatro infantil o hacer otras actividades diseñadas para el disfrute de los niños, ya que todas estas opciones pueden ayudarte a redescubrir la niña que llevas dentro y despertar la alegría.

8. SONRÍE MÁS. Cuando sonríes, activas sustancias químicas en tu cerebro que te hacen sentir bien y ayudas a que la mente y el cuerpo se puedan relajar, predisponiéndote a estar más abierta, física y mentalmente, a la risa y la informalidad. Intenta empezar el día con una sonrisa y saluda a todas las personas con las que te encuentres (desconocidos, compañeros de trabajo o familiares) con una sonrisa en la cara. Esto no solo hará que parezcas más atractiva y sincera a ojos de los demás, sino que también hará que los demás se relajen, provocando una cadena contagiosa de emociones agradables que no harán más que mejorarte y alegrarte el día a ti y a aquellas personas que te rodean.

9. DATE PERMISO PARA HACER TONTERÍAS. Un paso de vital impor-

tancia durante mi reto de reírme fue reconocer que no pasa nada y que es incluso beneficioso encontrar momentos para hacer tonterías, sobre todo, o quizá especialmente, cuando el resto de las cosas que hay en tu vida te parecen serias. Permitirte tener el espacio y el tiempo de hacer tonterías hace que te sientas más segura de ti misma y te quieras más, y te predispone mental y emocionalmente para poder integrar aún más risas e informalidad en tu vida.

10. MANTENTE POSITIVA Y NO TE LO TOMES TODO TAN EN SERIO. Mantener una actitud y una perspectiva mental positivas en épocas estresantes te ayudará mucho a mejorar tu bienestar general y a ser una persona más feliz y saludable, tanto por fuera como por dentro. Todos tenemos problemas, pero ayuda ponerlos en perspectiva. Si no te estás muriendo, ni tienes que curarte de un cáncer o de cualquier otra enfermedad grave, podrás superar y superarás tus obstáculos. Y mantener una actitud positiva y no tomarte los asuntos personales o profesionales, o los problemas económicos, tan a pecho te ayudará a conquistar los retos de tu vida a la vez que te mantienes saludable y feliz.

Al fin y al cabo solo tenemos una vida. Y te sugiero que la vivas con el máximo de alegría, risas e informalidad que puedas.

EPÍLOGO
Convertir retos en cambios

Cada uno de los retos que decidí afrontar durante el año 2018 no solo cumplía un objetivo concreto, sino que también tenía el potencial de tener un impacto en mi salud y bienestar general de una forma muy significativa y viable. Nunca me ha interesado retarme por el simple hecho de retarme. Al contrario, con cada misión mensual quería aprender exactamente cómo y por qué hacer que esa práctica fuera una parte de mi vida, para que no fuera solamente un foco temporal durante treinta días, sino un hábito arraigado que pudiera perpetuar en el futuro.

Antes de empezar el año no había completado nunca antes un reto de salud o de bienestar de ningún tipo. A principios de enero, lo único que me planteé fue dejar el alcohol durante treinta días, sin pensar más allá. Pero al final del mes me sentía tan increíblemente bien (y tan increíblemente empoderada) que un mes se convirtió en dos, dos en tres, y de ahí hasta el presente, ya que aún cuento cuántas copas me tomo, apuntándomelo en mi calendario de la cocina y asegurándome de que nunca supero las siete raciones de alcohol por semana.

Lo mismo me pasó después de cada reto de bienestar que hice durante el año. Durante cada mes me comprometí a adoptar un hábito durante el tiempo suficiente para poder experimentar los beneficios que me aportaba mientras aprendía a hacerlo de la mejor manera posible dentro de mi rutina diaria y dentro de mi vida en general. Por consiguiente, después de cada mes, sabía exactamente cómo y por qué tenía que hacer que ese hábito formara parte de mi agenda diaria o semanal en los meses venideros.

Ahora que he acabado el año completo, ha habido muchas ocasiones en las que he combinado muchos de los retos, si no todos, en un solo día: despertarme para meditar, hacer flexiones y planchas antes del baño, llevarme la botella de agua al salir de casa, evitar la carne asada y sustituirla por más verdura, comprobar los pasos, e ir a una sesión de SoulCycle después del trabajo para hacer un poco de cardio, etcétera. Este proceso ha sido intuitivo, es algo que ha pasado de forma orgánica, es decir, no me lo he tenido que ir recordando ni me he forzado a hacerlo. De alguna forma me siento como una concursante en un programa de la tele que puede hacer girar la ruleta en cualquier momento y elegir uno de mis doce retos para ver si ya lo he hecho ese día o si lo quiero hacer para beneficiar mi cuerpo, mi mente y mi estado de ánimo.

Además, combinar los retos también me ha dado una sensación de mayor control sobre mi salud del que había tenido nunca antes. Antes de este año de retos estaba siempre preocupada por cómo incorporaría ciertos hábitos en mi rutina que sabía que me harían sentir mejor y que eran necesarios para mi salud general. Pero ahora, siento que puedo poner en práctica esos hábitos de un modo fácil y natural siempre que quiera, incorporándolos en mi vida sin afectar negativamente mi rutina diaria o exigiéndome grandes dosis de disciplina.

Si sigues mis pasos para lograr tu año de retos, te prometo que aprenderás cómo transformar de manera fácil y natural algunos de estos hábitos, si no todos, en hábitos para toda la vida. Te animo a que te tomes cada uno de los meses como un experimento personal, dándote la oportunidad de explorar cómo ser la mejor versión de ti misma cada día, de ahora en adelante. Cuando acabes el año, combina lo que hayas aprendido de ti con estos doce consejos y así serás capaz de convertir cada reto en un cambio para toda la vida.

1. UTILIZA UN CALENDARIO DE PARED PARA LLEVAR UN CONTROL DE TU CONSUMO DE ALCOHOL, TUS SESIONES DE CARDIO, TUS PRÁCTICAS DE MEDITACIÓN, TUS PASOS Y OTROS HÁBITOS: TU PROGRESO VISUAL TE MOTIVARÁ A MANTENER TUS HÁBITOS. Este pequeño truco tan sencillo me ha ayudado a mantener muchos de mis retos, especialmente mi mes sin alcohol, el ejercicio aeróbico y la meditación. Funciona así: yo tengo un calendario grande de pared, de los tradicionales, en el sitio más visible de mi departamento (en la cocina) y allí apunto las copas que me tomo cada semana, los días que medito y el tipo y la duración de la actividad de cardio que hago. De esta forma, puedo calcular rápidamente cuántas copas me he tomado, ver cuántos días he hecho ejercicio y qué tipo de entrenamiento he hecho, y cuántos días hace que no medito. Anotar mi comportamiento en un sitio visible hace que me responsabilice de estas prácticas cada día, y me anima a mantener estos hábitos por miedo a ver un calendario vacío y deprimente.

¿Por qué no uso la aplicación del calendario de mi teléfono? Para empezar, tienes que acordarte de abrir la aplicación, lo que significa que no te funcionará como un recordatorio espontáneo o como motivador. Y anotar lo que he bebido o he hecho en una pantalla pequeña no me da la misma satisfacción que anotarlo con un marcador vistoso o

tacharlo en un gran calendario que veo cada vez que entro o salgo de la cocina.
2. HAZLO EN CUANTO TE DESPIERTES. A lo largo de este último año, he aprendido una y otra vez que hacer algo justo al empezar la mañana, tanto si se trata de planchas y flexiones como de meditación, estiramientos, un entrenamiento de cardio o simplemente dar los pasos necesarios para el día, me aseguraba una mayor probabilidad de triunfar en mi reto. Cumplir con los hábitos de salud por la mañana significa que si mi día se complica, si de repente me surgen obligaciones sociales o familiares, o si simplemente estoy demasiado estresada o disgustada al final del día para siquiera plantearme la idea de hacer el reto X, no tengo que preocuparme por ello, porque ya he hecho lo que quería hacer para sentirme fuerte, saludable y feliz. Esto tampoco es solo una predilección personal: muchos estudios demuestran que quienes hacen ejercicio, meditan o cumplen objetivos de salud similares por la mañana son más capaces de mantener ese hábito y hacerlo con más frecuencia que quienes hacen ejercicio o meditan por la tarde o por la noche.
3. PONTE EL DESPERTADOR ENTRE TREINTA Y CUARENTA Y CINCO MINUTOS ANTES CADA DÍA. Durante mi mes de meditación, descubrí que despertarme de treinta a cuarenta y cinco minutos antes por las mañanas marcaba totalmente la diferencia entre empezar el día con una energía positiva y centrada o permitirme sentirme más distraída, ansiosa y menos conectada conmigo y con el mundo que me rodeaba durante el resto del día. Después de eso, ¡la hora de despertarme se convirtió en una decisión vital!

La meditación no es el único motivo por el que me pongo el despertador más temprano: si te resulta difícil encontrar el momento para hacer estiramientos, ejercicio, planchas y flexiones, salir a pasear, o hacer cualquier cosa que te haga sentirte sana y feliz, te recomiendo que te despiertes entre treinta minutos y una hora antes cada día. Y esto no solo te lo digo yo: muchas investigaciones demuestran que los madrugadores son más proactivos, productivos, constantes, exitosos e incluso felices que quienes intentan abordar las tareas por la noche. Los estudios que se han hecho con las personas más exitosas del mundo demuestran que casi siempre se despiertan temprano, no necesariamente porque les guste, sino porque saben que esto les ayudará a lograr las cosas que los hacen prosperar, tanto a nivel personal como profesional.

4. PLANTÉATE QUE LOS HÁBITOS SALUDABLES COMO HACER EJERCICIO SON TAN IMPERATIVOS EN TU DÍA COMO CEPILLARTE LOS DIENTES. Yo les digo a mis pacientes que se planteen el ejercicio como algo similar a cepillarse los dientes: es una parte innegociable del día, algo que simplemente tienes que hacer para tu salud básica y tu bienestar. También tendrías que aplicar la misma mentalidad con los hábitos como la hidratación, el sueño y comer más verdura; estas prácticas deberían ser tan esenciales en tu día como bañarte o vestirte. Seguramente nunca te irás a trabajar sin haberte bañado y vestido con la ropa adecuada. Pues por la misma regla de tres, no deberíamos dejar pasar ningún día sin intentar movernos, beber suficiente agua, dormir lo suficiente y comer más verdura. Aunque siempre tenemos días de locura en los que simplemente no podemos encontrar un hueco para hacer ejercicio, dormir ocho horas o comer brócoli o espinacas, ver estos hábitos como elementos innegociables de tu día te asegurará que los hagas con suficiente frecuencia para que formen parte de tu régimen semanal.

5. Convéncete de que solo harás una flexión, cincuenta pasos o cinco minutos de cardio. Yo antes pensaba que si no tenía una hora para hacer ejercicio, no merecía la pena ir al gimnasio. Pero durante este último año he aprendido que puedes lograr muchas cosas con tu cuerpo en tan solo veinte minutos. Y sé que hacer algo, por mucho que solo sean cinco minutos de cardio, es mejor que no hacer nada.

Tanto si no tienes tiempo como si simplemente no tienes las ganas de hacer ejercicio, intentar hacer solo cinco minutos en la caminadora o en una bicicleta puede tener grandes beneficios, y puede ayudarte a darle un giro de 180 grados a tu estado de ánimo y a tu mente, estimulándote a hacer ejercicio durante más tiempo. De forma similar, si no tienes ganas de hacer planchas y flexiones, convéncete de hacer solo una repetición o de aguantar una plancha durante solo diez segundos; de nuevo, hacerlo es mejor que no hacer nada, y puede que en cuanto ya te hayas puesto a trabajar en ello, tengas ganas de hacer alguna más, para aprovechar que ya estás en el suelo. Lo mismo pasa con caminar o con hacer cualquier tipo de actividad física: ponerte expectativas bajas cuando tienes poco tiempo o poca motivación es una de las maneras más fáciles y efectivas de ponerte en marcha y mantener el ritmo.

6. Céntrate en encontrar increíbles alternativas cada vez que reduzcas o elimines una comida. Durante mi reto de comer menos carne y más verdura, y el de ingerir menos azúcar, aprendí que es de vital importancia descubrir deliciosas alternativas para no obsesionarme con la carne y el azúcar que no me podía comer. Por ejemplo, cuando dejé de comer carne roja, empecé a no extrañarla después de descubrir el salmón ahumado con queso cremoso, así como

cuando encontré los envíos de comida ecológica y de origen vegetal. Asimismo, sé que hubiera tenido mucho más éxito en mi misión de comer poco azúcar si hubiera tenido a mano algunas fresas con vinagre balsámico para aquellas veces en las que aparecían de repente las galletas de Jacques Torres. Además, el proceso de encontrar nuevos alimentos que te puedan gustar tanto como los que estás intentando evitar es, en sí, un proceso divertido. Simplemente acuérdate de centrarte en alternativas que sean accesibles en tu día a día, que se ajusten a tu presupuesto y que disfrutes con ellas. Forzarte a comer salmón ahumado o kimchi cuando no te gustan ninguna de las dos cosas, por ejemplo, no te ayudará a triunfar y solo hará que extrañes aquello que te falta.

7. TEN SIEMPRE BOTELLAS DE AGUA REUTILIZABLES EN EL REFRIGERADOR, EN EL COCHE Y EN LA OFICINA. La mayoría de los estadounidenses están siempre deshidratados (¡y sin motivo alguno!). Este simple consejo es muy fácil de seguir y puede impactar enormemente en tu salud general. Hasta la fecha, yo sigo guardando por lo menos dos botellas de agua en el refrigerador para que siempre estén allí, mirándome cada vez que abro la puerta del refrigerador y listas para que me las lleve allí adonde vaya o para ir bebiendo mientras estoy en casa. Comparado con servirte agua en un vaso, las botellas de agua te permiten cuantificar tu hidratación y te pueden motivar a acabarte una botella entera, aumentando considerablemente tu consumo de agua.

8. UTILIZA APLICACIONES PARA LLEVAR UN REGISTRO DE TUS PASOS, TUS HORAS DE SUEÑO, TU INGESTA DE AZÚCAR, TU HIDRATACIÓN Y TU TIEMPO DE MEDITACIÓN. Encontrar aplicaciones de celular para llevar un registro de mis horas de sueño y mis pasos fue esen-

cial para los retos de ambos meses, ya que me aportaban los datos y la motivación necesaria para convertir esos retos en cambios. Para mí, las aplicaciones de seguimiento son beneficiosas por dos aspectos importantes: 1) nos aportan la información en tiempo real que necesitamos para ayudarnos a ajustar nuestro comportamiento de forma inmediata y así poder cumplir nuestros objetivos; 2) nos motivan a esforzarnos aún más cuando vemos datos que no nos gustan y, a la inversa, nos motivan a mantener nuestros esfuerzos cuando vemos cifras que nos hacen sentir bien.

9. Evita el ningufoneo, disfruta de los ratos sin celular a diario y espérate para responder cada mensaje. No es fácil usar la tecnología de una forma más consciente, pero a mí me ha resultado posible siguiendo algunas normas básicas que también forman parte de nuestro código social de buenas costumbres. La más importante de todas: deja de ningufonear de una vez por todas, o de ignorar a tus amigos y familiares porque prestas más atención al teléfono que a la gente que te rodea en situaciones sociales. Esto no solo es de mala educación, sino que también debilitará tus relaciones.

Segundo, todos nos merecemos disfrutar de momentos de desconexión cada día, aunque solo sea durante unos minutos. Por este motivo, siempre que voy caminando sigo guardándome el teléfono en la bolsa. No solo me ofrece valiosos momentos de claridad mental y emocional, sino que es mucho más seguro. Si lo de caminar sin celular no es algo que puedas aplicar en tu caso o no te atrae, plantéate designar tu habitación como una zona sin teléfonos, lo cual también te ayudará a dormir mejor, según los estudios.

Finalmente, he aprendido que no tengo que responder a todos y cada uno de los mensajes que recibo justo en el momento en que los recibo. Solo porque alguien decida enviarme un mensaje en un momento determinado no significa que necesite o quiera una respuesta inmediata. Yo solía enviar respuestas irreflexivas o respuestas escritas con prisas porque quería responder a los mensajes aunque estuviera haciendo otra cosa. Pero ahora he aprendido que tomarme el tiempo necesario para responder cada mensaje fomenta una mejor comunicación y es más respetuoso para el emisor del mensaje.

10. CONCIBE EL AZÚCAR COMO UNA DROGA Y ADOPTA UNA PERSPECTIVA DE TODO O NADA. Durante mi desastroso reto de reducir el consumo de azúcar aprendí que no podía probar el dulce y dejar de comérmelo sin tener cantidades titánicas de autodisciplina. Tanto si te das cuenta de ello como si no, es muy probable que te pase lo mismo: impactantes estudios demuestran que el azúcar actúa en nuestros cuerpos y cerebros como lo hacen las drogas, activando un ciclo adictivo de altibajos, y de antojos y abstinencias que son difíciles de resistir. En resumen, cuanto más comas, más querrás. Y aunque algunas personas sean capaces de seguir la norma de los tres mordiscos con el azúcar, la mayoría de nosotros lograremos mejores resultados si evitamos en general todos los azúcares procesados y los postres, salvo en ocasiones especiales. ¡Y recuerda que te estoy hablando de los azúcares añadidos!

11. UTILIZA APOYOS VISUALES PARA AYUDARTE A MANTENER LOS HÁBITOS. Yo tengo el clóset lleno de ropa y accesorios, muchos de los cuales rotan por temporadas o a medida que cambian los estilos. Pero el único accesorio que siempre está allí es mi rodillo de espuma de color naranja chillón, que guardo en el clóset para acordarme de hacer estiramientos. Cada vez

que lo veo, me acuerdo de lo bien que me sienta hacer estiramientos, y eso me hace sacarlo con regularidad. Lo mismo me pasa con la tiara, que sigue en el mármol de la cocina o en el baño. Con solo verla me sale una sonrisa (un beneficio que aprovecho en cualquier momento del día), y verla me motiva a ponérmela siempre que quiero o necesito un estímulo.

12. Sigue riéndote. Por siempre y para siempre. Si has aprendido algo al unirte a mí en este viaje de consciencia plena, espero que sea el hecho de buscar la alegría de la vida y darte cuenta del milagro que es tu cuerpo, en todas partes, cada día y en todo lo que haces. Una de las mejores promesas y paliativos para la salud en general es la felicidad, que se crea desde dentro, y no con factores externos como el dinero, las relaciones o el éxito de tu trayectoria profesional. Reconoce lo que hace tu cuerpo un día tras otro (es una máquina increíble), y da las gracias por tener el cuerpo en ese estado, incluso si quieres aspirar a más. Y aspirar es también un motivo de alegría. Te prometo que hay alegría a tu alrededor, y lo más importante, hay alegría en ti. Tómate el tiempo de encontrarla y celebrarla cada día. Esta es mi receta para el bienestar, y se trata de algo que he aprendido este año, cuando finalmente he empezado a seguir el dicho de «Médico, sánate a ti mismo».

AGRADECIMIENTOS

Este libro no existiría si no fuera por Lisa Sharkey y su increíble equipo en HarperCollins. Lisa, una antigua productora de las noticias de la ABC, fue la primera en percibir de qué forma mi reto de enero sin alcohol resonaría en los televidentes del programa *Good Morning America*. Matt Harper y el equipo entero de HarperCollins han mantenido la emoción y el compromiso en este libro desde el primer día.

Mis compañeros de las noticias de la ABC reconocieron el interés masivo del público en mejorar su bienestar mental, físico, nutricional y social, y apoyaron tanto mis retos mensuales como el libro de una forma como solo lo puede hacer la mayor empresa de comunicaciones del mundo. Gracias a Michael Corn, Simone Swink, Roxanna Sherwood, Morgan Zalkin, Alberto Orso, Sandra Aiken, Greg Tufaro, Margaret Pergler y a todo el equipo del programa *GMA*. Gracias a Robin Roberts por estar siempre preparada para emprender un cambio saludable, y a George Stephanopoulos, Michael Strahan, David Muir, Dan Harris, Cecilia Vega, Rebecca Jarvis, Ginger Zee, Gio Benitez y Eva Pilgrim por prestarme siempre atención para hablar de cualquier cosa, desde la hidratación hasta la meditación. Gracias a la cadena de televisión ABC; me siento muy afortunada de trabajar con los mejores de los mejores en una cadena de noticias liderada por James Goldston, Barbara Fedida, Kerry Smith, Terence Noonan, Debra O'Connell y Julie Townsend, junto con su extraordinario equipo del mundo de la comunicación. La versión radiofónica del programa *GMA* y las divisiones digitales han apoyado *El libro del autocuidado* desde el principio.

Gracias a Eric Strauss, el director del departamento médico de las noticias de la ABC. Eric ha sido la pareja más extraordinaria que se podía pedir para ayudarme a transmitir información médica, nutricional y de bienestar a millones de personas. Su experiencia como productor experimentado ha hecho que su participación en *El libro del autocuidado* fuera valiosísima. «Gracias» no será nunca suficiente, Eric.

Gracias a mis agentes en la Agencia Abrams Artists, Alec Shankman y Mark Turner, y a mi agente literaria y publicista, Heidi Krupp. Al equipo de mi consultorio médico, Hygeia Gynecology, incluyendo la administrativa del consultorio, Carole Gittleman, mi auxiliar médica, Ana Olivera, y mis pacientes, que siempre han sido participantes entusiastas en mis iniciativas de bienestar. Todas ustedes me han dado un apoyo y una motivación inmensas y han aportado la diversión a estos experimentos. Gracias por la hermandad profesional que me proporcionan.

Este libro no habría nacido sin la maravillosa redacción de mi coautora Sarah Toland. Desde la primera llamada, Sarah «lo entendió». Siendo también una adicta al bienestar, Sarah aportó no solo experiencias personales, sino también una mente inquisitiva en este trayecto de un año hacia el autocuidado. Sarah, eres la mejor y punto. Gracias por mantenerme en un calendario apretado y ayudarme a traducir mis experiencias e ideas en palabras. Siempre me reiré cuando recuerde nuestras largas conversaciones que a menudo teníamos cada una en su coche. ¡La máxima expresión de dos personas que hacen mil cosas a la vez!

Gracias a las personas que me ayudan a cuidarme: Lisa Hayes; Deanna Landro; Dora Smagler; Roger Molina y su equipo en Allure Salon; el doctor Jeffrey Rapaport; todos y cada uno de los miembros del equipo de maquillaje y peluquería en los informativos de la ABC; mi entrenador personal y propietario del PRX, Cliff Randall; a SoulCycle, y a mis amigos en Lululemon, APL sneakers, Clean Market NYC y el centro de *fitness* Mercedes Club. Gracias a Bob Roth por enseñarme la meditación trascendental y demostrarme lo que la meditación puede hacerle a la mente.

Y finalmente, gracias a mi familia. Me aguantan cada vez que les anuncio con alegría mi último reto de salud o mis obsesiones de autocuidado. ¡A veces incluso participan en ellos! Gracias al doctor Mehmet Oz y a Lisa Oz por casi veinticinco años de amor y amistad, y por la inspiración y motivación eternos para hacer que los hábitos de salud sean una prioridad. Todd, gracias por apoyarme mental, física, intelectual, científica y románticamente, y por permitirme imponerte estos retos mensuales a ti y a nosotros como pareja. Gracias a mis hijos Alex y Chloe, que no solo han hecho estos retos conmigo, sino que también se han embarcado en sus propios experimentos de autocuidado, a pesar de estar estudiando de tiempo completo. Gracias a los dos por dejarme enseñarles la importancia de vivir una vida holísticamente saludable, fortaleciendo pequeñas prácticas de bienestar desde que eran adolescentes hasta ahora, y apreciando la importancia de las cosas que hacemos cada día para nuestra salud. Mi rol de madre ha sido el mejor regalo que he tenido en la vida.

Les deseo a todas una buena salud, alegría, diversión y una curiosidad infinita. Y espero que disfruten de *El libro del autocuidado*.

SOBRE LA AUTORA

La doctora Jennifer Ashton es la principal corresponsal médica de las noticias de la cadena ABC, así como especialista médica certificada y nutricionista en el ámbito de la obstetricia y la ginecología, y en medicina de la obesidad. La doctora Ashton, una célebre y querida experta en salud, y especialmente en salud de la mujer, es también autora de otros títulos y educadora, así como una cara conocida en la televisión de Estados Unidos. Actualmente vive en la ciudad de Nueva York.

Sarah Toland es escritora, editora y periodista, residente en la ciudad de Nueva York. Es autora de varios libros sobre salud y bienestar, incluido el *best seller*, según el *New York Times*, titulado *Strong is the New Beautiful* («Lo fuerte es ahora lo bonito»), con Lindsey Vonn.

De este libro me quedo con...

Este libro se imprimió por primera vez en España en abril de 2020,
y en México en octubre de 2021.

El libro del autocuidado ha sido posible gracias
al trabajo de sus autoras, Jennifer Ashton y Sarah Toland,
así como de la traductora Aina Girbau Canet, la correctora
Eva Robledillo, la prologuista Odile Fernández, los diseñadores
José Ruiz-Zarco Ramos y Marga Garcia, la maquetista Toni Clapés,
la directora editorial Marcela Serras, la editora Rocío Carmona,
la asistente editorial Carolina Añaños, y el equipo comercial,
de comunicación y marketing de Diana.

En Diana hacemos libros que fomentan
el autoconocimiento e inspiran a los lectores
en su propósito de vida. Si esta lectura te ha gustado
te invitamos a que la recomiendes y que así, entre todos,
contribuyamos a seguir expandiendo
la conciencia.